文春文庫

ぼくたち日本の味方です

内田樹・高橋源一郎

文藝春秋

文庫版のためのまえがき

内田　樹

みなさん、こんにちは。内田樹です。

本書は雑誌『ＳＩＧＨＴ』に連載されていた高橋源一郎さんとの対談（実態は司会の渋谷陽一さんを含めての鼎談）を収録した『沈む日本を愛せますか？』（ロッキング・オン、２０１０年）の続編『どんどん沈む日本をそれでも愛せますか？』（ロッキング・オン、２０１２年）の文庫化です。

タイトルがオリジナルと違っていますから、『どんどん……』を前にお買いになった方は間違えて二度買いしないでくださいね。

タイトルを単行本と文庫版で変えるというのは、読者に対しては不親切なことですし、書誌的にはやってはいけないことなんですけれど、営業の方から「このタイトルじゃ売れません」ということを言って来られると、書き手としては強く出られず（もともとのタイトルを決めたときも渋谷君の「鶴の一声」で決まったので）、押し切られてしまうわけです。前にも『狼少年のパラドクス』という本が文庫化のときに『街場の大学論』に改題されたことがありました。とにかく二度買いだけはされないように、ちゃんと「まえがき」を読んでからレジに行ってくださいね。

ふつう単行本を文庫化するときには「ボーナストラック」を付けます。高橋さんとの特別対談とかやって付ければよかったんでしょうけれど、この夏はふたりとも忙しくて（理由は安保法制のせいです）とても日程が調整できそうもなく、文庫版のための「まえがき」と「あとがき」を手分けして書くことにしました。それを以て「ボーナス」に代えさせて頂きます。

この本は政治に特化した雑誌に連載された対談ですから、そのときどきの政治的トピックだけしか扱っておりません。一番古い日付のものは2010年9月。まだ震災前で、民主党の菅直人が首相だった頃のことです。それからあと震災が起きて、福島第一原発事故が起きて、野田政権に変わった頃までを本書はカバーしています。ですから、そこで扱われているトピックはまったくアクチュアルではありません。それでも、改めてゲラを読み返してみたら、けっこうどきどきしながら読めました。どうして「そんな昔の話」がリーダブルたりうるのか。それについてちょっとだけ書きます。

文庫化された本を読むときの楽しみの一つは「何年も前に『日本社会はこれからこうなるだろう』と著者が予測していたことはどれくらい当たって、どれくらい外れたか」という予言の当否が検証できることです。その点だけについて言うと、高橋さんと僕のコンビの「未来予測的中率」はけっこう悪くないアベレージをマークしているんじゃないかと思います。

唯一大きく外れたのは二人とも福島の事故の直後は、このあともう原発を「推進」するような世論が出てくることはないだろうと思っていた点です。日本人はこの「大失敗」からそれなりの教訓を引き出して、もう少し賢い生き方を選択するだろうと僕たちは思っていたのです。でも、残念ながら、僕たちの予想は一年も経たないうちに裏切られました。

その後の第二次安倍内閣の成立と彼が主導する立憲デモクラシーへのすさまじいバックラッシュについても、当時の僕たちは十分な危機感を持っていたようには思えません。まさか自民党がこんなふうにしぶとく蘇生してきて、「暴走」するようになるとは思ってもいませんでした。

特定秘密保護法から始まり、集団的自衛権の行使容認、そして安保関連法案を通じて、日本政府は70年間の不戦の国是を捨てて、「戦争ができる国」への法整備を進めています。国民の知る権利も基本的人権も「法の支配」も立憲主義までもが風前の灯火となっています。

ところが、日本の立憲デモクラシー政体がまさに瓦解しようとしていた2015年の初夏に、SEALDs（自由と民主主義のための学生緊急行動）が劇的に登場してきました。この若者たちが、僕たちがメンバーである「安全保障関連法案に反対する学者の会」とも連携しつつ、国会前はじめ全国で「戦争法案」反対の活動を繰り広げています。

少し前に香港や台湾で学生たちが立ち上がって、はげしい政府批判の戦いを繰り広げたとき、僕は「日本の若者たちにはこんなことは決してできないだろう」と思っていました。高橋さんもたぶんそうだったと思います。二人とも「こんなこと」ができるような若者たちの出現を切望してはいましたけれど、その期待は充たされないだろうと思っていました。

ＳＥＡＬＤｓの登場は今年の5月3日です。その6週間後、6月17日には選挙権を18歳に引き下げるという法律が国民的な議論の広がりもないままにあっさり可決されました。

政権与党が選挙年齢の引き下げに同意したというのは、そこで誕生する２４０万人の新有権者が「おそらく政権の延命にプラスになる」という判断が働いたからです。新有権者の相当数を現政権支持に取り込めるだろうという予測が立たなければ、あれほど急いだはずがない。実際に、僕自身も「日本の若者は政治意識が低い」という評価において与党の政治家たちとそれほど隔たりがあったわけではありません（「もっと高くなってほしいなあ」と期待していた点では彼らと逆ですけれど）。でも、その予測はみごとに裏切られました。

安倍政権が「戦争のできる国」めざして邁進している中で、非政治的であったはずの若者たちが「戦争法案反対」「立憲デモクラシーを護れ」という声を上げ始めました。いかなる既存の政治組織にも頼らず、いかなる既存の政治イデオロギーにも依拠せず、若者たちが自分たちの日常の生活実感をそのまま政治の言葉に置き換えて、「平和憲法と立憲デモクラシーを護る」という一点に主張を集中させた運動がまさに「燎原の火」のごとく全国に広がりました。

僕がこの「まえがき」を書いている2015年9月上旬、法案は参院で審議中です。たびたび審議が中断していますから、たぶん参院での採決は不可能でしょう。そして、「60日ルール」が適用されて、衆院の再議決ということになる可能性が高いと僕は思っています。けれども、ほとんどの憲法学者と過去の内閣法制局長たち、過去の総理大臣経験者たちがはっきり「違憲」であると難じている法案を強権的に採択した内閣の非民主主義的姿勢に対しての国民的な怒りはいずれどこかで閾値を超えることになるだろうと僕は思います。この予測の当否はこの本が出版されたときにはもう検証されているはずです。果たして安保関連法案は採決されたのか、廃案になったのか。採決後、国民の熱は冷めて、諦め顔になったのか、政権に対する怒りは鎮まることなく、集会やデモがますます続き、内閣支持率が急落しているか。どうなっているでしょう。僕は「前代未聞の事態になっている」という予測です。

でも、予測の当否それ自体は副次的なことに過ぎません。むしろ読者の方に知って欲しいのは、政治についてもまた他の領域と同じく、ほんとうに新しいことはつねに思いもかけないところからやってくるということです。そのことをつくづく感じます。

ＳＥＡＬＤｓの運動の広がりは「そういう運動」の出現を切望していた僕たちにとってさえ思いもかけないものでした。第二次安倍政権のこれほどまでの暴走も僕たちにとっては思いもかけないものでした。これらの「思いもかけないもの」の出現は、歴史を深いところで衝き動かしている「見えない力」が劇的なしかたで露頭したことだと僕は思います。安倍政治や橋下政治に対する国民的な熱狂は、国民の相当数が潜在的には平和主義と立憲政治に飽き飽きして、それよりはむしろ効率的な独裁を望んでいることをあらわにしました。SEALDsの出現は、その一方で、戦後70年経つ間に、平和主義と立憲デモクラシーが日本の土壌に着床して、それを空気のように呼吸してきたせいで、それなしでは生きてゆけない若者たちを生み出したことを教えてくれました。

対立の構図そのものは因習的な左右対立と同じに見えるかも知れませんけれど、今僕たちが立ち会っているのはやはりまったく新しい政治的現象だと僕は思います。このブランニューな政治的現象を理解し、分析するためには、新しい道具、新しい政治概念、新しいスキームが要るだろうと僕は思っています。

前期高齢者になってまでまた「新しい道具」を整備しなければいけないとは面倒なことではあります（だから、面倒が嫌いな人たちは何が起きてもそれは「何かの二番煎じ」だと断定して、早々と話を終わらせようとします）。でも、僕と高橋さんはたぶん死ぬまで「ほんとうに新しいもの」の出現を待ち続け、そのつど「思いがけないもの」によって驚かされ、そのつど「今までの道具じゃ間に合わないよ」とためいきをつくことになるのだろうと思います。

ぼくたち日本の味方です　目次

まえがき

この本は２０１０年の年末に刊行された『沈む日本を愛せますか？』の続編である。言うまでもなく、２０１１年3月11日の東日本大震災の前に刊行されたものだ。その書名は、今思うと、まるで大震災を予感したようで、自分たちの本であるが、何か怖い気分になる。

３・11以降、大きく日本は変わったと言われているし、我々の実感としてもそのとおりだが、実は日本の大きな変化は、前著『沈む日本を愛せますか？』でも内田・高橋両氏が語っているように、震災以前から始まっていた。右肩上がりの価値観の終わり、55年体制の終焉、日本的モデルの崩壊、日本人が生きていく上での根拠の喪失――まさに今、我々が３・11をきっかけに向き合っていると言われているテーマのすべてが、『沈む日本を愛せますか？』では語られている。つまり、日本が内包する問題が、３・11によって、より顕在化したのである。３・11は、日本のシステムが危機に対応する能力を失っている、という事実を示した。福島第一原発事故で起きた事態は、いまだに収束のめども立っておらず、深刻な形で続いている。しかし、そうした危機がもたらした「変わらなければならない」という思い、それは全国民が共有するものであるにもかかわらず、我々を支えるシステムのほとんどは変わっていない。電力会社も、経産省も、民主党政権も、震災前と何も変わっていない。そして、彼らはみんな一様に、このままでは日本は大変なことになるから、原発を再稼働させると言っている。まるで3・11がなかったかのように。唯一違うのは、彼らがそう言っても、原発は再稼働しないという、その一点だけだ(2012年5月現在は)。

変えようとは思うのだが、どう変えたらよいかわからない。その方法も、ヴィジョンも見えない。それが今、多くの人の共有する閉塞感ではないだろうか。だから、それに対応する「こうしたらいい」というわかりやすい物語は、政治の現場やメディアなどあちこちで流通し、人気を集めたり、集めなかったりしている。そして、恐ろしいことに、人気を集めている物語のほとんどが、新しい右肩上がりの幻想を語っているものである。それって3・11以前の幻想と同じなんじゃないのか? と、我々は考える。この本で我々が示したいことは、それとは真逆である。我々自身が従来の発想から解放され、新しい思想を作らなければならない。前著を刊行した後、多くの読者から、「おもしろいけれど、なんか割り切れなさが残った」という声をいただいた。正直な感想だと思う。前著にもこの本にも、右肩上がりの幻想も、予定調和の幸福も、従来型の日本モデルの勝利感もないからだ。あるのは、今我々が必要としている、新しい日本の愛し方の思想だ。それが苦かったり、喉越しが悪かったりするものであるのは、まさに日本のリアルを反映しているからだ。

前述のように、今、人気を集める多くの物語が、喉越しのよさと口当たりのよさを売り物にしているのに対し、この内田・高橋両氏の語る思想は、一見、かなり商品性が低いように見える。しかし、僕は音楽評論家として仕事をしてきた人間だが、ポップ・ミュージックに付き合って50年、最終的に勝つのは、苦く喉越しの悪いリアルだということを知っている。

ＳＩＧＨＴ編集長・本書インタヴュアー　渋谷陽一

２０１０年９月—２０１２年３月　日本政治の動き

※本書収録の対談が行われた、２０１０年秋から２０１２年春までの国内政治の出来事を抜粋したものです。

２０１０年９月７日
尖閣諸島沖で中国漁船衝突事件が発生
東シナ海の南西部の尖閣諸島周辺で、中国籍のトロール漁船が海上保安庁の巡視船２隻と衝突。８日、第11管区海上保安本部は中国漁船の船長を公務執行妨害容疑で逮捕した。

２０１０年９月14日
民主党代表選、小沢一郎が敗北
民主党代表選挙が行われ、現職の菅直人と小沢一郎前幹事長が対決。国会議員票、地方議員票、一般党員等票のすべてにおいて菅が上回り、再選を果たした。

２０１０年９月19日
中国政府、日本への報復措置を決定
尖閣諸島沖・中国漁船衝突事件について、石垣簡裁が中国人船長の拘置延長を決定したことを受け、中国政府は「日本との閣僚級以上の交流を停止」「航空路線増便の交渉中止」「石炭関係会議の延期」及び「日本への中国人観光団の規模縮小」を決定した。

２０１０年９月20日
中国当局、フジタの日本人社員４人を拘束
中国当局は、在中国トヨタの販売促進費用を賄賂と断定し罰金を科すことを決定。21日から予定されていた日本人大学生の上海万博招致中止の通達も行った。また「軍事目標」を不法撮影したとして、ゼネコン「フジタ」の日本人社員4人の身柄を拘束。また、複数の税関での通関業務を遅滞させ、日本へのレアアースの輸出を事実上ストップした。

2010年9月25日
那覇地検、中国人船長を釈放

沖縄・那覇地検は、尖閣諸島沖での衝突事件を起こしたとして拘置中だった中国人船長を、処分保留のまま釈放。

2010年10月1日
国会開幕、菅首相所信表明演説

第176臨時国会が召集され、菅直人首相が衆参両院本会議で所信表明演説を行った。

2010年10月2日
公明党山口代表、再選

公明党は東京都内で党大会を開き、山口那津男代表の再選を正式に承認。

2010年10月4日
日中首相、ASEMで会談

菅首相は、ベルギーで行われたアジア欧州会議（ASEM）首脳会合に合わせ韓国の李明博大統領らと会談。尖閣諸島沖・中国漁船衝突事件に関して、同諸島では領土問題は存在しないとの日本の立場を説明した。また菅首相は中国の温家宝首相と約25分間、会談。中国漁船衝突事件で悪化した日中関係について、両首脳は「現在の状況は好ましくない」という認識で一致した。

2010年10月11日
日中防衛相が会談

北沢俊美防衛大臣がベトナムで中国の梁光烈国防相と会談。尖閣諸島沖・中国漁船衝突事件で悪化した日中関係について、東シナ海での「海上連絡メカニズム」の早期構築と、両国の戦略的互恵関係の進展を目指すことでは一致したが、中国側が海上自衛隊練習艦隊の中国寄港の延期を求めるなど、両国間の防衛交流促進には難色を示された。

２０１０年10月16日
太平洋・島サミット中間閣僚会合開催
日本と16の島しょ国・地域が参加する「日本・太平洋諸島フォーラム（ＰＩＦ）首脳会議」（太平洋・島サミット）の中間閣僚会合が外務省で行われ、前原誠司外相は、中国漁船衝突事件の経緯と、尖閣諸島が日本の固有の領土であることを説明し、各国に理解を求めた。

２０１０年10月27日
尖閣ビデオ、国会へ
政府は、尖閣諸島沖・中国漁船衝突事件の模様を海上保安庁が撮影したビデオを横路孝弘衆院議長に提出した。

２０１０年10月30日
日中首相、10分会談
菅首相は、東アジアサミット出席のため訪問中のベトナムで、中国の温家宝首相と約10分間、非公式に会談。中国漁船衝突事件で悪化した両国関係の改善に向け、戦略的互恵関係の推進や民間交流強化が重要だと確認した。

２０１０年11月１日
露・メドベージェフ大統領、北方領土訪問
ロシアのメドベージェフ大統領が、ロシアの国家元首として初めて北方領土の国後島を訪問。政府は、日本の国民感情を傷つける行為だとしてロシア側に厳重抗議。

尖閣ビデオ、一部議員に公開
尖閣諸島沖・中国漁船衝突事件の模様を海上保安庁が撮影したビデオ映像が、衆参両院の予算委員会理事ら30人に公開された。

2010年11月4日
尖閣ビデオ、YouTubeに流出
44分に編集された尖閣諸島沖の中国漁船衝突時の映像が、「sengoku38」によってYouTube上で公開された。

2010年11月12日
「ねじれ国会」政府提出法案初成立
政府提出の改正保険業法が参院本会議で全会一致で可決、成立。「ねじれ国会」となって以降、政府提出法案の成立は初めて。

2010年11月13日
首相、米中露首脳と会談
菅首相は、アメリカのオバマ大統領、中国の胡錦濤国家主席、ロシアのメドベージェフ大統領と横浜で会談。菅首相はメドベージェフ大統領との会談で、大統領の北方領土訪問に抗議。大統領は「領土問題はロシアにとっても極めて敏感な問題」と反論した。

2010年11月18日
事業仕分け、第3弾終了
政府の行政刷新会議が、事業仕分け第3弾の作業を終える。10月に行われた前半日程では、18ある特別会計のうち、今後の検討も含め4特会の廃止を決定。個別に取り上げた48事業のうち、スーパー堤防事業など8事業を廃止と判定した。11月15日から4日間行われた後半日程では、44事業について、予算計上見送りや廃止などと判定した。

2010年11月22日
柳田法相、「国会軽視」発言で辞任
柳田稔法相は、「国会答弁ではふたつの言葉を覚えておけばいい」などの「国会軽視」ととれる発言の責任を取って辞表を提出、受理された。

２０１０年11月23日
北朝鮮延坪島砲撃事件発生
北朝鮮が、北方限界線付近に位置する韓国領の延坪島を砲撃。

２０１０年11月24日
本書第1回対談
『浮き足立つな。まあ、座って、お茶でも一杯』

２０１０年11月26日
衆参両院、北朝鮮砲撃非難を決議
衆参両院は本会議で、北朝鮮による韓国砲撃を非難する決議を全会一致で採択。

２０１０年12月7日
日米韓、北朝鮮非難声明を発表
前原外相、クリントン米国務長官、金星煥韓国外交通商相は、米国務省で会談し、北朝鮮に対して、韓国砲撃を強く非難するとともに、非核化に向けた具体的な行動を求める共同声明を発表した。

２０１０年12月14日
思いやり予算、5年間の現行水準維持で合意
政府は、２０１１年度以降の在日米軍駐留経費の日本側負担について、米軍基地の娯楽施設の従業員の基本給などを削減する一方で、総額は5年間、現行水準（１８８１億円）を維持することで米政府と合意したと発表。

２０１０年12月17日
菅首相、沖縄知事に普天間問題迷走を謝罪
菅直人首相は沖縄県を訪問し、仲井眞弘多沖縄県知事と会談。首相は米軍普天間飛行場移設問題を巡る民主党政権の迷走を謝罪し、同飛行場を同県名護市辺野古に移す日米合意への県側の理解を求めたが、知事は改めて県外移設を要求した。

２０１０年12月24日

菅首相、たちあがれ日本に連立打診

菅直人首相が、たちあがれ日本に対して連立政権参加を視野に入れた協力を打診していたことが明らかになる。たちあがれ日本は27日、参加を見送ることを決定。

２０１１年１月４日

菅首相、小沢元代表に離党を促す

菅直人首相は記者会見で、民主党の小沢一郎元代表に、自らの資金管理団体の政治資金規正法違反事件で強制起訴された場合の、自発的な国会議員辞職や民主党離党を促した。

２０１１年１月14日

菅再改造内閣が発足

菅直人再改造内閣が発足。民主党から枝野幸男官房長官、江田五月法相ら３人が新たに入閣、与謝野馨経済財政相を党外から起用した。

２０１１年１月20日

日米、嘉手納訓練一部グアム移転で合意

日米両政府は、沖縄県の米軍嘉手納基地所属のF15戦闘機が行っている訓練の一部をグアムに移転させることで合意した。

２０１１年１月21日

日米、思いやり予算協定に署名

前原外相と米ルース駐日大使は、２０１１年度から２０１５年度までの在日米軍駐留経費の日本側負担を定めた特別協定に署名。

２０１１年１月24日

国会開幕、菅首相が施政方針演説

第177通常国会が召集された。菅直人首相は施政方針演説で、社会保障改革などの政策課題実現に向けた与野党協議を訴えた。

２０１１年１月29日
菅首相、ＴＰＰ「6月結論」を宣言
菅直人首相は、スイスで開かれた世界経済フォーラム年次総会で講演を行い、環太平洋経済連携協定（ＴＰＰ）に関して、6月に結論を出すことを国際公約として表明した。

２０１１年２月10日
菅首相、会談で小沢元代表に離党を求める
菅直人首相は、民主党の小沢一郎元代表と会談。菅首相は、小沢元代表が政治資金規正法違反で強制起訴されたことを受け、自発的な離党を求めたが、小沢元代表はこれを拒否した。

２０１１年２月22日
小沢一郎の党員資格停止処分を決定
民主党は、政治資金規正法違反で強制起訴された同党の小沢一郎元代表に対し、裁判の判決確定まで党員資格停止とする処分を正式決定。小沢元代表は処分の不当性を訴えた。

ニュージーランドで地震発生
ニュージーランドのカンタベリー地方で、マグニチュード6.3の地震が発生。２０１２年２月にニュージーランド警察が発表したこの地震による死者数は185人。日本人は、留学生ら28人が死亡した。

本書第2回対談
『「まず給料を返納する」とか言う政治家は、絶対信用するな！』

２０１１年２月24日
松木農林水産政務官が辞任
小沢一郎元代表に近い民主党・松木謙公農林水産政務官が辞表を提出。

２０１１年３月６日
前原外相、外国人献金問題で辞任
前原誠司外相は、在日韓国人から政治献金を受け取っていた問題の責任を取って辞任。後任には松本剛明外務副大臣が昇格。

2011年3月10日

アメリカ、沖縄を誹謗した日本部長を更迭

米キャンベル国務次官補は外務省で松本外相と会談し、沖縄県民を誹謗するような発言をした米国務省のケビン・メア日本部長を更迭したことを伝えた。

2011年3月11日

菅首相の外国人献金問題が表面化

菅直人首相の資金管理団体が、在日韓国人男性から104万円の献金を受けたことが一部メディアで報道される。

東日本大震災発生

14時46分、三陸沖を震源とするマグニチュード9.0の地震が発生。東京電力福島第一原子力発電所では、稼働していた1号機、2号機、3号機が地震により自動停止。1号機、2号機、3号機が「電源喪失」状態に陥る。20時50分に、福島県対策本部から、1号機の半径2キロ以内の住民1864人に避難指示が出される。

2011年3月12日

原子力安全・保安院が炉心溶融の可能性を発表

経済産業省原子力安全・保安院は、福島第一原発の1号機周辺でセシウムが検出され、核燃料の一部が溶け出た可能性があると発表。

福島第一、1号機で水素爆発

15時36分頃、福島第一原発1号機で水素爆発が発生。政府は、周辺住民の避難範囲を半径20キロ圏内に拡大させるよう指示した。

福島第一原発事故、深刻度「レベル4」と認定

原子力安全・保安院は、福島第一原発の事故について、原発事故の深刻度を示す「国際原子力事象評価尺度（ＩＮＥＳ）」の暫定評価を「レベル４」と認定。18日、原子力安全・保安院はこれを「レベル５」に引き上げた。

２０１１年３月14日
福島第一、３号機でも水素爆発
11時１分に福島第一原発３号機の建屋が爆発。枝野幸男官房長官はこの爆発について、１号機と同様の水素爆発であると発表。

計画停電スタート
東京電力管轄地域内で、輪番停電がスタートした。

２０１１年３月15日
福島第一、４号機で火災が発生
福島第一原発４号機で火災が発生。翌16日にも同じ部分で再び出火。

２０１１年３月21日
政府、農産物の出荷制限を指示
政府は、福島、茨城、栃木、群馬の知事に対し、各県産のホウレンソウとカキナ、福島県産の原乳について、当分の間出荷を控えるよう指示。23日にも、福島県の葉物野菜とブロッコリーなどの出荷制限と摂取制限、同県のカブ、茨城県の原乳とパセリについての出荷制限を各知事に指示した。

２０１１年４月４日
東京電力、汚染水の海洋放出を開始
東京電力が、高濃度汚染水の貯蔵先を確保するため、低濃度の汚染水の海への放出を開始。

２０１１年４月８日
菅首相、外国人からの献金104万円を返金
菅直人首相の資金管理団体が在日韓国人男性から献金を受けていた問題で、首相側が３月14日付けで献金計104万円を返金していたことが明らかになった。

2011年4月10日
統一地方選前半戦、石原都知事が4選

第17回統一地方選の前半戦の投開票が行われ、石原慎太郎東京都知事が4選した。

2011年4月11日
原発被害賠償の紛争審査会が発足

政府は、東電福島第一、第二原発事故の被害者への対応の枠組みを協議する「原子力発電所事故による経済被害対応本部」を設置。東電の賠償範囲などを検討する「原子力損害賠償紛争審査会」も発足させた。

2011年4月12日
福島原発事故、「レベル7」へ

原子力安全・保安院は、福島第一原発の事故について、原発事故の深刻度を示す国際原子力事象評価尺度の暫定評価を、「レベル5」から最悪の「7」に引き上げることを発表。

2011年4月14日
復興構想会議、初会合

東日本大震災の復興計画を策定するための菅首相の私的諮問機関「東日本大震災復興構想会議」の初会合が行われる。

2011年4月18日
原子力安全・保安院、メルトダウンを認める

原子力安全・保安院は、福島第一原発の1〜3号機の核燃料が「溶融していると思われる」と初めて認めた。

2011年4月22日
菅首相、「計画的避難区域」を設定

菅直人首相は、福島県飯舘村など5市町村の、福島第一原発から半径20キロ圏外の地域を一ヵ月後までをめどに避難を求める「計画的避難区域」に、主に20〜30キロ圏内の地域に関しては、緊急時に屋内退避や圏外避難ができる準備を常に求める「緊急時避難準備区域」に設定。

「東日本大震災に関する決議」採択

衆院は本会議で、東日本大震災からの復興への決意を示す「東日本大震災に関する決議」と「国際的支援に対する感謝決議」を全会一致で採択。

２０１１年４月24日

統一地方選後半戦、民主苦戦

統一地方選後半戦の投開票が行われる。民主党の推薦した市長候補の敗北が目立ち、市議選、区議選も伸び悩んだ。

２０１１年４月27日

震災国税特例法が成立

被災者向けの税制上の負担軽減策を盛り込んだ「東日本大震災国税臨時特例法」と「改正地方税法」が参院本会議で可決、成立。

２０１１年４月28日

海江田経産相、夏の電力削減目標を15％に

海江田万里経済産業相は、２０１１年夏の電力不足対策のための最大使用電力の削減目標について、企業、家庭とも一律15％程度と正式に発表。

２０１１年５月６日

菅首相、浜岡原発運転停止を要請

菅直人首相は、中部電力浜岡原子力発電所のすべての原子炉の運転停止を中部電力に要請。中部電力は5月9日、運転中の浜岡原発の4号機、5号機を停止する決定をしたと発表した。

２０１１年５月10日

菅首相、「脱原発依存」を表明

菅直人首相は、福島第一原発事故を受けて、今後のエネルギー政策について「従来の計画を白紙に戻して議論する」と述べ、原発への依存を減らす方針を表明。

2011年5月10日～27日
避難住民、初の一時帰宅

福島第一原発から20キロ圏内の警戒区域に指定されている福島県の9市町村で、住民の一時帰宅が行われる。

2011年5月13日
政府、福島原発事故賠償策の枠組みを決定

政府は、福島第一原発事故の賠償策を巡る閣僚会合を開き、東電を公的管理下に置く賠償策の枠組みを正式決定。

政府、電力使用量15%削減を正式決定

東京電力と東北電力管内での夏の電力不足に対応するため、政府は、企業と家庭が最大使用電力を2010年夏比で15%削減する目標を正式決定。

2011年5月23日
東電、地震直後からの炉心溶融を認める

東京電力は、福島第一原発1～3号機で、3月11日の東日本大震災後半日から4日余りの短期間でメルトダウンが進み、原子炉圧力容器の損傷に至ったとする解析結果をまとめ、原子力安全・保安院に報告した。

2011年5月29日
本書第3回対談

『福島第一原発事故後の日本の「脱・原発路線」は、ワシントンのご意向である』

2011年6月2日
衆院、菅内閣不信任決議案を否決

衆院は本会議で、自民、公明、たちあがれ日本の野党3党が提出した菅内閣に対する不信任決議案を否決。

２０１１年６月３日
大阪で「君が代起立条例」成立
大阪維新の会が提案した全国初の「君が代起立条例」が府議会で可決、成立。市町村立を含む府内公立学校の教職員に対し、国歌斉唱時の起立を義務づける。

２０１１年６月７日
政府、ＩＡＥＡに事故報告書を提出
政府が、福島第一原発事故に関する調査報告書を国際原子力機関（ＩＡＥＡ）に提出。これを受けて原子力安全・保安院は、水素爆発防止策や放射線測定器の確保など当面実施すべき緊急対策を各電力会社に指示。

２０１１年６月18日
安全・保安院、原発の安全対策は適正と判断
原子力安全・保安院が、原子力発電所を持つ国内の電力会社など11社は水素爆発などのシビアアクシデントに対する安全対策がすべて適正に実施されているとする検査結果を発表。

２０１１年６月21日
日米、２０１４年の普天間飛行場移設期限を断念
日米両政府が米国務省で「日米安全保障協議委員会」を開く。米軍普天間飛行場移設問題については、２０１４年の移設期限を正式に断念。

２０１１年６月27日
原発担当相に細野氏、復興相に松本氏
原子力発電所事故収束・再発防止担当大臣に細野豪志首相補佐官、東日本大震災復興対策担当大臣に松本龍防災相が任命される。

菅首相、知事に辺野古移設理解を求める
菅直人首相は、沖縄県の仲井眞弘多知事と首相官邸で会談し、米軍普天間飛行場の移設問題を協議。首相は辺野古移設の推進に理解を求めたが、知事はこれを拒否した。

２０１１年６月28日
東電株主総会、「脱原発」を否決
東京電力の定時株主総会が開かれ、「脱原発」を求めた株主提案は反対多数で否決。中部電力、九州電力の株主総会でも、「脱原発」の株主提案はいずれも否決された。

２０１１年６月29日
佐賀県知事、玄海原発再稼動を容認
九州電力玄海原子力発電所２、３号機の再稼働問題で、海江田万里経産相と会談した古川康佐賀県知事は、再稼働を容認する意向を初めて示した。玄海町の岸本英雄町長も運転再開を了承。

２０１１年６月30日
政府が特定避難勧奨地点を初指定
政府の原子力災害現地対策本部は、福島第一原発事故による高い放射線量が観測されている福島県伊達市の４地区計106戸を「特定避難勧奨地点」に指定。

２０１１年７月４日
日中会談、松本外相が中国の海洋進出を牽制
松本剛明外相が北京で中国の楊外相と会談。中国が、東シナ海や南シナ海で海洋進出の動きを活発化させ、周辺国と対立を強めていることに対して懸念を表明した。

２０１１年７月５日
松本復興相が辞任
松本龍復興相が、７月３日の岩手、宮城両県知事との会談時の発言を理由に、復興相と兼任の防災相を辞任。後任として、復興担当の平野達男内閣府副大臣が昇格した。

２０１１年７月６日
九州電力やらせ問題が発覚
玄海原子力発電所の再稼働問題で、九州電力の眞部利應社長は、6月に国が主催した県民向け説明会のテレビ放送に、九電が子会社や一部社員に対し、一般市民を装い再稼働に賛成する意見を電子メールで送るよう指示していたと発表し、謝罪。

2011年7月8日
福島第一原発への津波、13.1メートル

東京電力は、東日本大震災の際に太平洋沿岸の各原発を襲った大津波の高さについての詳しい分析の結果を発表。福島第一原発を襲った津波の高さは最大13.1メートルだったとした。

2011年7月13日
菅首相、「脱原発」を表明

菅直人首相は記者会見で、今後のエネルギー政策について、段階的に原子力発電に対する依存度を下げ、将来は原発のない社会を目指す「脱原発」の考えを表明。15日、菅首相はこの方針について、政府見解ではなく、個人としての考えを披瀝したものだとした。

2011年7月20日
関電管内、10％以上節電へ

政府は、関西電力管内の家庭や企業の全利用者を対象に、7月25日から9月22日の間、2010年夏比で10％以上の自主的な節電を求めることを正式決定。

2011年7月22日
菅首相、選挙公約の「甘い見通し」を謝罪

菅直人首相が、2009年衆院選の民主党政権公約について「財源に関してやや見通しが甘い部分もあった」と謝罪した。

2011年7月23日
日米韓外相、北朝鮮への認識で一致

松本剛明外相は、バリ国際会議場でクリントン米国務長官、金星煥韓国外交通商相と会談。北朝鮮が求める6者協議の再開について、北朝鮮がウラン濃縮計画の査察受け入れなどの具体的な行動をとらない限り応じられないとの認識で一致した。

２０１１年８月３日
「原子力損害賠償支援機構法」成立

福島第一原発事故の賠償を支援する「原子力損害賠償支援機構法」が参院本会議で可決、成立した。

改正選挙延期特例法が成立

東日本大震災の被災地での地方選挙を年末まで延期できるようにする改正選挙延期特例法が、参院本会議で可決、成立した。

２０１１年８月４日
海江田経産相、３首脳更迭

海江田万里経産相が、原子力安全・保安院が電力会社にやらせを要請したとされる問題の責任を問う目的で、松永和夫経産省事務次官、寺坂信昭同省原子力安全・保安院長、細野哲弘同省資源エネルギー庁長官を更迭した。

２０１１年８月５日
改正地方税法などが成立

福島第一原発事故の被災地で地方税を減免する改正地方税法と、事故や津波などの影響で避難した住民が住民票を移さなくても行政サービスを受けられるようにするための特例法が、参院本会議で可決、成立した。

２０１１年８月26日
子ども手当特措法、成立

2012年3月まで子ども手当を暫定的に支給するための「子ども手当特別措置法」が、参院本会議で可決、成立した。

「除染に関する緊急実施基本方針」正式決定

政府の原子力災害対策本部は、福島第一原発事故で拡散した放射性物質について、年間被曝線量が20ミリシーベルトを超える地域を、国が除染して段階的に縮小する「除染に関する緊急実施基本方針」を正式決定。

「放射性物質環境汚染対処特別措置法」成立

福島第一原発事故による放射性物質に汚染された廃棄物や土壌を国が処理する「放射性物質環境汚染対処特別措置法」が、参院本会議で可決、成立した。

菅首相、退陣を表明

菅直人首相は、自身が掲げた「退陣3条件」のすべてが成立したことを受け、退陣を正式に表明。

2011年8月30日

菅内閣、総辞職

菅直人内閣が総辞職。民主党の野田佳彦代表が国会で指名を受け、第95代、62人目の首相に選出される。

2011年8月31日

本書第4回対談

『「風の谷」が、21世紀の日本のモデルである。我々は、「腐海」とともに生きるしかない』

2011年9月2日

野田内閣が発足

民主、国民新両党の連立による野田佳彦内閣が発足。

2011年9月8日

野田首相、福島初訪問

野田佳彦首相が就任後初めて福島県を訪問し、佐藤雄平知事と会談。福島第一原発事故に関して国の責任を認め、知事に陳謝した。

2011年9月10日

鉢呂経産相、「不適切発言」で辞任

鉢呂吉雄経済産業相が、福島第一原発事故を巡る不適切な言動の責任をとって辞任。12日、首相は後任に枝野幸男前官房長官を任命した。

2011年9月13日
国会召集、野田首相が所信表明

第178臨時国会が召集され、野田佳彦首相は衆参両院本会議で、就任後初の所信表明演説を行った。福島第一原発事故をふまえ、エネルギー政策を再構築する意向を表明した。

2011年9月22日
野田首相、日米首脳会談で「辺野古移設へ全力」

野田佳彦首相は、就任後初めてオバマ米大統領とニューヨークの国連本部で会談。米軍普天間飛行場移設問題について、名護市辺野古に移すという2010年5月の日米合意の実現に向けて、沖縄の理解を得られるよう全力を尽くす考えを伝えた。

2011年9月30日
「国会事故調査委員会」発足へ

福島第一原発事故の原因究明を行う調査委員会を国会に設置する「東京電力福島原子力発電所事故調査委員会法」と、関連法案の改正国会法が参院本会議で可決、成立した。

2011年10月3日
第三者委が事故の賠償額、廃炉費用を報告

東京電力の経営を調査していた政府の第三者委員会「経営・財務調査委員会」が委員会報告書を野田佳彦首相に提出。福島第一原発事故の賠償額は今後2年間で約4兆5000億円、廃炉費用は1兆1500億円に上るとした。

「朝霞住宅」建設、5年間凍結

野田佳彦首相は安住淳財務相と会談し、埼玉県朝霞市の国家公務員宿舎「朝霞住宅」について、東日本大震災の集中復興期間の5年間、建設を凍結するよう指示した。

2011年10月9日
福島で甲状腺検査がスタート
福島第一原発の事故を受け、福島県は、18歳以下の全県民約36万人を対象に、生涯にわたって継続する甲状腺検査を開始。

2011年10月12日
世田谷で高放射線量を検出
東京都世田谷区の住宅街で最大2・707マイクロシーベルト（毎時）という放射線量が測定されたと報じられる。13日、文部科学省は、この原因が民家の床下にあった瓶の中の放射性物質であると発表した。

2011年10月27日
野田首相、沖縄県知事・名護市長と初会談
野田佳彦首相は、首相官邸で沖縄県の仲井眞弘多知事、稲嶺進同県名護市長と就任後初めて会談。米軍普天間飛行場の名護市辺野古への移設に向けた「環境影響評価書」を年内に同県に提出する方針を伝えた。

2011年10月28日
野田首相と政務三役、給与の一部を自主返納
野田佳彦首相と政務三役が、給与の一部を11月分から自主返納することを発表。年間給与総額のうち、首相は3割、閣僚と副大臣が2割、政務官が1割を返納する。

2011年10月31日
政府、ベトナムへの原発輸出の方針を確認
野田佳彦首相はベトナムのズン首相と首相官邸で会談し、ベトナムの原子力発電所建設計画について、日本から安全性の高い原発の輸出を行う方針を確認した。

2011年11月9日
原子炉解体までに30年以上
国の原子力委員会は、福島第一原発から溶け落ちた燃料を取り出し原子炉を解体するまでに、30年以上かかるとした報告書をまとめた。

本書第5回対談
『「原発を作らせない」「沈む日本で楽しく生きる」この両方を実現している場所が、今、この国には存在する』

2011年11月11日
野田首相、TPP交渉参加を表明
野田佳彦首相が環太平洋経済連携協定（TPP）交渉参加の方針を正式に発表。TPP参加で悪影響が出るとされる農業分野については、政府として全力で支援する考えを示した。13日、首相は米・ハワイでオバマ米大統領と会談し、TPP交渉への参加方針を表明。

2011年11月12日
福島第一原発、事故後初めて報道陣へ公開
福島第一原発の事故現場が、初めて報道関係者に公開された。細野豪志原発事故担当相の視察への同行取材の形をとり、東京と地元福島の他、海外メディアの記者やカメラマン、合わせて36人が参加した。

2011年11月17日
福島第一原発の年内の「冷温停止」実現の見通しを発表
国と東京電力は、福島第一原発の事故の収束に向けた工程表について、年内で、原子炉の温度が安定して100度以下となり放射性物質の放出を抑えるとする「冷温停止」の状態を実現し、「ステップ2」を達成できるという見通しを示した。

2011年11月18日

「モデル除染」スタート

来年から放射線量が高い福島県内の警戒区域や計画的避難区域で放射性物質を取り除く「除染」が始まるのを前に、福島県大熊町で、効果的な方法を調べるためのモデル事業が開始。

2011年11月19日

日中韓首脳会談、FTA早期交渉へ

野田佳彦首相は、インドネシアのバリ島で中国の温家宝首相、韓国の李明博大統領と会談。日中韓の自主貿易協定（FTA）について早期の交渉開始を目指すことで一致した。

2011年11月23日

提言型政策仕分け、全日程終了

政府の行政刷新会議が20日から開始した、政策や制度の問題点を公開で検証する初の「提言型政策仕分け」が終了。エネルギーや社会保障などに関する10分野25項目の政策の検証が行われた。

2011年11月27日

橋下大阪市長、誕生

大阪府知事選と大阪市長選が投開票。市長選は、前府知事で地域政党・大阪維新の会代表の橋下徹が、現職の平松邦夫を20万票以上の差で破り、当選。知事選では同会幹事長で前府議の松井一郎が初当選した。

2011年11月28日

福島第一の吉田所長、病気療養のため退任

政府と東京電力は、福島第一原発の吉田昌郎所長が病気療養のために入院、12月1日付で所長を退任することを発表。

2011年11月29日

不適切発言で沖縄防衛局長を更迭

一川保夫防衛相は、米軍普天間飛行場の移設問題を巡り、記者団との非公式な懇談で不適切な発言をしたとして、田中聡沖縄防衛局長を大臣官房付に更迭した。

2011年12月7日
復興特区法が成立

東日本大震災の被災地の復興を加速させるため、規制や税制などで特例を設ける復興特区法が、参院本会議で可決、成立した。

2011年12月9日
復興庁設置法が成立

東日本大震災からの本格復興を進めるための復興庁設置法が、参院本会議で可決、成立した。

原子力4協定が可決

参院は本会議で、日本がベトナム、ヨルダン、ロシア、韓国とそれぞれ結ぶ原子力協定の承認案を可決した。

2011年12月16日
野田首相、原発事故収束宣言

野田佳彦首相は、原子力災害対策本部の記者会見で、福島第一原発の原子炉の「冷温停止状態」を確認し、「事故そのものは収束に至ったと判断される」と、事故収束を宣言した。

2011年12月18日
日韓首脳会談、従軍慰安婦問題を議論

野田佳彦首相は京都市内で韓国の李明博大統領と会談。大統領は従軍慰安婦問題について、「優先的に解決する真の勇気を持たなければならない」と問題解決を求めたが、首相は「法的に決着済み」という日本の立場を伝えた。

2011年12月19日
「金正日総書記が死去」と発表

北朝鮮の国営テレビが、北朝鮮の金正日総書記が17日に死去したことを報じる。

２０１１年12月21日
オリンパス本社など一斉捜索

光学機器大手「オリンパス」の旧経営陣が、金融商品の含み損などを隠し決算を粉飾した疑いが強まったとして、東京地検と警視庁、証券取引等監視委員会が、金融商品取引法違反容疑で同社本社など約20ヵ所の一斉捜索を始めた。

福島第一原発の廃炉工程表を発表

政府と東京電力は、福島第一原発1〜4号機の廃炉を30〜40年後に完了させる「廃炉工程表」を発表。

２０１１年12月22日
国交相、八ッ場ダム建設継続を発表

前田武志国土交通相は、群馬県の八ッ場ダムについて、「建設を継続し、２０１２年度当初予算案に本体工事に入るために必要な経費を計上する」と発表した。

２０１１年12月25日
野田首相初訪中、温首相と会談

野川佳彦首相は就任後初めて中国を訪問し、北京市内で温家宝首相と会談。両首相は北朝鮮の金正日総書記の死去を受け、朝鮮半島の安定に向けて緊密に意思疎通を図ることで一致した。

２０１１年12月26日
事故調が中間報告を発表

福島第一原発事故に関する政府の事故調査・検証委員会が中間報告を発表。東電の初動を巡っては、1、3号機の緊急冷却装置の操作について「誤った措置」などと批判した。

２０１２年1月10日
オリンパス、新旧経営陣に36億円の賠償訴訟

オリンパスは、損失隠し事件に関わったとして、菊川剛前会長や高山修一社長ら新旧経営陣19人に対して、総額36億1000万円を会社側に支払うよう求める損害賠償請求訴訟を起こしたことを発表。

2012年1月13日
野田改造内閣発足

野田佳彦改造内閣が発足。岡田克也前民主党幹事長を副総理兼一体改革・行政改革相に任命するなど、5閣僚を交代させた。

2012年1月15日
二本松の新築マンションで高線量

福島県二本松市は、2011年7月に完成した市内のマンションの室内で毎時1マイクロシーベルト超の放射線量が計測されたと発表。マンションには、計画的避難区域である同県浪江町の砕石を原料とするコンクリートが使用されていた。

2012年1月18日
安全・保安院、大飯原発の耐性「妥当」

原子力安全・保安院は、関西電力の大飯原子力発電所3、4号機（福井県）について、想定以上の津波や地震に対しても余裕があるとした同社のストレステストの1次評価を「妥当」とする審査書の素案をまとめた。2月8日、この審査書の最終案を専門家の意見聴取会に報告。

2012年1月26日
環境省、除染工程表を発表

環境省は、福島県の警戒区域と計画的避難区域で実施する除染の工程表を発表。年間被曝線量に応じて地域を3分類した上で、最も線量の低い20ミリシーベルト以下の地域の除染を最優先に進めるとした。

２０１２年１月27日
震災関連10組織、議事録未作成
政府は、東日本大震災に関連する10組織で会議の議事録が未作成だったとする調査結果を発表。

２０１２年１月31日
ＩＡＥＡ、ストレステスト「妥当」と報告
国際原子力機関（ＩＡＥＡ）は、経済産業省原子力安全・保安院によるストレステストの結果の審査は妥当とする報告書の概要を保安院に提出した。

「原子力規制庁」新設へ
政府は、原子力発電所の運転期間を原則40年と定めることや、環境省の外局として「原子力規制庁」を新たに設けることを柱とした、原子力組織制度改革法案と、原子力安全調査委員会設置法案を決定し、国会に提出した。

２０１２年２月８日
米海兵隊グアム移転を先行実施へ
日米両政府は、２００６年に合意した在日米軍再編計画の見直しに関する基本方針を発表。在沖縄海兵隊のグアム移転と、米軍普天間飛行場の移設を切り離し、海兵隊移転を先行して実施する方針を正式に決定した。

２０１２年２月10日
復興庁が発足
東日本大震災の復興施策を統括する復興庁が発足。防災相を兼務していた平野達男復興相が復興相専任となり、防災相には中川正春前文部科学相が就任。また14日、野田佳彦首相は、東日本大震災総括担当相を新設し、平野復興相に兼務を指示した。

２０１２年２月14日
本書第６回対談
『我々が、橋下徹を生み出した』

2012年2月16日
オリンパス粉飾決算、前会長ら7人を逮捕
オリンパスの粉飾決算事件で、東京地検特捜部と警視庁捜査2課は、金融商品取引法違反の疑いで前会長の菊川剛ら旧経営陣3人と、元証券会社取締役・中川昭夫、コンサルティング会社社長の横尾宣政ら計7人を逮捕した。

2012年2月20日
沖縄県知事、「辺野古移設は不可能」
沖縄県は、米軍普天間飛行場の名護市辺野古への移設に向けた政府の環境影響評価書に対し、「環境保全は不可能」とする仲井眞弘多知事の意見書を沖縄防衛局に提出。「辺野古への移設は事実上不可能」とし、県外移設を求めていく県の姿勢を示した。

2012年2月26日
野田首相、沖縄を初訪問
野田佳彦首相が就任後初めて沖縄県を訪問し、27日に仲井眞弘多知事と会談。米軍普天間飛行場の移設問題を巡る民主党政権のこれまでの対応を陳謝した上で、名護市辺野古への移設について理解を求めたが、知事は県外への移設を主張した。

2012年2月27日
原発民間事故調が報告書を公表
福島第一原発事故に関する独立検証委員会(民間事故調)は、菅直人前首相ら政府首脳による現場への介入が混乱と危険の拡大を招いた可能性があるとする報告書を公表した。

２０１２年３月７日
オリンパス粉飾決算、前会長ら４人を再逮捕
オリンパスの粉飾決算事件で、東京地検特捜部は、07、08年に続き09～11年3月期の有価証券報告書に虚偽記載した疑いがあるとして、同社の前会長・菊川剛ら４人を再逮捕した。

２０１２年３月８日
福島復興再生特措法案、衆院で可決
福島第一原発事故の被害を受けた福島県の復興を後押しする福島復興再生特別措置法案が、事故による被害に関する国の責任を明確にするなどの修正が行われた上で、衆院本会議で全会一致で可決した。

２０１２年３月９日
みんなの党、大阪都向け改正案
みんなの党は、橋下徹大阪市長が唱える「大阪都構想」実現に向けて、新党改革と共同で地方自治法改正案を参院に提出した。

政府、事故当夜からの災害対策本部の様子を公表
政府は、東日本大震災が発生した２０１１年3月11日の夜から12月26日までの間に行われた「原子力災害対策本部」の議事概要などを初公表。議事概要は、原子力安全・保安院などに残るメモなどをもとに再構成された。

２０１２年３月12日
班目委員長、辞意を表明
内閣府原子力安全委員会の班目春樹委員長が、3月末に退任したいとの考えを表明。30日に辞意を撤回した。

２０１２年３月23日
安全委、大飯原発ストレステスト「妥当」了承
原子力安全委員会は、定期検査のため停止中の関西電力大飯原子力発電所の3、4号機の再稼動条件となるストレステストの1次評価結果について、原子力安全・保安院が示した「妥当」とする審査結果を了承した。

2012年3月25日
東電の原発がすべて停止
東京電力柏崎刈羽原子力発電所（新潟県）の6号機が定期検査のため運転を停止。これで東京電力のすべての原子力発電所が停止した。

2012年3月26日
保安院、伊方原発ストレステスト「妥当」
原子力安全・保安院は、定期検査で停止中の四国電力伊方原発3号機（愛媛県）の再稼働の条件となるストレステストの1次評価について、四国電力の評価結果を妥当とする審査書をまとめ、原子力安全委員会に報告した。

※役職はすべて当時のもの。

ぼくたち日本の味方です

インタヴュー　渋谷陽一

単行本　二〇一二年六月　ロッキング・オン刊

『どんどん沈む日本をそれでも愛せますか？』

文庫化にあたり改題しました。

第1回

浮き足立つな。まあ、座って、お茶でも一杯

日本、中国、韓国、北朝鮮の隣国問題が表面化

2010年9月7日、東シナ海南西部の尖閣諸島付近をパトロールしていた海上保安庁の巡視船が、中国籍のトロール漁船を発見。トロール漁船は、日本領海からの退去命令に応じず、巡視船2隻に衝突し、破損させた。海上保安庁は中国船の船長を公務執行妨害容疑で逮捕、事情聴取のため船員も石垣島へ連行。中国政府は「尖閣諸島は中国の領土」という主張のもとに日本の措置に対して抗議し、船長・船員の解放を要求した。日本政府は船長以外の船員を帰国させたが、司法手続きを進めるため、19日に船長の拘置を延長。すると中国は、日本との閣僚級以上の交流停止や、日本への中国人観光団の縮小などを決定。20日には中国で、ゼネコン「フジタ」の日本人社員4人が「軍事目標を不法撮影した」として身柄を拘束される。またレアアースの日本への輸出を事実上停止するなど、中国の日本への報復措置が続いた。

10月25日、那覇地検は「わが国国民への影響や、今後の日中関係を考慮して」との理由で中国人船長を処分保留のまま釈放。11月4日には、それまで一部の国会議員だけが見ていた、海上保安庁撮影の事故状況の映像が、「sengoku38」を名乗る人物によってYouTubeに投稿され、中国漁船が巡視船に船体をぶつける様子が国民に公開されることとなった。

そして11月23日、北朝鮮が韓国の延坪島に向けて砲弾約170発を発射。韓国の海兵隊員2名、民間人2名が死亡した。その翌日、以下の対談は行われた。

対談日：2010年11月24日

北朝鮮砲撃事件への日本政府の対応が示すもの

——昨日（2010年11月23日）、北朝鮮が韓国の延坪島に砲撃しましたね。

高橋　北朝鮮が韓国領土内に砲弾を撃ち込むっていうのは、朝鮮戦争休戦以来、はじめてだそうです。

内田　57年ぶり。

高橋　57年ぶりのことが起こった。で、おじさんたちが言いたいのは、「まあまあ、あまり浮き足立たないで」と（笑）。なんか、ずーっと浮き足立ってるんだよね、この何年かの政治的なプロセスって。

内田　ほんとにそうだね。

高橋　もう、いらだったり、浮き足立ったり、興奮したり。それはよろしくないと、我々は常識的なことを言ってるだけ。まあまあ、あわてないで。ここはじっくりと。

内田　頭冷やして。まあ座って、お茶でも飲んで。

高橋　そうです。で、まだ1日しか経ってないんだけれど、今回の北朝鮮の砲撃を受けて、日本政府が唯一やったことは、朝鮮学校の無償化制度適用手続きをストップすること。

内田　バカだねえ……。

高橋　朝鮮学校の無償化が決まってたんだけど、停止。やめたんじゃなくて、とりあえず保留にした。

内田　市民感情に配慮したってことでしょ。

高橋　そう。だから、やるべきことが正反対なんだよね。

内田　今このときに、朝鮮学校に、「おたくのお国は大変だろうけども、日本にいる限りはちゃんとするよ。うちのほうがあっちより住みいいでしょ？」って言えばいいのに。「住むんだったら、やっぱり日本のほうがいいや」っていうふうに隣国の人たちに思ってもらうのってさ、安全保障の基本だと思わない？　あんな国には住みたくないっていう国がいちばん攻撃されやすいんだから。

高橋　そうだよね。だから、今回政府が唯一やったのは、やってはいけないことだった。つまり、朝鮮学校への無償化の問題でもめてたのは、あそこには教室に金親子（金日成・金正日）の肖像が掛けてあって、反日教育をしてるのに、そういうところにお金を出すのはいかがなものか、っていうことでしょ。

内田　いいじゃないの！　反日教育してるところに金を出すっていうのは、「大人だね」ってことになると思うんだけどなあ。

高橋　っていうか、そういう思想教育をしてるって言ってるけどさ、ここは日本でしょ？　思想教育受けて、家に帰ったらインターネットがあるわけだよ（笑）。

内田　ねえ。

高橋　ＡＫＢ48がいくらでも見られるわけで。そんな環境で思想教育ができると思ってるところが、既に情けないわけ。この民主主義というか資本主義の世界では思想教育なんかできないという事実を、自ら否定してしまった。どんな思想教育しても、家に帰ってインターネット見たら、おしまいなんだから。思想教育が可能だと思ってるってことは、「日本が資本主義でも民主主義でもないって言ってるわけなの？」って言いたくなるよね。

内田 言論の自由がある社会で、外部と無関係に局所的に言論を封殺したイデオロギー教育なんかできるわけないもの。そんなことは、朝鮮学校の先生だってわかってんじゃないの？ 無理だろうなあと思いながらやってるんでしょ。

高橋 まあ、やってるとしても、建て前だと思うんだよね。

内田 仏教系の大学で勤行するのとか、うちみたいなミッションスクールで礼拝するのとかと同じことでしょう。「王様」の肖像を拝むんだから。たとえば、英国系の学校が日本にあって、教室にエリザベス女王の写真が飾ってあっても、それ外せって言わないでしょ？ アメリカン・スクールに星条旗が飾ってあっても、それ外せって言わないでしょ？ みんなそれぞれ事情があって拝んでいるなら、好きにさせてあげればいいじゃない。実害ないんだから。

――つい最近、他でも同じようなニュースを見たけどね。アメリカの、イスラムの学校に対する排斥の動きって、それにそっくりで。アメリカの右派は頑強に「イスラムの学校は恐ろしい！」「テロリズム教育をやってるに決まってる！」って言ってて、イスラムの人たちが怒ってるわけ。「アメリカは民主主義の国だろう?」って。

内田　自分たちのやってる教育に自信持てよ、って思うよね。たとえばフランスも、今、国の人口が6500万人ぐらいで、その内の600万人、約10%がイスラムの人なんだけど。結局、フランスの場合は、イスラムの同化に失敗してるんだよね。自分たちと同じところに、フランス人も、アジア人も、イスラムの人も住むようにして、みんなまとめてフランスの公民教育をやればいいっていう、そういう建て前はあるんだけど。実状は、イスラムの人を郊外に押しやって、イスラム圏の人たちだけで暮らすようにしちゃってるの。分離されている以上、国家に対して忠誠心なんか持てないし、感謝もしないし、機会があったらなんかイヤなことしてやろう、ってつい思っちゃうわけじゃない。そういうことになってから抑えるのが、いちばんコストがかかるわけで。人類愛云々じゃなくて、社会的コストってことを考えると、今の体制に不満な人を作らないための方法は、「やさしくする」ってことに尽きるんだよ。

高橋　そうなんだよね。だからもう、感情だけで動いてるよね。我々も含めて、一般庶民が感情で動くのは、ある程度しょうがない面がある。でも、政治が、それを増幅する装置になったらまずいでしょ。

内田　逆に政治家のほうが、声がでかくて、感情的で、ロジックが幼児的になっているね。

尖閣漁船衝突ビデオ流出問題への国民の反応が示すもの

高橋　で、尖閣のあのビデオ流出ね。あれは海上保安官が義憤にかられてやったということになってる。ある知人がメールをくれてね。「これは相沢事件ではないか？」と。1935年の事件ですね。軍の統制派と皇道派の戦いの中で――。

内田　ああ、皇道派の人が起こしたテロだね。

高橋　要するに、「上から下へ」っていう政治システムが、機能してなかったんだ。普通、陸軍って、完全に階級制じゃない。だって、下が言うことをきかなかったら、軍隊にならないからね。

内田　成立しないよね。

高橋　にもかかわらず、「奸賊を討たねばならない」っていうことで、二・二六の前の年、相沢三郎がテロに走ったわけです。で、軍事裁判になった。その裁判の途中では、相沢中佐への支援の声が強くて。このままいくと、無罪になるかどうかはともかく、「彼の気持ちはよくわかる」という感じになりそうだった。そしたら、裁判の終わりの頃、軍法会議の最中に二・二六事件が起きて、陸軍内の皇道派が粛清されちゃうわけ。そのあと、相沢事件の裁判の裁判長も弁護士も全部替わって、それですぐ死刑判決が下されて、あっという間に処刑。

っていう、陸軍内の権力闘争が起こったのが、相沢事件なんですが。そこにあったのが、やっぱり政党政治の否定なんだよね。二・二六事件自体が「政党政治はダメだ!」ということだったわけ。で、今、海上保安官のビデオ流出について、世論はそれを圧倒的に支持してる、っていう。

内田　俺、それがよくわかんないのよ。

高橋　「流出してよかった」が91.8％。

内田　俺、珍しく8％側だよ。こんな少数派になったことって、あんまりないけどなあ。よくないでしょう、だって。だから、軍の……軍じゃないけど、指揮系統が乱れてるっていうことでしょ。たまたま秘密を知った一般市民がやるならまだいいけど、仮にもさ、海上保安官、昔で言ったら海軍軍人でしょ。軍人が、個人の判断で「国益に資するから」って職業上知り得た情報をじゃんじゃんリークしちゃまずいよ。「国益の判断をすべての国家公務員は自由にしてよろしい」ということになったら、もう統治システムは保たないよ。そういうふるまいをきちんと論理的に批判できないというのは、統治者たちが、自分たちのやっていることに自信がなくなってるってことだよね。

高橋　そういうことだよね。それぞれの場所にいる人たちが自信を持って方針を出していれば、その中にいる個人も、「自分は意見は違うが、これはまあ仕事だから」っていうことになる。今回の事件はさ、「上も自信ないみたいだから、じゃあ俺がやってやる！」っていうことだよね。

内田　家を作ってるときにさ、棟梁が自信なくしちゃって、どういう家を作るかわからなくなってるようなもんでしょ。タイル屋や水道屋に、「ここはこうしたほうがいい！」って強く言われると、そのつど「そうかなあ……」ってころころ設計変えちゃうような（笑）。「いいから、おまえらは自分の仕事しろ！」って言わなきゃ家は建たないでしょ。そのために、上意下達のシステムを作ってるわけだからさ。統治というのをどう考えているのかしらね。

戦後日本を作ったのは戦中派である

高橋　だから最初は、システム全体がダメなのかと思ってた。でも、システムっていうより、ダメなのは、もしかすると個人なのかもしれないんだよね。55年体制って僕たちは言ってたでしょ、ずっと。戦後、吉田茂以来、さまざまな政治家がいたけど、考えてみたら、そういう人たちって、実はみんな戦中派だったんだ。

僕は、老人は過激だっていうことを書いたことがある。特に戦中派って言われる人たちって、ちょっとクレイジーな人が多いんだよね。つまり、戦争中に10代から20代だった人。彼らは、いちばん感受性が鋭かった時期に、社会の価値観が180度変わったわけじゃない？　だから何も信じてない。ある意味、徹底したニヒリストなんですよ。システムに対して、冷たいんだよね。「どうせ人間がやることだから」って。そういう、戦争を通過してる人間が持ってる感覚が、実は戦後を作ってきた。だから、戦後って戦後のものじゃないんだよね。

内田　そうです。そのとおり。

高橋　戦前の人間が作ったシステムなんだ。リアルに、日本国が滅ぶ、価値観が180度変わるっていうことを通過してきた人間が、戦後を作った。以前、内田さんが言ってた、平和憲法っていうのを二律背反で受け入れるっていうのも、戦中派の戦略だったかもしれない。それは戦中派がある意味自覚して、あえて受け入れたものなのに、戦中派が退場していったあと、本当の戦後派がそのシステムを担うようになったときから、急速に劣化が始まったんじゃないかな。

内田　そのシステム自体は整合的じゃなくて、あちこちで矛盾を来しているわけだから。矛盾したシステムをなんとか機能させてるのは、生身の身体なんだよ。やっぱり戦中派のいちばん基本の経験っていうのはさ、リアリズムなんだよ。ぎりぎりの局面では、いやでも人間は客観的になるじゃない。たとえば、「飢えると人間の判断は狂う」とかね。

高橋　そういうことだよね。

内田　「人間って簡単に壊れる」っていうのが、戦中派の思考のいちばん根本にあるものだと僕は思うんだよ。人間って、結局この生身の身体を使ってしか動くことができない。吉本隆明が言ったんじゃないかと思うけど、自分の拳に託せる以上の政治は語らないっていう節度って、あるじゃない。どんなきれいごとも、語ってる人間の身体が担保する以上の射程距離には届かない。それが、戦中派の覚悟なんだと思うんだよね。だから、戦中派の人は、他人が空理空論を語っているのを聴いても、空理空論は人間の身体から出ることはないから平気っていうふうにたかをくれる。「世界同時革命」とかアジっているやつも、腹がへったら座り込んじゃうんだから、まあ当分革命は起こんないよ、って。戦中派の人たちには、生身の身体の弱さとか可傷性がイデオロギーの暴走を抑止してきたっていう実感があると思うんだよ。

高橋　リアリズムは身体性から来るんだよね、すごく簡単に言うと。

内田　目の前で飢えて痩せ細っていったり、病気で崩れて歪んでゆくのを見たときに、人間が身体から出られないということはしみじみわかるわけだからさ。

高橋　そうだね。だからさっきも言ったように、戦中派がこのシステムを作った。でも退場してしまった。そして、それを身体性がない人間が使うことになった。でも、うまく使いこなせないというか、あるいは、額面どおりに使ってしまうっていうか。リアリズムって現場主義だからさ、「とりあえずなんかシステムあるけど使えっかな？」って、使いながら考える。でも、あとから来た人間は、自分が作ったシステムじゃないから、杓子定規に使うしかない。だから劣化する。

今の政治家にリアリストはいない

内田　システムとかルールってさ、すごく例外規定が多いわけで、実際に適用すると、「ルールはこうなってるけど現実はこうだから」っていうのが出てくるじゃない。そういうときは、「ここはひとつ、ナカとって」とか、「ま、弾力的に運用してですな」とか、そうやってうまくなじませてきたわけでしょ。「ここはひとつ俺の顔に免じて」っていうことを言う人がいれば、例外は許容していいんだよ。その人が責任を取るって言ってるんだから。そういう属人的な担保があるんだから。自分の身体で債務保証する人がいれば、別に精密なルールなんか作らなくても、瑣末な法律条項なんか作らなくても、システムは機能するんだよ。

政治に限らず、すべてのシステムは、現場にいる人間が自分の身体を賭けて、固有名で債務保証しないと、機能しないんだよ。「これが失敗したら、俺が腹を切ります」っていう人間がいないと、ダメなんだよ。そういう人間がいれば絶対に、誰かが腹を切らなくちゃならないような大きな失敗は起きない。システムがクラッシュするのは、誰もいないから「責任を取らないからなんだよ。目の前に危機の徴候が見えても、「これは俺の仕事じゃないから」って放置したり、その場にいない誰かの責任に転嫁するやつばかりになったときにシステムはクラッシュするんだよ。責任を取るっていうのは「自分の身体を差し出す」っていうことなんだけどさ、それができるのがリアリストなんだよ。今の政治がダメなのは、ルールが整備されていないからでも、制度設計が間違っているからでもなく、政治家たちがリアリストじゃなくなっているからなんだよ。みんなイデオロギーの人になってしまった。

あのさ、僕、居合やってるんだけど、日本刀の納刀っていう基本の動作、あるでしょ、刀を鞘に納める。あれって、鞘の中に刀を入れるんじゃないのよ。ここに入れるの、切っ先をこうやって入れてくの（鞘の鯉口を握った左手の人差し指と親指の間の隙間に入れていく動作）。

——ケガしちゃうじゃない。

内田　しないの。鞘って木で、刀って金属でしょ？　木に金属なんて入るわけないんだよ。でも生身には入る。だから人間の手がアジャスターなの。金属と木という2種類の無生物の仲を取り持つのは、「刃に触ったら切れるもの」なんだよ。切れて血が出るものを間に挟むことで、刀と鞘の角度の微調整が可能になるの。

高橋　へえー、いい話だなあ！

内田　いい話でしょ。素人は直接刀を鞘の中に入れようとするわけね。でも、入んないの。慣れてくると刀は指と指の間に入れるということがわかってくる。脆弱なもの、傷つくものしかデリケートな操作というものはできない。これって、システムにおける人間の機能の本質に通じると思わない？　システムっていうのは、壊れやすい生身の人間が入ることで、はじめて機能するんだ。

大学が浮き足立っている

高橋　いや、システムっていうものはほんとに、最初の設定者がいなくなると、あっという間に劣化していく。そういうことはもうあらゆる場面で起こることなんだけど、いちばん近いとこでは大学もそうだね。僕は、そもそも大学なんかろくに行ったことなかったから、知らなかったんだけど、大学の先生になってからのこの6年間だけでも、すさまじい！　かつて、大学を批判した身から言うとさ、「もっとしっかりしてくれよ」って言いたくなる。とにかく浮き足立ってるんだよね。

内田　そうなの！　浮き足立ってんだよ。

高橋　かつての大学は、象牙の塔だった。世間で何が起こってるか知ろうとしなかった。それでよかったし、それが批判されていた。でも最近は、逆に、世間以上にあせりまくってる。人口が減りだして、今、どの大学も生き残りをかけて必死になってる。すると、何するかっていったら、調べる調べる。「どんなニーズがあるか？」って。受験生の動向とかね。いちばんびっくりしたのはさ、教授会に講師として予備校の担当者が来るわけ。最初、冗談かと思った。予備校の担当者が、「学生たちはこういう学校を求めていますので、この方向でがんばってください」って。それをきいて、教授は、「うんうん」とか言ってるわけ。

内田　バカだよね。

高橋　その姿を学生に見られたら、そんな先生に教わりたいと思わないよね。

内田　コンサルとか予備校とかそういうところっていうのはさ、ほんとに学校に来ていばりちらすのよ。大学の教授さんは何もわかってない、と。「あんたたちは甘い！　世の中そんなもんじゃないんだ」って、もう脅しつけるわけ。「おたくの学校、このままいったらつぶれるよ」みたいな感じでさ。それって詐欺師とおんなじなのよ。小津安二郎の『お早よう』(※注1)じゃないけど、押し売りがやってきてさ、うわーっと脅かしたあとに、「防犯ベルいかがですか?」って。
それでまたね、脅かされてびびるのよ、大学の教授って。あいつら商売なんだから、来たら絶対に「この学校つぶれる」って脅かすに決まってるんだから、そんなのきいてもしょうがないんだよって言ってもさ、「内田さんは楽観的すぎる!」と。

高橋 ははははは。

内田 ほんとにね、うちの学校で楽観論なのって僕ひとりなの! 浮き足立つっていうのが今、デフォルトなんだよ。みんなが浮き足立ってるんで、それが普通だと思ってるわけ。浮き足立ってないと、「内田くん、ダメだよ! 浮き足立たなきゃ!」って感じでさ。学校ってさ、学校を創ろうって人がいて、誰か来ませんか? って言って、人が来たからやってるわけでさ。来なくなったら、「需要ないんだ。じゃあやめようか」って、それが普通なわけよ。それを、ニーズがなくなってもやらなきゃいけないって思ってるから、何していいかわかんなくなっちゃうんだよね。

高橋 受験生が減ってなくてもね。何かしないと滅ぶってみんな思い込んでるんだよね。

肉体性なき悲観、身体性なき不安

内田 日本全体に取り憑いてるある種の病気だね。「このままでは日本が滅びる!」って言うとさ、喜ぶんだよね。それにね、悲観論にさえ肉体がないんだよ。

高橋　（笑）。そうそう！

内田　このままいったら自分は飢えるんじゃないか、路頭に迷うんじゃないかっていう悲観論じゃないんだよ。自分は路頭に迷って飢えることはないんだけども、一応悲観論を言ってみましょうか、浮き足立ってみようか、っていう感じなのよ。

高橋　この浮き足立つのがいつからかっていうと、大学に関しては、戦中派の教授がいなくなってからだと思うんだ。あの人たちは、何を言われても、全然平気なわけ。「いや、別に、国が滅びるよりゃましだろう」とか考えてるから。そういう戦中派の人たちは、酒呑んで教授会に出てくるとか（笑）、もう乱暴狼藉だし、すごく適当なんだ。つまり、適当なことをやってる人たちがいたから、落ち着いていられた。ところが仕事熱心で真面目な人たちばかり残ると、どんどん不安になってくる。そして、不安だからどうするかっていうと、闇雲に働くっていうことになってるんだよね。

内田　でもその不安って、身体性がないんだよね。観念的に作られた幻想的な不安だからさ、埋めようがないっていうか、抑えようがない。

高橋　そう。たとえば、韓国・北朝鮮の問題に戻るとね、朝鮮学校の無償化に反対の人間が多いでしょ？　今や、インターネット上では、朝鮮人や在日に対する反発とか、露骨な差別用語が解禁になっちゃってる。かつての右翼だって言わないようなことを、みんな書いてる。でも、そう言ってる連中って、実際には在日朝鮮人に会ったことなんかないんじゃないかと思うんだ。彼らを知っていて、彼らから被害を受けたから文句言うんなら、まだ話はわかるけど。身体性がないっていうのは、つまり、そういうことだと思う。実物を知らないで、「日本の芸能人はみんな帰化してる」とか、「あいつも在日だ、こいつも在日だ」とか、そういう話が、インターネット上のデフォルトになってるんだよね。

内田　しかし、あさましいよねえ。「それでもおまえら近代市民社会の成員か？」って言いたくなっちゃう。

高橋　なんとか機能していたシステムが劣化した結果、出てきたのは、もしかすると我々がDNAとして持っている「ムラ社会」なのかも。つまり、自分たちのところにモノとか金が回ってこない。それは、どこかで——。

内田　誰かが搾取している。

高橋　そう。「それは誰だ？」っていうことで、スケープゴートが生まれるわけだよね。

内田　自分が被害を受けてるのは、受益者がどこかにいるからだろう、っていうね。

高橋　それが、とりあえず在日ということになると。

内田　ユダヤ人問題と同じだね。ユダヤ人問題が全然解決してないのは、同じ思考回路が残ってるからなんだよ。

——でも、それが、システムの劣化と新体制の喪失による不安から来るものだとしたら、ある意味、世間がそうやって浮き足立ってることには、根拠があるわけじゃない。

高橋　やっぱり経済成長が終わって、トータルなパイの大きさが、現状維持か、減っていくのかもしれないからね。学生たちを見ても、就活が大変。うち（明治学院大学）も、内定率6割とか7割なんだよね。やっぱり不安にかられるのも無理がないところはあるんだ。

今は本当に就職難の時代なのか

内田　でも、確かにね、大企業は有効求人倍率が0.47とかなんだけどさ、中小企業だったら50倍とかあるの。第一次産業だったらさ、それこそ1000倍ぐらいあるわけじゃない？　だけど、みんなやっぱり、「就職」っていったときのイメージがすっごい狭いわけだよ。丸の内とか淀屋橋とかで、スーツ着て、カッカッカッとハイヒールの音立てて歩く、そういうのを就職って考えてるわけで。中小企業とかは眼中になくて、丸の内がダメだったらいきなりコンビニのバイト、みたいなとこがあってさ。

丸の内か淀屋橋のOL以外にも、たとえば農家になるとか、女優になるとか、能楽師になるとか、武道家になるとか、いっぱいあるじゃない。でも、構成メンバーが少ない職業っていうのは、まったく数にカウントされてないよね。武道家なんてさ、すごい有望なマーケットなわけよ。「教えてください」って人はいっぱいいるんだけど、「教えましょう」って人がすごい少ないんで。で、女の子たちってさすが、自由だからさ、「卒業してどうしましょう？」「きみ、武道家になったら？」「えっ、なれますか？」「なれるなれる！」って（笑）。

――はははは。

内田　もう3人なったからね。

高橋　すごいね、内田さん。送り込んでるんだ、武道業界に（笑）。

内田　仕事なんて、自分で作るもんじゃない？　マーケットがあって、それにどういうニーズがあるのかって探すんじゃなくてさ、「俺はこれがやりたい！」って言ってると、「もっとやって」って言う人が出てきてさ。「じゃあちょっとお鳥目ちょうだいよ」「うん、払うよ」ってなって、続くってもんでさ。高橋源一郎の文学に対するニーズだって、高橋源一郎の登場前にはなかったわけでしょ？

高橋　そう、作ったわけだ。起業家だよね（笑）。でも、教育システムが劣化して、そういうふうに教えられなくなった側面もあるよね。この前、麻里ちゃん（橋本麻里／編集者・ライター）、うちの娘と話してたら、「40代過ぎたら農業をやる」って言ってたなあ。農場の場所も見当をつけてて、質の高い野菜を作って、レストランと個別に契約して産直でやるって言うんだ。でも、そういうニーズはあるはずだよね。それも、ひとつの例だけれど。

内田　ニーズがあるっていうかさ、そんなの作んなきゃいけないんだよ。「これからは産直の野菜を、個人名で作ったものを食わなきゃいけないんだよ！」っていうイデオロギーを作ればいいんだからさ。でもやっぱり、昔は「とにかく我々は行き詰まってんだ！」って言ってるのがマイノリティで、マジョリティは満足してたんだけども。今は逆で、「我々は不満なんだ！」って言ってるのが定型になってるんだよね。で、定型ってのはね、食えないんだよ（笑）。こういうときは、やっぱり頭パッと切り替えてね。みんなが向こうに行ってるときって、逆の側にガバーッと広いスペースが空いてるのよ。そこでなんでもできるんだからさ。

今の教育は希望を与えない

――でも、マーケティング会社と予備校にコンサルされてる大学に、そういう人を生む教育ができるかね？

高橋　いやあ、難しいだろうねえ。

内田　だから、違うところで学ぶしかないんじゃないの？　僕はもう次の3月（2011年3月）で大学を辞めて、4月から私塾を創るわけだからさ。でも僕みたいに、固有の知識とか、食える知識とか技術を教えていこうっていう人、たくさんいると思うよ。

高橋　僕は大学の先生になって6年目だけど、今はサバイバル技術を教えてる。教えたいの、それだけ。小説教室も学生相手にやってますよ。卒業生も来させて。

内田　普通は作家って、作家志望の若者には「作家なんか食えねえんだから、止めとけよ」って言うんだけども、高橋さん、教えるんだよね。

高橋　教えるよ、もちろん。

内田　こうやったら食えるよ、っていうのをね。そこは僕と似てるよね。普通だったら、「武道家ってのは才能のある人間だけができるんだ」って言うと思うんだけど、僕は違うの。「平気平気。全然、大丈夫！　きちんと基本だけやって、ここときことここを押さえとけばオッケー！」って。でも、年長者が教えるべきことって、若い人を励ますことだと思うんだよ。「難しいぞ」って脅かすだけじゃ、若い人は萎縮しちゃうもの。
高橋　うん、「なんとかなるよ」って言う。そういう楽観主義っていうか、ポジティヴさ。別の言い方をすれば、希望をね。教育は希望を与えなきゃいけない。でも、今は逆に、教えてるのは、悲観なんだよね。「将来は展望ないよ」「普通にやってると大変なことになるよ」って。それは、教育じゃないよね。
内田　年長者はもちろん「世の中甘くないよ」ってことも教えなきゃいけないけどさ、でも、「けっこう甘いぞ」っていうのもさ。
——（笑）。そうなんだよ！
内田　だってこの3人はね、「本音を言うと、これまでの人生どうでしたか？」って訊かれたら、「うん、わりとちょろかった」って言うと思うんだよね（笑）。
高橋　だってこんな適当で生きてるんだから。
内田　世間なめてた度合いからいったら、すごいよね。いつだって、なんとかならあと思ってたから。「内田、そんなことやってると絶対食えないぞ」って、学者の世界でも何度も言われたけれど。

――ほんとそう思うけど、でもそうは言いながらも、それは高橋源一郎であり内田樹だったからだ、っていう、動かし難い事実もあるけどね。

内田　いや、でもね、結局僕らのどこが違ったかっていうとね、やっぱり、どうしても世間をなめずにはいられないっていうところだよね。

――はははは。

内田　みんなが「やらなきゃいけない」って言ってることでも、「なんでそんなこと一緒にやんなきゃいけないんだよ」っていうさ。

高橋　だから、さっき内田さんも言ったけど、みんなが行かないところに宝があるんだよ。みんなが行くところにはなんにもない。それは常識なんだけど、その常識が肉体化してないと、身体は動かない。戦中派の人たちは、みんながどーっと同じ方向に行って、日本がダメになったことをよく知ってた。だから信用してないんだよね。みんなが行くところにあるものには気をつけろっていう常識が、あの人たちは肉体化してたから、みんな勝手なことをしてきた。

だから、今、世間が浮き足立っている中で、我々としては、「そんなに浮き足立つ必要はないよ」と、おじさんらしく、言う必要があるだろうと思うわけですよ。

「大中華圏」という隣人たちと付き合っていくには

高橋　ところで、内田さんが、前にブログで書いてた、寺島実郎さんの講演会（※注

2）できいた、貿易額の話があったでしょ。日本にとって、中国、韓国を中心としたアジアっていうものの重要性は、圧倒的になっているって。もう大事なのはアメリカじゃないんだよって。

内田 うん、三井物産のサンフランシスコ支社が、閉鎖したんだって。

――へえー！

内田 シリコンバレー相手の商売では、もう、支社の経費分の口銭も稼げないんだって。日本企業は今ばらばらとアメリカから退いてる。寺島さんは、中国と台湾とシンガポールと香港をまとめて「大中華圏」って呼んでるんだけど、日本は、その大中華圏との貿易が、もう5割を超えたんだってさ。

高橋 だからさ、現実的には、もうひとつの共同体になりつつあるわけでしょ？　とすると、尖閣問題でも、付き合いをやめるわけにいかない人との間のもめごとだと考えるところから始めなきゃならない。

内田 隣の家から木の枝が出てて、「邪魔だ、伐れ！」とか言ったって、この隣人と暮らしていくしかないわけだからさ。隣との商売で食ってるんだから、細かいことはいいじゃないの。俺、ほんとに尖閣諸島なんてさ、「いいよ、ほしけりゃ、あげるよ」でいいと思うんだよ。問題はそれをどう最高値で売るかってことでさ。「何がなんでも放しません！」みたいなこと言ったって、しょうがないんだって。

だいたい、境界線問題なんて、世界中どこにでもあるわけでしょ。国民国家あるところ国境の係争地は必ず存在する。国境問題が双方納得のゆく形でめでたく解決するってことは、あり得ないんだよ。国境問題が解決して、領土を譲った側の統治者は国内的には「裏切り者」って言われて、政権崩壊するに決まってるんだから。結局、戦争以外に解決策なんてないんだよ。少なくとも戦争に負けた統治者は「敗戦の責任者」ではあっても「裏切り者」とは呼ばれないからね。でも、自分の政権を維持したいから戦争するというのは最低の政治家でしょ。国益よりも自己利益を優先させたわけだから。統治者の仕事は国境「問題」そのものから引き出し得る最大のベネフィットは何かを考えることでしょう。今日本が考えてるのは、国境問題について騒ぐことで、排外主義的な感情をかき立てて、国内のさまざまな問題、矛盾を糊塗するというね、最低レベルの政治的果実だと思う。

それは中国も同じだけどね。ナショナリズムを高揚させることによって、自国政府の外交上の不手際を隠蔽するっていうのは、外交的にはきわめて恥ずかしいことなんだよ。領土問題でナショナリズムが高揚するっていうのは、ガバナンスが不調だってことの証拠なんだから。

高橋　今回の北朝鮮の砲撃もそうだよね。政治がヤバいから、何かトラブルを起こして、とりあえず「みんな、ここに問題ありますよ」って目をそらすしかない。

——中国って、あらゆるところで国境紛争をやってるわけだよね。

内田　国境地帯では独立問題があるからね。チベットも、新疆ウイグルも。

高橋　政権が替わる時期に近づいてくると、必ずあるんだよね。システムが変わるときに、国内の権力環境が変わるから。

内田　求心力を1回高めるための政治的手段って、ほんとにベタなんだよね。オリンピックやったり、万博やったり、アジア大会やったりという国威発揚イベントか、国境問題で排外主義的に盛り上がるか、ふたつぐらいしか手がないんだ。

高橋　ただ、中国は国内の独立問題という大変な難問を抱えている。やっぱり、これは、永続的な不安定要因になるわけだから。

内田　でも、中国って、4000年間ずーっと不安定だからね。不安定なのが常態というか。だから、不安定でも浮き足立たない。そこが日本と違うね。

――中国って国境問題いっぱい抱えて、各国と紛争起こしてるじゃない。日本は、尖閣諸島というワンポイントだけで判断してしまうけども。

高橋　向こうからしたらそんなの、ほんの一部だよね。

内田　中国からしたら、尖閣諸島なんか、国境問題としてはいちばん気楽なものじゃないかと思うよ。インド国境とか、ベトナム国境とか、ロシア国境とかだと実際に戦争状態になったことだってあるわけでしょ。でも、日本相手だとまず戦争が始まるというリスクはない。別に急いで解決しなくちゃいけない国内事情なんかないんだよ。尖閣諸島を日本領だと宣言して、中国が「ああ、そうですか」って言うなんてことは、100年かけたって無理だよ。だって、中国ってのは、国境を確定しないっていうことを国是としてる国なんだからさ。

——じゃあ、日本はどういう外交ができるかっていうことになると——。

内田 中国に対して「貸し」を作るしかないわけだよね。中国っていう国は、貸し借りに関しては非常にきちんとしてる国でしょ。田中角栄のときがそうだったじゃない。井戸を掘った人のことは忘れないって。

国境問題とは国内問題である

高橋 しかも今回の尖閣問題でもさ、中国の軍艦は出てきてないんだよね。そもそも民間の船だから。で、尖閣のビデオ問題ってさ——そのビデオを、NHKのニュースで見たんだけど。あれを「緊迫した映像」って放送してる。僕は緊迫してると思わなかった。だって、国境紛争で緊迫してるときは、もうお互い大砲を向け合ってるわけ。フォークランドとか、中ソのときもそうだった。それは緊迫するよ。もしそこで誤射したら、戦争が始まっちゃうんだから。でも尖閣の場合は、民間の船が、巡視船に体当たり、っていうか、かすってるだけ。

あんなの、のどかっていうか、「何考えてんの?」って、受け流してればいいわけ。たとえば、船がぶつかって、どちらかが撃って誰かが死んだとする。「どちらが先に撃ったんだ!」ってことになれば、ビデオが重要な証拠になるかもしれない。でも、今回、「ぶつかった」って言われてて、見たらそのとおりの映像でしょ? そもそもなんのインパクトもない話だったのに、管理のミスで、インパクトがあるようにされてしまった。中国からしてみれば、別に公開されても問題ないんだよね。自分の領海を侵犯してる日本の海上保安庁の船に、愛国的な船がぶつかっただけの話なんだから。そもそも隠す必要もなかったし、出す必要もなかった。それをわざわざこじらせるように仕向けた。それでみんなが浮き足立ってるって、この転がり方が、異様だよね。

国境問題って、純粋に国内問題なんだよね。つまり、世界中に、国境問題を自主的に解決したいと思ってる国はひとつもない。どこも、内心は「できるだけこのままで、みんな忘れてほしい」って思ってる。

内田　ほんとそうだよ。

高橋　「なんにも起こらないでくれ、起きたらうちの国民がうるさいから」と。それが、各国共通の認識なはずだから。尖閣問題にしても、中国も「なんかあったから、とりあえず静かにね」って思ってたのに、日本が勝手に騒いだって感じだよね。

――ぶつかったからとりあえず逮捕したけど、普通に釈放したら、そのままだっただろうね。

高橋　いつの間にか、「そんな話あったよね」くらいのことになってたと思う。ただね、国境問題が国内問題だっていうのは、10年前、20年前だったらこんなふうには発火しなかったのかもしれないんだ。やはり国内の鬱勃たる不満とか不安が引き寄せられて、浮き足立っちゃうんだよね。おまけに、政治家もマスコミも、空気を読むことばっかりやってるでしょ。

内田　そうだね。「いいから黙って私に任してください」って言える政治家がいない。

高橋　プリンシプルがないせいもあるし、戦略がないせいもあるんだけど、なにより恐れているのは世論、空気だからだよね。

内田　選挙だね。

高橋　そうそう、次の選挙。今度の朝鮮学校の問題も、純粋に選挙対策だと思う。自民党からなんか言われたらかなわないから、先にペンディングにしますって言っちゃった。

内田　情けないねえ……幼児的な市民感情に配慮して、ほんとに愚にもつかない政策をやり続けるっていうね。

肉体なきコミュニケーションの危険性

――どうしたらいいですか？

高橋　常識を説くしかないです（笑）。

内田　「まあ、とにかく頭を冷やせ」と。「浮き足立つな。まあ、座って、お茶でも一杯」って言うしかないんじゃない（笑）。軒を接してるわけだからさ。「隣は何を思う人ぞ？」っていう。それから考えないと、やっぱり。

高橋　うん。他者への想像力がないんだ。それはやはり、他者というものが観念だからだよね。要するにフィジカルなものとして他人のことを考えられないっていうのが、すごく大きいんじゃないのかなあ。朝鮮人差別の問題にしてもね。差別は、必ず観念のほうからくるものだから。
で、怖いのはさ、システムが劣化して、じゃあ何がその劣化したシステムを代行するかっていうと、たとえばそれがインターネットだったりするわけでしょ。ヴァーチャルなものっていうか、肉体のないものが、コミュニケーションの中心になってくる。ネットって、電子機械によるものなのに、異様にエモーショナルなんだよね。
内田 うん。
高橋 僕、ツイッターやってるじゃない? あれっていい面もあるんですけど、問題は、140字という制限。140字ではロジカルなことは言えない。だからどうしても、連投をしてしまうんですね。つまり、あれってエモーショナルな語りかけなんだよね。それでいちいち、「論理的なことはウェブを読んでください」って(笑)。
内田 はははは。俺はそうしてるけどね。でも、けっこうそれで読んでくれるよ?
高橋 そういうふうにして、読んでくれる人は、もちろんいる。ただ、思った以上に、ネットってエモーショナルなものなんだよね。
2、3日前に、荒川洋治さんの『日記をつける』っていう本(※注3)を読んでいたんです。荒川さんは、「僕はネットはやらない」って言ってる。なぜかっていうと、「あそこでは、文章について誰もなんにも考えないから」って。僕にはそういう発想はなかったんだけど、出版物向けに原稿を書くと、編集者に渡して、校正されるから、世間に読まれる前にまずチェックが入るじゃない？　ちゃんと書いたつもりでも、事実誤認とかがあるから、原稿が1回僕らのところに戻ってきて、それをまた編集者に返して、っていうやり取りをするでしょ。インターネットって、校正する人がいないじゃない。仮にそれが間違っていても、文章が流通するんだよね。ある意味、手を抜いても流通するし。荒川さんは、「そういうものに慣れることが、僕には理解できない」っていうことで、「ブログはやりません」って。それはひとつの見識だよね。

活字文化っていうのがあって、一方で、インターネット上の文化みたいなものがあるわけじゃないですか。電子書籍とかって、確かに有効で、活字文化に取って代わるかもしれないけれども。でも僕は、荒川さんの危惧っていうのはよくわかるんです。その危惧がどういう有効性を持つかはともかくとして、そういうふうに考えてる人がいるっていうことは、いいことだよね。だから、そういううるさいオヤジが大事だと思う（笑）。

内田　そうそう、戦中派ね。

政府を選んだのに政府に任せない国民

――僕なんかも、原稿を書いて、校正して、紙に印刷して本にして……っていう手続きが肉体化しちゃってるから、インターネットにものすごく抵抗があるわけ。でも、今、音楽の世界でも、ネットを手段としてみんな使ってるわけで。たとえば、奥田民生というアーティストは、普通ならスタジオに入ってじっくりやるレコーディングを、ライヴで、客前でやってるわけ（※注4）。みんなが観てる、やり直しもできない中で、本当なら何日もかけて作る音楽を3時間で形にして、その過程をリアルタイムで配信して、曲ができあがった直後にネットで流通させた。それって、ある意味、全部退路を断ってるわけ。ネットを使って、今までの音楽の作り方とはまったく違うことをやっている。だから、ネットというシステムに、肉体性を加味してるんだよね。

高橋 それはいいね。退路を断ってやるんだったら。

——そう。だから、覚悟を持ってやれば、肉体性を加味できるってことを証明したわけ。でも、それをしないと、肉体性を阻害する危険性を持ったメディアに身を委ねることになって、なんの裏付けもない、悪意のある世論が流れたりしてしまうんだよね。だから、尖閣の事件のアンケート結果の、肯定が91.8％っていう数字に驚いたんだけどさ。でも、あのアンケート、「ビデオが流出してよかったですか？」っていう、そういう問いだもんね。それって——。

高橋 誘導尋問だよね。

——そう。あのビデオが流出したっていう事実を見るには、いろいろな視点があるわけじゃない。公務員の行為としてどうなのかとか、国益を考えるとどうなのかっていう内容のアンケートにしたら、絶対「よかったです」が91.8％になんかならないよ。

高橋 ならないよね。

内田 国境問題なんてのは、政府がハンドルすべきことであってさ、一保安官が「国益のために」なんつって首突っ込むような話じゃないのよ。公務員に自己判断で国益にとって最良のことをしてよろしいなんてことを許したらね、統治システムは収拾つかないよ。

高橋　「ビデオあるんだったら見せりゃあいいじゃん」。

内田　って、みんなが思ってるとこが怖いよね（笑）。

高橋　ダメなんだよ。シャキッとしろよ！

——（笑）。出た！　武道家のひとこと！

内田　いや、ほんと、シャキッとしてほしいよね。

高橋　いいじゃない、記者会見でさあ、「あのね、いろいろあるのよ、おじさんたちは。全部片づいたら、そのときお話ししますから」って言えばいいんだよ。なんで「俺たちに任せろ」って言えないんだろうね？「あなたたち、我々に政治を委託したんだから、とりあえず権限移譲して、任してくださいよ。悪いようにはしないから」って言えばいいのに。そのための代理制民主主義なんだからさ。直接民主主義じゃないんだからさ。代理制ってのはね、国民の側は「しばらくの期間はお任せします。ガタガタ干渉しませんん」って言って、政府のほうは「任してください。悪いようにはしませんから」っていう、その相互の信頼関係のことでしょ？　信頼関係のない代理制民主主義なんてあり得ないと思うけどね。

なぜマスコミは、政府に「できないこと」を要求するのか

高橋　まあマスコミも、真の国益のために動いてほしいです。

内田　マスコミって、大政翼賛会になるか、全部批判するか、どっちかなんだよね。人間の力って、信頼されることによって高まるわけで。不信感によって高まる能力ってあり得ないのに。

高橋　ただ、信頼されるに値する言動はしなきゃいけない。これがやっぱり、教育できてないっていう感じなんだよね。

内田　うん。信頼されるためには結局、自分の無能とか非力に関するカミングアウトが必要だと思うのね。「これはできません」「このへんはダメです」「このへんはなんとかなります」ってきちんと開示してくれるなら、信頼ってできるんだけどさ。統治者は「全部できます」って言うでしょ？　できないのに。だから信用されないんだよ。

今日も新聞に北朝鮮についての社説があったんだけどもさ。読んでたら、政府に向かってああしろこうしろってうるさく書いてあるわけだよね。「これから米韓と緊密な外交をとりながら、中国との連携も維持し、北朝鮮を適切にコントロールせよ」とかさ。あのさ、そんなことが簡単にできると思っているなら、あんたがやれよ！　って思っちゃったよ。

自分が外交官だったらできるはずもないことを、他人に対しては平気で要求できる。

身体性がないってそのことなんだよ。これは生身の人間ではできないことだよな、と思ったらさ、もう少し書きようがあるでしょ？　今のメディアってさ、書いてる人間が生身の人間じゃないんだよね。そういうことを言うマシンっていうか、言論装置になってる。

高橋　今日は、政治システムの話をしてたけど、それを含めて日本という社会システムが、同時多発でダメでしょ？　大学もダメ。マスコミの言葉もダメ。もう、どうしようもないんだ。これはどうしたらいいかっていっても、その人たちしかいないので。人間を取り替えるわけにはいかないからね。

内田　そこが戦中派だよね。出来は悪いけども、使い回しするしかないっていうのが戦中派。全取っ替えできないなら、今ある資源をだましだまし使うっていうね。だましだまし使ってパフォーマンスを上げるためにはさ、信頼するっていうのと、いいとこを褒めるってことなんだよね。

高橋　ただ、今回の政権選択に関しては、有権者は「全取っ替え！」って気分だった。

内田　俺らはけっこう褒めてたけどね。

高橋　そうそう。だから、もうこの対談で何回も言ったけど、有権者は、「全部任せたから、あとは知らない」ってことではいけませんよね。「最初からたいして変わらないってことぐらいわかってたでしょ？」って言っておかないとね。

キーワードは「身体性」

内田　日本の場合、政治参加っていうのは全部批判なんだよね。政治参加ってのはいろんな形があるんだけどもさ。エンカレッジする参加っていうのもあると思うんだよね。

高橋　そう。とりあえずこれを選んだんだから、そのパフォーマンスを最大限に上げるように手伝ってあげないと。

内田　どうやったら機嫌よく政治をしてもらえるか。それを考えるのも有権者の責任だと思うんだけどね。

高橋　結局、お互いの顔色を読み合うみたいな奇妙なことにならざるを得ない。アメリカはそれでいいんだよ。大統領制だから、4年間、政権は替わらない。それでも大変じゃない、今オバマは。日本は何かあると、もう、来年総選挙かって話になる。

内田　もうみんな、菅直人、替えたい気分なんじゃないの?

高橋　そうでしょう。年が変わったら、支持率10%ぐらいになってるよ、このまま行くと。

内田　ただ さ、この同時多発的なシステムの劣化は、ある種、救いっちゃ救いで。全部同じパターンだから、同じウイルスで病んでるわけだよ。病み方が全部一緒だから。国会も行政もメディアも。っていうことは、治そうと思ったら、ひとつの治療法で全部治るということだよね。

キーワードのひとつは「身体性」っていうこと。生身の個人が固有名でできる範囲内で仕事をするっていうこと。生身の射程を超えることについてはもう少し抑制的になるべきなんだよ。いちばんの問題ってそこだと思うね。

高橋　そう。漠たる不安だけがリアリティになってるんだよね。

内田　うん、よくないねえ！

――うん。だから、零細ベンチャー企業の社長として言わせてもらうと、普段、いろんな会社といろんな仕事をするじゃない。で、その中で、話が進んでうまくいくのは、オーナー社長の会社だけなんだよね。

高橋　なるほど。

――サラリーマン社長との仕事だと、ものすごく時間がかかるし、僕みたいな仕事のやりかたは通用しないんだ。「とりあえず、ここをこうやろうよ」「いや、渋谷さん、そうじゃなくて、それは会社の稟議にかけて……」っていう話になる。でも、大きな会社でも小さな会社でも、相手がオーナー社長だと、どんどん話が進んで、向こうも気に入るわけ。「渋谷さん、話、早いねえ」って。

だから、そういった意味ではもう、「サラリーマンがすべてをダメにしてる！」みたいな、ありがちな中小企業のオヤジ的な気持ちになるんだけど。いちばんイライラするのは、銀行員と話をしてるときだね。もうブチキレそうになる。

内田　わかるわかる。

——それこそ、零細企業の社長の100人中100人が言うことだけどさ。
高橋　銀行員にはみんな、ひどい目に遭ってるからね（笑）。
——でも、その銀行が、日本の高度経済成長を支えてきたのは事実なわけで。それがもう機能しなくなった、じゃあそれに替わるものはなんなのかっていうと……俺の卑近な例で言うと、要するに企業が肉体化しているオーナー社長となら、仕事が進むわけだよね。今、いろんな企業がどんどん変化していて、新たなオーナー社長の時代になってきていると思うんだけれども。大きな企業であろうとも、オーナー社長的な資質を持った経営者ならいいわけだよ。なんでもそうだよね、メディアでも思想家でも。
高橋　そうだよ。だからさっきの大学をどうするかって話で言うと、大学については、もう我々個人では変えようがないんで、私塾を作るしかないのかもしれない。私塾ってまさに肉体性でさ。フェイス・トゥ・フェイスだし、自分で選んで、カリキュラムも講義をやる日も、全部自分で決められるし。
内田　助成金をもらわないから、シラバスもないし（笑）。
高橋　そう、ないしね。

親も大学も、数値化されないとわからない

内田　前にね、うちのゼミ生でさ、スポーツクラブのインストラクターやってる子がいて。その子は子供たちに水泳を教えてたんだけど、親の要請があまりにもうるさいんで、

ものすごく細密なランキングをしてるんだって。「足が浮いたら何級」とか、「顔を水につけられたら何級」「顔を水につけて目を開けられたら何級」とかね、もうとんでもなく微細なことをやっていて。で、「お子様、今日25級から24級に上がりました」みたいなことを言うと、親が喜ぶ。つまり、「だいたいいけますよ、お子さんいい感じですよ」みたいなことを言ったら、親が許さない。自分の子供が、お金を払って身体訓練してるわけで、その身体的な能力の向上を、数値的・外形的に示してくれ、っていう要求がすさまじいんだって。

だってさ、子供が泳げるようになってるかどうかは、見ればだいたいわかるし、「どうだった今日？」「おもしろかったよ」とか言ってたらさ、わかるじゃない。最近なんか顔色がいいとか、ごはんよく食うとか、よく寝るとかさ、そういうのでわかるはずじゃない。わかんないんだよ、今の親は。級で言わないと。自分の子供の身体能力の向上さえも、インストラクターが「級が1級上がりました」って言わないとわかんないんだからさ。

高橋　うん。大学で僕がいちばんびっくりしたのは、入試のときの偏差値の詳しい調査。「うちの学部は、去年は60だったのが59に下がりました」「ええー！」とか言っている、その意味がよくわかんなくて。「偏差値教育」って言葉あったけど、僕はあんまり興味なかったからさ。ところが、「この学部は60、59、58と下がっていて、ゆゆしき事態だ！」って、すごい熱い議論をしてるわけ（笑）。

内田　学生は変わってないよね。
高橋　当人たちは別に変わってないと思うんだけどね。でも、そういうふうに数値化しないと不安だからでしょ、大学側は。
内田　だから、なんでも不安がベースなんだよね。「楽しいなあ」って言えればいいじゃない。
高橋　うーん、言えないいんだよ（笑）。
内田　乱世でしょ、今、ある意味でさ。転換期とかね。それって従来のやりかたが通用しない局面に入ったってことだからさ、自分自身の能力を高めないと対応できない状況なわけでしょ。それってワクワクしてこない？　普通は。
高橋　うーん、僕たちはね（笑）。だからさ、みんな楽しくないんじゃないかなあ、生きてるのが。っていう問題になってきちゃうんだよね。やっぱりさ、自分の肉体っていうフィルターを通さないと、本当のことはわからないと思うんだよね。以前、この対談で、熟年離婚っていう話をしたけど。そういうふうに考えるとわかりやすいよね。
内田　はははは。

新しいものは身体性からしか生まれない

高橋　つまり、自分を納得させるのは、ロジックだけじゃないんだよね。「こういう感じのことが起こってるんじゃないですか？」とか「こういう感じにしたらいいんじゃないですか?」っていうことを、我々は、政治的言語じゃなく、「普通」の言葉で言うしかないよね。それを具体的に言える場所は、もしかしたら私塾なのかもしれないし。

内田　やっぱり、新しいものってのは、つねに身体性から出てくるからね。観念から作られた新しいものってないもん。

高橋　そうなの。身体から変わるんだよ。文学も、戦後は、太宰治の『斜陽』(※注5)からだから。あれは、女性の一人称の語りでしょ。大きい変化のときは、口語に変わるんだよね。だって、言語でいちばんフィジカルなものは口語だから。とにかく、1回身体に戻すんだよ。それでシャキッとして、それが洗練されていくっていうことだから。1回身体に戻って、また旅に出て、システムが劣化して、肉体に戻る。そういうサイクルなんだ。

内田　今、肉体に戻るとこですな。

高橋　うん。その戻り方が危険なんだけど。つまり、無意識や肉体のほうに行く場合に、さっき言ったエモーションとか情動のほうに行ってしまうこともあるわけだから。

内田　エモーションって、イデオロギーだからね。

高橋　そう。観念なんだよね。肉体と思いきや、実は観念っていう。

内田　うん。性欲とか、暴力衝動とかってのはね、とことんイデオロギッシュなんだよね。信じられるのは、「だるい」とかね、「眠い」とか、「腹へった」とか「寒い」とかね。こういう身体感覚は信用できるんだよ。肉体性のいちばんいい部分ってのは、有限性っていうことと、可傷性っていうことだよね。傷つきやすく、数量に限りがありますよ、っていう。目は2個しかないし、手は2本しかないし、骨の数も筋肉の数も決まってる。1日8時間は寝ないといけないとかさ、3食メシ食わないといけないとか、風呂入らないと臭くなるとかさ、そういう種類の身体的有限性ってあるじゃない。それがイデオロギーに対して抑制的に働くんだよ。

高橋 そう、制約なんだよね。

内田 だって生きてる時間の3分の1寝なきゃいけないって、ものすごい制約でしょ？ 人間性を最終的に担保してるのは、1日の3分の1寝なきゃいけない、休まなきゃいけないっていうことだよね。俺の場合なんてさ、残り3分の2のうちの、5時間ぐらい酒呑んでるし。

高橋 ははははは。

内田 別人格になって。まともな人格と、呑んでる人格と、夢見てる人格。普通に生きてるのって、1日のうち、10時間ぐらいなんだよ。

高橋 けっこう少ないよね（笑）。

内田 うん。でもさ、それぐらいが上限かなって気がすんの。与えられた1日の内の半分以下ぐらいしか、使いものにならない自分が責任とらなくちゃいけないっていう限界が思考や発言を抑止しているんだよ。

高橋 そう考えると、人を差別しようとか思わないじゃない？ そんないいかげんな身体しか持ってないのに、そんな失礼なことできませんよ。

内田　寝てるときとか酔っぱらってるときは、もう、人種も国籍もイデオロギーも宗教もないからね（笑）。

注1　小津安二郎の『お早よう』：1959年作品。佐田啓二、笠智衆、久我美子、三宅邦子、杉村春子などが出演。舞台は東京郊外の新興住宅街であり、主役はそこに住む子供たちである、という点で、小津作品の中ではやや異質な映画。

注2　寺島実郎さんの講演会：内田樹と同じく大阪市特別顧問を務めた評論家、寺島実郎が、2010年11月8日の「平松大阪市長を囲む会」で行った講演会。日本の21世紀の外交戦略・経済戦略のメインターゲットは欧米ではなく、大中華圏（中国、香港、台湾、シンガポール）と韓国である、という趣旨の話だった。

注3　荒川洋治さんの『日記をつける』って いう本：詩人、エッセイストの荒川洋治が2002年に上梓した、「日記をつけるということとは」をテーマにしたエッセイ集。

注4　奥田民生というアーティストは、普通ならスタジオに入ってじっくりやるレコーディングを、ライヴで、客前でやってるわけ：ミュージシャン奥田民生が、2010年3月から5月にかけて行った『ひとりカンタビレ』。客前でひとりですべての楽器を演奏して多重録音し、1公演につき1曲完成させて、その曲を配信で販売する、という趣旨のツアーで、全国で10本が行われた。各会場で完成した曲は、後日『ＯＴＲＬ』というアルバム

としてまとめられ、リリースされた。

注5　太宰治の『斜陽』：1947年の作品。没落していく上流階級の人々を描いた作品で、ベストセラーになり、当時「斜陽族」という言葉まで生み出した。貴族の女性の一人称で書かれている。

第2回

「まず給料を返納する」とか言う政治家は、絶対信用するな！

地方首長、改革を掲げ有権者の支持を集める

大阪市に自らの法律事務所を構え、コメンテーター／タレントとしても活動してきた弁護士の橋下徹は、2007年、大阪府知事選へ出馬することを表明した。2008年1月に当選し、2月6日、府知事に就任。職員の人件費削減や補助金の見直しなどをめぐる府議会との対立、教育改革、「君が代起立条例」などで話題を集める。2010年4月には、「大阪都構想」の実現を掲げる地域政党「大阪維新の会」を結成、代表の座に就いた。

なお、この対談が行われた約8ヵ月後の2011年11月、橋下徹は大阪都構想などの政策実現のため、任期を3ヵ月余り残して大阪府知事を辞職、大阪市長選挙に立候補。20万票以上の差をつけて現職の平松邦夫を破り、市長に就任した。

一方、河村たかしは、衆議院議員を5期務めた後、2009年に名古屋市長選へ出馬。市民税の10％減税、ボランティアによる地域委員会の創設、経済対策の3つを柱とするマニフェスト「河村たかしの名古屋政策」を掲げて当選。市長として、議員報酬の削減や市民税の減税の必要性を訴え、市民からの支持を集めたが、市議会はこれに強く反発。2010年4月には地域政党「減税日本」を立ち上げ、代表に就任。この対談の約半年後の2011年8月には、減税日本初の党大会にて、国政への進出を目指す方針を明らかにした。

対談日：2011年2月22日

日本にはもう「生活音」はない

――今日は、いわゆる地方政治――橋下徹大阪府知事たちによる首長連合とか、ああいう動きをどう考えるのか、という話をしていただければ。

高橋　実は、先週、宮崎駿監督と会ったんです。

――へえ！

高橋　すごくおもしろかった。3時間ぐらい、ノンストップでお話をきいたんですが、示唆されるところがたくさんあったんですね。これがなぜか、最終的に政治に結びつく(笑)。ジブリが次に作ろうとしている、昭和30年代を舞台にした映画のために、日本中、ロケハンしに行ったそうです。町の音を録るために。で、結論として、「日本にもう生活音はありません」ということになった。日本中探して、「ここならあるだろう」っていうことで、最終的に屋久島まで行ったのに。昭和30年代的な町の生活音は、もう日本から消えたことを確認したんだって。

内田　おもしろい！

高橋　つまり、生活音って何かっていったら、遠くからきこえてくる町の音だよね。たとえば、カタカタカタカタと、隣の家のお父さんが雨戸を開ける音がする。ああ、朝だなあと思う。まな板をトントントントンと叩く音とか、子供が泣いている声とかが、隣からきこえていた。なぜきこえるかっていうと、まずひとつは、そもそも家の遮音性が低かった。今は遮音性が、高いでしょ。それに、当時はみんな窓を開けてた、暑かったりすると。だから、音はきこえるものだった。それに、生活をしていても、音を立てることが多かった。米を研ぐのだって、洗濯するのだって、音を立ててたわけでしょ。

今は、生活そのものから、音が消えてしまった。かつて僕たちは、隣とか、隣の隣とか、その隣の隣も、会って話すよりも、そこから音をきいて、どんな家かってことがわかった。いちばん敏感なのは音なんです。でも今は、音が一切きこえないので、誰が何をしてるのか、わからない。

内田　なるほどねえ。

高橋　宮崎さんは今でも、窓を開けて寝るそうです。音がきこえないとイヤだから。とにかく、音がきこえなくなり、生活がなくなったということを、ずっとおっしゃってました。音がなくなった段階で、つまり日常とか、隣とか、そういうものも全部なくなって、すべてが変わった。それはもう、町じゃない。「だからもう、昭和30年代、40年代の話は作れません。僕はもうあきらめました」っていうことを話してもらったんです。

そして、宮崎さんが何を言ったかというと、「アニメは僕で終わりです」って。今、宮崎さんがやろうとしてるのは、葬儀、埋葬。アニメを、自分と共に終わらせるってことだとおっしゃってました。

内田　へえー。

ひとつのジャンルは50年で終わる

高橋　宮崎さんは、ある意味現代を拒否してるでしょ。携帯も使わないし、パソコンも持ってない。車にエアコンが入ってない。「暑かったら窓開けろ！」って（笑）。もう徹底してる。でも、アニメーターだから、共同作業で、若い人を使わなきゃいけない。でも、後継者を育てることに失敗しました、と。なぜかというと、「今はもう技術がない」。アニメを描くときって、セルに色をのせる。色は塗るんじゃなくて、「のせる」っていうんですね。これが、美大を出た子は、1年間やってもできない。とうとう辞めちゃった。「そんな簡単なこともできない」っていう話になった。それで、アニメの技術伝承をどうしようかと思っていたら、デジタルができたでしょ？　つまり、アニメの技術がない人でも、アニメを作れるようになったの。宮崎さんは、デジタルは基本的にやりたくないそうです。あれはアニメじゃない、色が違う、と。でも、もう技術を持ってる人はいないから、やらざるを得ない。

宮崎さんは今年（2011年）70歳なんです。1941年生まれ。宮崎さんにとって、50歳ぐらいの人が作っているのは、アニメじゃない。アニメに似た何かにすぎない。それは私の考えるアニメではないので、関係ない。そういう考え。で、アニメとは何かという話になった。今の若いアニメーターは、炎を描けないんだって。いくら言っても描けないんで、よくきいたら、見たことがないって言ったって。

内田　ほおぉー！

高橋　本物の炎じゃなく、アニメの炎を描いてるわけ。宮崎さんのアトリエには、巨大な薪ストーブがあるんです。どうも、「この火を見ろ」ということらしい（笑）。宮崎さんが言うには、「火とか、水とか、風とか、音とかを再現するのがアニメなんです。それを知らない人間はそもそも再現できないので、もう不可能です」と。「そういう文化はもうありません！」。なぜ自分が最初で最後のアニメーターかというと、手塚治虫の『新寶島』（※注1）を読んだからだと。『新寶島』って、1947年の作品なんです。だから、宮崎さんが6歳のときなんだよね。6歳や7歳で、『新寶島』を読んだ人が作るのがアニメ！

――はははは。

高橋　で、日本で最初のアニメらしいアニメって、東映の『白蛇伝』（※注2）なんだよね。あれが1958年だから、宮崎さんは17歳で観たんですね。つまり、そういう経験がある人間が作るものが「アニメ」。で、最後におっしゃったのは、「ひとつのジャンルは50年で終わります」ということ。

内田　ああ。だんだんわかってきた、話のオチが（笑）。

高橋　つまり、『新寶島』に50年足すと1997年。『白蛇伝』に50年足すと2008年。ひとつのジャンルは、50年保たない。真似て似たようなものを作っていくことはできるけど、何かのジャンルが生まれて生成されることとは別問題だから。それはただ、延命させているだけで。
宮崎さんのお話をきいていて、フッと気がついたことがあったんです。僕は今『群像』で、戦後文学について書いてるんですが、戦後文学ってどこから始まるかっていうと、僕は1947年説なんです。『新寶島』がその年だって言われたから、びっくりした。1947年って、『斜陽』（太宰治）と、『青い山脈』（石坂洋次郎）の本が発売された年なんです。

内田　ほぉー！

高橋　実は、戦後文学といっても終戦直後にはほとんどない。46年になってやっと、『堕落論』（坂口安吾）がある。だいたい、49年ぐらいからみんな書きだしたんですね。だから、『斜陽』と『青い山脈』はとても早かった。

内田　石坂洋次郎偉いねえ！　やっぱり俺、『青い山脈』はすごいと思ってたんだ、前から（笑）。

高橋　その宮崎さんの50年説が気になって、僕が考えてる私説文学史に当てはめてみた。そしたら、おそろしいほど当たってる。近代文学って、『浮雲』（二葉亭四迷）からといわれるけど、その『浮雲』が1889年。その約50年後、1937年に発表されたのが、『雪国』（川端康成）と『濹東綺譚』（永井荷風）。

内田　確かにそこで終わった感があるね（笑）。

高橋　そう！　しかも、『浮雲』って、インテリのどうしようもない男が、女をうまく説得できない、女には男の苦悩がわかんないっていう話でしょ。『雪国』や『濹東綺譚』も、女が出てくるんだけど、両方とも踊り子とか芸者で、主人公はインテリ。同じスタイル。ところが、1947年の『青い山脈』と『斜陽』では、正反対になった。男はバカで、苦悩してるふりをしてるけど全然ダメで、女の子がすごいって話。そこで戦後文学が始まるんだ。っていうふうに、50年で感覚が変わるっていうのは、生理的な問題だと思う。

内田　人生50年。

高橋　そう。でもそれを書いた太宰治も、石坂洋次郎も、実は明治生まれ。戦後文学を作ったのは、明治の末期に生まれた人間だった。それから、50年経つと、もうほとんど戦争の記憶も失っていて、形式だけでやってる。っていうことで、政治の話になるんだけど（笑）。

内田　はい！　ようやく（笑）。

高橋　だから、保守合同が1955年。で、50年経って2005年。半世紀っていうのは、ひとつのことを続けていったら、もう保たなくなる期間なんだよね。そこから先でできるのは、それを二世に明け渡すか、一から新しいものを作るか。自民党が民主党に政権を渡したのは、まあ、民主党が自民党に似てるからで、これ、二世に渡したってことなんだよね。でも、全部取り替えない限りダメなんだ。だから、民主党は取り替えなきゃいけなかったわけ（笑）。

内田　なるほど！
高橋　『斜陽』と『青い山脈』をやらなきゃいけなかったのに、『濹東綺譚』と『雪国』を再生させちゃった。

ハイパー・アクティヴという病

内田　う〜ん、なるほど。2005年というと、小泉政権の最後の頃で、2006年に安倍晋三に替わって。それから総理大臣が5人替わったわけだよね。5年間で5人替わるというのは、その統治体制そのものに本質的な欠陥があるということだよね。属人的な能力の問題じゃなくて。
高橋　そう。でも、その統治スタイルにしがみついてるんだよね。
内田　55年体制から50年経って、もう死んでいるはずのものが少しだけ生き延びてる、ということがなんとなくみんなわかっているから、誰も統治システムに希望を持てなくなっている。でもこれからこの死んだシステムがどうなるのか、何が起きるのか？　僕にはさっぱり思いつかないんだよ。申し訳ないんだけど。
高橋　その反対方向を、つまり人気があるものを見ればいいんじゃないかな。渋谷さんが言ったように、地域首長が、今、異常な人気なのは、政党政治そのものを、国民が嫌ってるってことなんだよね。
　橋下さんや河村（たかし）さんの手法って、議会を敵にすることなんだよね。つまり、敵は議員だ。高給をもらってグダグダ議論してるだけの議会がいけない！　でも、首相が国会で、「いけないのは議員だ！」なんて言わないじゃない。議院内閣制だからね。ところが、地方は大統領制なんだ。つまり、首長を別に選んでるわけだから、直接制なんです。直接制で選ばれた首長が、代理制で選ばれてる議会を批判してる。だからこれは、間接的に、議会制民主主義を批判してるんだよね。

内田　なるほどね。

高橋　つまり、政党政治がダメだっていうことをよく知っていて、それを利用している人が人気を得ている。これってある意味、下に穴を掘ってるわけだよね。

内田　でもさ、それ、出口がないよ。僕は、東京都知事と大阪府知事と名古屋市長に対してはかなり懐疑的なんだよ。彼らは3人とも野性の勘っていうか、生物的な強さがある人たちでしょ。だから、どうやったら人気が出るかっていうことに関しては、直感的にわかってると思うんだけど、異常にアクティヴでしょう。代理制民主主義の鈍重さに対して、みんなが不満を感じているというのは事実だから、民意の入力に対してすぐに政策的な出力で応えるというのは、いいことなんだけど、それにしても「ハイパー・アクティヴ」でしょ。

危険なのは、「ハイパー・アクティヴであることそれ自体に価値がある」という信憑が、有権者の間になんとなくしみわたっていること。アクティヴィティそのものには政治的な価値はないんだよ。声がでかいとか、態度が大きいとか、合意形成に興味がないとかいうこと、それ自体には政治的になんの意味もない。そういう人間が権力を持てば、確かにいろいろな変化は起きるけれど、その政策的な適否と異常にアクティヴであるという人格特性の間には、全然相関ないでしょ。でも、メディアはとにかく変化が好きだからさ。そういうふうにひっかき回す政治家が大好きなんだよ。有権者もそれに煽られて、「次々とアイディアを出す政治家はいい政治家で、ゆっくりことを進めようとする政治家はよくない」というふうに思い込まされている。僕はこの傾向はかなり危険だと思う。だって、ハイパー・アクティヴって、病気だもん！

——(笑)。病気！

内田 病気だよ。自分がそうだからわかるんだけどさ(笑)。もともと大阪、名古屋、東京という日本の三大都市には、日本のあちこちから異常にアクティヴな人が集まってきているわけでしょう。「めぼしいバカはみんな東京に行ってしまった」という台詞を読んだことあるけど、確かにそうだよなと思うよ。日本各地の異常にアクティヴな青少年が「こんな死んだような街にはいられねえぜ」って、狂騒的な都会に集まってくる。そういう人たちばかり集住しているから、経済的な活動が活発になったり、文化的なイノヴェーションが行われたりしているような仮象を呈してはいるけれども、実際は彼らがエネルギー全開で大騒ぎしている間に、日本中のそれ以外の場所は、全部壊死しつつあるわけでしょう。

日本人は「元気病」に罹っている

高橋　これって、いわば反政党政治連合という共通の目標で、政党的なものがダメだから、別の共同体を作って、その組織でやる、ということでもないんだよね。

内田　そう。なんていうか、もっとプリミティヴなんだよ。橋下徹なんか、確かに動物的なんだよね。言うことは非常にシンプルで、「システムが不調なのは邪悪な人間がシステムの働きを妨害しているからだ。悪いのは誰だ、そいつを特定して、排除しろ」という政治手法でしょう。まず敵を作って、そこに憎しみを集中させるというのは、わかりやすいんだよ。これは「供犠」だからさ、人類と同じだけ古い呪法なんだよ。ワルモノを特定してつぶしても、それでもうまくいかないときは、「その陰に隠れてすべてを操っている真のワルモノがいる」という話になるから、「次の標的」を探すだけで、絶対に失敗とか反省とかいうことはないわけ。いつも敵を追いかけているわけだから、体感的には興奮している。脈拍が高まって、体温が上がって、ああ、自分は今アクティヴなんだ、今こそ生きているんだというようなハイな気分になっちゃうんだよ。

高橋　一種の錯覚なんだよね。

内田　そう。「大阪の病気」っていうのがあってさ。大阪の平松邦夫市長（※注3）もやっぱり、「大阪を元気に」って言うんだよね。だから、この前、僕、「市長、それ、やめませんか」って言ったの。「元気である」ことそのものに価値があるなんて、誰が決めたの？　「元気がない人間」は悪なの？　病人とか老人とかは存在しちゃいけないのか。「元気病」って今の日本人が罹っている心の病気なんだよ。高度経済成長期なんて、そんなこと誰も言わなかったじゃない。本当に国民的規模で「元気」などきはさ、それが常態だから、そんなことは記号化しないんだよ。「元気に」って言うのって、停滞期に入ったか、あるいは長期低落傾向で不可避的に老いてゆくときにはじめて実感されることなんだよ。今、日本で「元気を」というのは、言っちゃ悪いけど、「年寄りの冷や水」なんだと思うよ。

高橋　アンチエイジングだ（笑）。

内田　うん。「元気」を呼号するというのはさ、自分たちが置かれている歴史的文脈の変化を捉え切れてなくて、既知の文脈に戻りたいと言っているということでしょ。大阪って、僕から見たら充分に元気だよ。そりゃ、バブル期みたいに、みんなが狂騒的に盛り上がって、札ビラ切って、ベンツを乗り回して、ドンペリ飲んで、ビルを建てたりつぶしたりということはないけどさ。そんなことまだしたいの？　って思うけどね。僕はいいよ。たくさんだよ。どうして、政治家たちって、自分たちに残された手持ちの資源をみんなでフェアに分配して、ゆっくり静かに老いていきましょう、そういう年齢に相応しいビジョンを提示できないのかね。

民主党は「政権交代しても、あまりよくなりません」と言うべきだった

——それじゃあ票が集まらないから。

高橋 (笑)。そういうことだよね。

——だから、地方政党のああいう首長ってさ、ほんとに、唯一のフリーハンドを持っているポジションなんだよね。

内田 うん、そうだね。

——結局、組織に属していないし。

内田 大統領だからね。

——そう。普通、あんな勝手なことは言えないわけだよ、世の中みんな、しがらみの中で生きているわけで。でも、世の中のほとんどは、組織であるからなんにも言えない集団になっちゃってるから、それがどんどん閉塞感につながっていくわけで。そんな中で、とにかくフリーハンドで、元気なことを言うやつがいい、むちゃなことを言うやつがいいという、そういう構造になっていて。

じゃあ、議会を解散して、橋下党が与党になるのか、河村党が与党になるのかっていうと、そうじゃないんだよね。敵を作ってそこで自分が正義の味方になる、という形で一種のガス抜きをする、そういう構造をうまく作っていって、カラ元気だけが先行していって。そこで何か新しいことが起きているという幻想が、延々と続いていくだけであ

って。ただ、じゃあ既存の政党政治がいいかっていうと、それもダメなのは明白なわけで。

高橋　彼らに燃料を提供してるのは、既存の政党のダメさだからね。

内田　それを直言する勇気がないのが問題だと思うね。だってさ、もう統治システムはヘタってるんだから。ヘタってる患者にカンフル注射を打って、「さあ立って戦え」って言うのはむちゃなんだよ。それより体力相応の「違うシステム」に切り替えませんか、って言わなくちゃ。

高橋　民主党政権に代わったときは、千載一遇のチャンスだったんだよね。どさくさにまぎれて、いろんなことができたはずだったのに。

内田　できなかったねえ。

高橋　で、悪化しちゃったんだよね。つまり、50年続いてきた政党政治っていうシステムから結局逃れられない。鳩山さんも、もっとできたはずだったのに、できなかった。菅さんも含めて、みんなそれを見て受け身になって、「新しいことはできないんだ。現にあるシステムの中でなんとか回していかなきゃ」と、いつの間にか思ってしまった。さっきも言ったように、このシステムはもうダメだ、ということで交代したのに、今やってるのは、そのシステムをできるだけ延命させることなんだよね。

内田　だから、後知恵だけどさ、本当は政権交代のときに、手放しで希望を語るべきじゃなかったんだね。「申し訳ないが、システムそのものが劣化しているので、政権交代して民主党になりましたが、あまり変わりませんよ。期待しないでくださいね」って言えばよかったんだよ。

高橋　ただ、それを言うためには、最上の言葉と明察と洞察力を持ってないと。チェコ革命のあとのハヴェル大統領（※注4）が、新年の演説で、「我が国の政治システムは劣悪でした！」って言ったみたいにね。

内田　そう、本当はそこから始めるべきだったんだよね。別に自民党長期政権が悪いとか、麻生太郎が悪いとかいうわけじゃなくて、55年体制っていうシステムそのものの脆弱性がついに露呈したのであって。はっきり言って、政権交代したぐらいでどうこうなるようなもんじゃないですよ、と。「できることはやりますが、急によくなると期待されても困る！」っていうふうに、鳩山さんは言えばよかったと思うよ。

高橋　でも、すぐ変わるようなことを言っちゃったから。それ自体が政治的言語だよね。つまり、「交代すればよくなります」っていうのは。

内田　頭をすげ替えたらシステムがいきなりよくなるっていう信憑を刷り込んじゃったから、「じゃあ鳩山を替えたらよくなるんだ」っていうことになっちゃったんだよ。

高橋　自縄自縛だね（笑）。

有権者の知性を信じていない統治者

内田　そういえば、こないだ、新手の詐欺の話をラジオで聴いたんだよ。今、日本の森林資源を中国人とかオーストラリア人とかが買い占めていると。このままいったら、日本の貴重な水資源が外国人のものになってしまう、みなさん、日本の森を買ってください。地主になってください、という詐欺で。それで、とんでもない金額が集まったらしいんだ。

高橋 リアリティを感じたんだ？

内田 うん。「買うとお金が儲かりますよ」っていう利益誘導の部分も確かにあったんだけども、それ以上に「これから日本の国土を護るのはみなさんひとりひとりなんですよ。自分の身銭を切らないと国土を護れませんよ」というワーディングにみんなぐっときちゃったんだ。

高橋 うまいこと言うね。

内田 すごいよね。詐欺師のほうが政治家より民心を理解しているんだよ！ そんなこと、政治家、誰も言わないもん。でも、国民のほうは自分たちが身銭を切らないと、日本はどうにもならないっていうことをもう実感としてはわかってると思うよ。ＴＰＰだってさ、平たく言えば、日本の農業をつぶして、外国の安い農産物を輸入すればいいじゃないか、その代わり、パナソニックとかソニーとかトヨタとかが世界に出ていって稼げば帳尻合うんだから、っていう話でしょ。でも、あの議論に対して、日本人のほとんどが、「それは違うだろ」と内心では思ってる。だって、「割高でも、日本産の米を買って日本の農業を護りましょう」ってアナウンスしたら、ぐっとくる人はいっぱいいるわけだから。

そういうふうにキャンペーンを展開すべきなんだよ。「日本の食糧安保を考えると、やはり日本の農業はつぶせない。だからみなさん、申し訳ないけども、日本の米を食ってください。高いけど。日本の木を使って家を作ってください。高いけど」って。自分たちの身銭を切って、国を護りましょうよ、って率先して政治家が言うべきなんだよ。そういう政治家に対して、有権者はきちんと支援すると思うけどね。

――言語が足りないよね、ほんとに。

内田　統治者が有権者の知性を信じてないんだよ。

高橋　つまり、それが55年体制なんだ。あれって、利益供与の政治だからね。「あんた、お金が増えるんだから文句言わないでよ」って言い続けてきた。

内田　その原点にあるのは、「金さえもらえりゃいいんだろ?」っていう考え方なんだよ。人のことを見下してるんだ。「おまえら、要するに色と欲なんだろ?」っていう感じが、僕はいちばん嫌いなの。子ども手当とか高速道路無料化とかさ、「要するに金がほしいわけでしょ?　きみたち。金さえあればうれしいんでしょ?」っていうことでしょ。違うよ。みんな多少不便でも、割高でも、日本を護りたいんだよ。TPP賛成論の根本にあるのはさ、すべての消費者は市場でいちばん安い商品を買う、という原理でしょ。安ければ国内産業が崩壊しても、外国製品を買う、と。でも、それは違うと僕は思う。そんな単純なものじゃないよ。

「抑止力」発言を正しく伝えないメディア

高橋　だから、リアリズムがないんですよね。でも、単に政治家の責任だけじゃなくて、マスコミの言葉だって同じだから。この前、鳩山さんの「抑止力発言は方便だった」発言が問題になったでしょ？　あれはもともと琉球新報が鳩山さんにインタヴューしたんですね。あの事件のあと、琉球新報が、その問題を巡って特別コラムを書いてるんだけど、これが、とても格調高い！

沖縄の人は、ほんとのところ鳩山さんに恨み骨髄のはずでしょ。ところが、琉球新報のその記事は、鳩山さんを擁護してる。

どういう論理かというと、そもそも鳩山さんの話に出てきたのは、要するに、「基地を作らなきゃいけない理由は抑止力である」ということだった。抑止力としての機能がある、って言っていたのに、琉球新報のインタヴューに対して、「それは方便と取られてもしかたないですね。フィクションだから」と、正直に言ってる。つまり、抑止力は本当はないんだけど、あると言わないと、諸般の事情が……それこそアメリカの立場もあるし。ということを、素直に言ってるんだよね。これは、抑止力が虚構という話でしょ？　そこまで元首相が言ったのって、すごく画期的なことなんだ。

内田　そうだね。

高橋　ついこないだまで首相やってた人が、「抑止力は虚構だ」と認めた。だからこれは、琉球新報の特ダネなんです。ところが、本土に伝わったら、「あの人は方便って言った」っていう話に変わってるわけ。つまり、「口から出まかせを言った」という、鳩山さんの個人的資質が問われてる。それで琉球新報が怒ったわけ。「問題はそこじゃない！」と。抑止力が虚構っていうことは、要するに基地は不要だっていうことでしょ。だから、那覇市長もあの発言は歓迎してる。

内田　へーえ！

高橋　沖縄では、ある意味評判がいい。当事者の沖縄で評判いいのに、本土では「おかしい！」って言ってる。本土で問題になったあとに、琉球新報の論説主幹がもう1回コラムで書いたんです。で、その経過を説明したあと、「日本の首相だった人が、現役から降りて1年も経たないうちに、このような驚くべき真実を口にすることは画期的だ。確かに強く意志を貫けなかったという問題はあるにせよ、私はこのことを高く評価したい」って褒めてる。つまり、いちばん重要なのは、抑止力ってのは本当は必要ないんだっていうことが、元首相の口から出たっていうこと。そうすると、基地はいらないっていう話になるわけでしょ。でも、本土ではその話は出てこない。政治家の適当な発言っていうスキームの中に、全部押し込めてしまっている。

だから、メディアの問題っていうのはすごく大きい。今度の中東の、エジプトからリビアの情勢を見ていても、普通の人はたいていインターネットから情報をとってる。ツイッターとか、フェイスブック。僕もずっと見てました。すごく正確な情報を伝えてる人がいるから、5人ぐらいフォローしてたら、情報がどんどん入ってくる。その情報が確認されているか未確認かっていうのも、あちこちでどんどん検証されていく。僕が夜の2時頃知ってる情報が、しかも未確認のやつが、翌日昼頃、日本の新聞やテレビに出るわけ。「ツイッターもやってないのか?」って(笑)。

高橋　異常に遅いんだよね。

——はははは。

アメリカが沖縄基地を存続させたい理由

内田　遅いねえ。あと、鳩山さんが言った「抑止力は虚構だった」っていうのは、つまり、抑止力とは関係なしで、アメリカの国内事情で基地の存続が要望されているってこと?

高橋　そうそう。実際に抑止力がどうのこうのっていう問題じゃない。

内田　じゃあ、軍略的な問題は無関係なんだと思うよ。きっと、もっと「せこい」話なんじゃない? だって、米軍が国外に持ってる基地の中で、沖縄がもっとも兵士にとって気持ちが安らぐリゾートなんだから。基地の管理コストまるごと日本政府持ちなんでしょ。コストがかからない基地だというだけじゃなくて、米軍将兵にとって、沖縄はやっぱりやすらぎのリゾートなわけでさ。だから手放したくないっていうのが本音なんじゃないの。在外米軍基地の中で、米軍兵士が外にふらふら遊びに出ていって、酔っぱらってそこらへんで寝込んでも無事なところなんて、世界で日本ぐらいしかないもの。
とにかく快適で安全で、家族を連れていっても問題がない。韓国の反基地運動って、家族を標的にしたんだからね。「アメリカ人お断り!」っていう看板が基地近くのレストランやバーには貼ってあったたってきいたよ。そういう対米感情が悪いところだと気が休まらないじゃない。家族が住むのをいやがって、それが基地移転につながったらしい。いや、けっこうそういうものだと思うよ。みんな日本の専門家たちは基地の軍略的有効性がどうたらこうたらって沖縄の基地を合理化するけどさ、沖縄に基地を置きたい最大の理由はそこが「住んで気分のいい唯一のリゾート」だからというのは案外正解じゃないかな。現に今、アメリカ人が安全に旅行できるところって、どんどんなくなっているからね。ヨーロッパの一部と日本だけでしょう。アジアはもう全域ダメでしょ。

高橋　日本だけ?

内田　そうなんじゃないかな。だってさ、韓国の士官学校でアンケートとったら、仮想敵国第1位って、アメリカなんだから。「次、戦争するとしたらどこですか?」という問いでも75%が「アメリカ」なんだよ。韓国なんて、ベトナム戦争、一緒にやった国なんだし、有事の際の戦時作戦統制権だって、米韓の連合司令部が握っているというバリバリの軍事同盟国なんだよ。その韓国でさえ、軍人がいちばん嫌ってる国がアメリカなんだもの。だから、アメリカが、東アジア共同体の形成に必死に反対してる理由もわかるんだよ。東アジア全域において、国民感情は基本「反米」なんだから。その中で、奇跡的にエアポケットみたいに反米感情が全然ないのが、なぜか敗戦国の日本なんだよ。だからアメリカ軍は日本を手放せないんだ。日本は東アジア最後の砦だから。フィリピンを追い出され、韓国から追い出され、残ってるのは日本だけ。ここを追い出されたらもうグアム、ハワイまで後退するしかない。アメリカもそういう意味では切羽詰まってるわけ。でも、そういうアメリカの側の切迫した事情を、日本人は全然知らない。

高橋　そう。また、そういう情報がないんだ。

わかりやすいものしかわかりたくない

内田　ないっていうか、報道してないんだよ。外交なんてさ、結局はミもフタもないリアリズムの上にしか構築できないわけでしょう。今の日本の外交カードは何があって、このへんはアメリカに強く出られるし、このへんはアメリカに首根っこを押さえられてますって、そういう日米の力関係の資産目録をきちんと作ってさ。それを眺めながら、「手持ちのカード、これだけだけど、これで作れるいちばん高い『手』はなんでしょう。みんなで知恵を出しましょう」っていう、そういう語り口であれば知恵も出るというものだけど、メディアは絶対にそういうリアリズムを採用しないでしょ。

そういうふうに日米関係をとらえる知的な習慣がないんだよ。現実を現実として見てないの。アメリカと日本の国益は完全に合致しているという夢みたいなことを考えて、思考停止に陥っている。新聞が社説で「アメリカ政府も日本政府も沖縄県民もみんなが満足するソリューションを探しましょう」なんていう寝言を言えるのは、現実を見る習慣がなくなってるからだと思うよ。主観的願望をまじえずに現実をきちんと指し示して、情報をクールに開示した上で、自分たちの共同体の公共的な利益を最大化するためにはどう行動すればいいのかを衆知を集めて議論する。そうすべきなのに、できてない。「衆知を集めて落としどころを探る」といういちばんあたりまえのことができないのは、政府にもメディアの側にも日本国民の知性と行動力に対する信頼がないからなんだよ。

高橋　ないからね、信頼が。

内田　ないの。信頼してないの！　教育やってるとわかるんだけど、人は信じなきゃ成長しないんだよ。

高橋　今は、裏切られることに対する恐怖感が強くて、すぐ信用しなくなってるんだよね。支持率のアップ&ダウンでもさ。ゆとりがあるっていうか、信じることの中にはある種の楽天性がなきゃいけないんだよね。つまり、「こいつは欠点もあるだろうけど、いいとこもあるから、まあちょっと待ってやるか」っていうのが、信用するっていうことでしょ。「こいつは正しいから支持する」っていうんじゃないんだよね。ひとつでもミスしたら、「間違ってるから支持しない！」っていう、オール・オア・ナッシングになっちゃうよ。

内田　その待つ力っていうか、忍耐力がなくなったね。みんな、結論が早いんだ。

――だから世論調査も、数値化しようとする既存のメディアの習慣性で行われているものであって。とりあえず、若い人は調査に答えてくれないんだって。だからまず、回答が40代から50代以上に限定される。それで二択にしてしまう。「信じてるんですか?」「信じてないんですか?」って。今、高橋さんが言ったような、「いやあ、まあ、信じてはいないですけど、でも希望は持っていて、もうちょっと待ってみようかと」みたいな回答は許されなくて、「どっちなんですか!」「うーん、じゃあ信じてない」ってことになって、実質のない数字が出てきてしまう。本来的な人間の心情のリアルが全部抜け落ちて。その支持率で、「人気ありません」と判断されるっていうね。

高橋　つまり、わかりやすいものしか、わかりたくないんだよね。こいつは20%の人にしか信頼されてない、だからもうダメだとか、55%の人が支持してるから、この人はなかなかいいって。これってもう、試験の得点だよね。

己の罪に無自覚なメディア

――圧倒的な数の人たちのリアルな心情を把握しようと思うと、別の手法とシステムが必要になってくるからね。そういうメディアのおっさんたちが、従来的な物語の話法で「これは首相の失言!」とか書く。

内田　メディアはやっぱり、変化がニュースだからね。「日本は、昨日と同じように今日も平和でした」っていうのは、我々からしたらもっとも幸福なことなんだけど、メディアにとっては不幸なことなんだよ。なんとかして事件を起こそう、変化を起こそうっていうのは、メディアの本性なわけで。自分たちのそういう本性を勘定に入れて報道してほしいんだけども、ほんとに考えてないんだよ！　自分たちは、世の中に不幸が多ければ多いほど金が儲かるっていうビジネスモデルを作ってるっていう、その罪悪感がないんだよね。みんなが幸福だったら金にならない、っていうさ。でも、マスメディアの本性、そこなんだよ。

高橋　だから、全部ワイドショーと一緒だよね。

——さっき話に出た、鳩山発言の報道も、まさにそのワイドショーの手法とまったく一緒だよね。

内田　うん。でさ、メディアは、自分たちが定点であって、変化を報道するんだけれどもさ、自分たちを含んだ変化って報道できないんだよね。でも、本当は、そこから始めるしかないんだよね。「我々の足許が揺らいでいます」っていうね。そこがリアリティなんであって、そこはみんな共有してるんだからさ。日本人全員が、足許が揺らいでるわけだから。

——だから、新聞は出版不況だ出版不況だって書くし、出版は、新聞不況だ新聞不況だって書くんだ（笑）。

内田　ははははは。

高橋　お互い、「自分のことは置いといて」っていう（笑）。

——みんな一蓮托生じゃねえか、メディア全部が地盤沈下ってどうして言えねえんだよ！　っていうね。

高橋　だから、「我々は今まさに」って書いてほしい、ってことだよね。

内田　（笑）。うん。

高橋　つまり、一人称だよね。

内田　そうそう。朝日新聞の危機について、朝日新聞に書いてほしい。

高橋　うん。そのときに、何かが変わり得るわけだよね。

中東のリアルを伝える東京外語大のサイト

――でも、それができないんだよね。だから、さっきも話に出たように、既存メディアよりも、新しい機能を持ったネット・メディアのほうが、もう圧倒的に強いよね。

高橋　あとアルジャジーラ（※注5）。たとえば今回の中東で、エジプトで、ムバラク政権打倒が始まったとき、東京外語大の先生や学生が、サイトを作った。エジプトとか、レバノンとか、トルコとかの新聞から、これはいい記事だっていうのを、毎日セレクトして、翻訳して、アップしてる。これがすばらしい！　これを読むと、中東のリアルな変化がよくわかる。

たとえば、ムバラクが居直ったあとに、トルコの首相が国会内で、与党議員団を前にして、ムバラク辞任を求める演説をした、という記事があった。隣の国だよ。自分の国じゃないよ。でも、同じイスラムの同胞として訴えた、すごく格調の高い演説なんだよね。「真の自由のために、きみは去らなければならない」って。しかもその演説は、アルジャジーラがすべて生中継したらしいんだ。とにかく、全文引用したいくらい、言葉がすばらしい。政治家の言葉は、かくも胸に響くのかと思った。美辞麗句じゃなく、ムバラクへの説得なのね。ムバラクに、「きみは辞めなければならない」と、その理由を説得してるんだけど。「人は死して骨になる、儚いものだけれども、最後に残るのは何か？　名誉だ」って話から始まり、コーランから引用しながら。それ、知らないでしょ？

内田　うん。

高橋　僕も、そこで読むまで知らなかった。つまり、トルコは世俗国家だけれど、イスラムというひとつの共同体の一部でもある。普通に考えると、内政干渉でしょ、そんなの。首相が隣の国の大統領に「おまえ、辞めろ」って言わないよ。日本の首相が韓国の大統領に「辞めろ」って言ったら、大問題になっちゃうでしょ。ところがすごく歓迎されたらしいんだよね。トルコでもエジプトでも。

内田　エジプトの国民たちの琴線に触れる言葉だったわけだ。

高橋　そうそう。それは、雄弁っていうよりも、すごくリアルなんだ。「現実はどうなのか、よく見ろ」という。「きみはただ居座っているだけだ。確かにきみは国家のために尽くしたけれど、今きみがやっていることは、もはやそれと逆行している」っていう、友情ある説得なんだ。

内田　いいねえ！

高橋　でもその演説については、新聞でもテレビでも雑誌でも、見たことがない。

内田　日本のジャーナリストが、それに反応しないんだよ。読んでも、別に感動しないんだよ。

高橋　そういうこと。だってアルジャジーラが生中継してたんだから、見た人がいるはずなんだけれど、みんなスルーした。つまり、それはどういうことなのかっていうと、今、イスラムに対する恐怖があるでしょ、世界中に。原理主義だとか。違うんだよね。平和的で高貴な何かが、イスラムの政治の言葉の中に流れてる、ということがわかる。そういうことを知らせるのが、中東研究ということだと思う。それをやってるのが、マスコミじゃなくて、東京外語大の先生と学生なんだ。

内田　情けないねえ……。

高橋　しかもそれをツイッター上で発見して、共有してるのね、みんな。誰かがそれを見つけてきて、アップして、「これはすばらしい！」っていうんで、あっという間に広まった。だから、もう、誰も新聞読まない。読んでも悲しいだけだから。

——だから、日本はなんでもそうなんだよね。僕のいる音楽業界だと、たとえばすばらしい新人が出てくるとするじゃない？　で、「これすごいよね！」って言うと、事情通が「おまえさ、知らないの？　あれは、あのプロデューサーとあのエンジニア、あのチームが全部作ってて、こういうシステムでやってんだよ」みたいなことを言いたがるわけ。いかにもそこにリアルがあるみたいに言うんだけど、「違うんだよ。おまえが言ってんのはリアルじゃないんだ」っていうね。全部そういう構造になっちゃってるんだよね、言語が。

内田　うん。

――だから、今の日本の政治のやりかたもそうで、「俺たちはプロなんだよ、インサイダーなんだよ」っていう。

高橋　そもそも、政局ってそういうものでしょ？　プロは知っている、一般人は知らない、一般人が入れないところ、っていうことだよね。

内田　そこですべてが決まってる、っていう話にしたいんだよね。

真のリアルとは何か

――つまり、そういうまっとうな演説に対して、まっとうにリアクションしてまっとうに報道するってことを、アマチュアリズムみたいに捉えるんだよね、今のメディアって。

内田　ほんとにそうだね。実際には人はそれで動くんだけどね。

高橋　そういうことなんだよね。

内田　どんな空疎な美辞麗句であっても、それで実際に何十万の人が動いたら、それはもうリアルなんだよ。いくら裏の情報を知ってても、知ってるのが5人だけだったら、それはリアルでもなんでもない。結局、リアリティっていうのは、結果の問題だからね。

本当に現実が動いたそのときに、あなたの手が触っていたものがリアルですってね。リアルって、実体的にそこにあるもんじゃなくて、何かが変わった後に「そこにリアルがあった」って事後的に回顧されるものなんだよね。

――だから、そのリアルな言語を政治家が持ってないっていうのがね。

内田　うん。日本の政治家の、リアリティのなさってすごいよ。

高橋　世界最強じゃないか（笑）。

内田　ほんとに！　現実を動かそうって気がないんだね。言い訳と言い逃ればかりで。これから言葉を発して、その言葉は今のところは空語かもしれないんだけども、これが人の心を捕えたら現実が変わる。そういう言葉がリアルな言葉でしょ？　いくら現実を踏まえていても、人々の琴線に触れなかったら、それは結果的には空語なわけですよ。今の政治家の言葉は現実を追認する言葉ではあるけれど、いまだ存在せざる現実をあらしめようと思って発される言葉じゃないでしょ。そんな持ち重りのする言葉を口にする人って、ほんといないものね。

高橋　以前は、それなしでもＯＫだったんだ。システムがきちんと機能してたから、「みんな適当になんか言っててください」でよかった。でも、そのシステムが機能しなくなったときに、建て前を言っていてもどうしようもなくなっちゃった。

「結局、お金でしょ?」はリアルを劣化させる

――そんな中だから、それこそ橋下徹とか河村たかしみたいな、中途半端な形でアドレナリンを分泌させるすごく断定的な言葉に、みんなやられちゃうんだよね。

内田　いちばんいけないのはさ、さっき言ったみたいに、有権者の知性を低く見積もっていることなんだよ。僕が、石原慎太郎にしても、河村たかしにしても、橋下徹にしても、共感できないのはそこなんだよ。有権者を明らかに見下しているでしょ。「みなさん、要するにお金がほしいわけでしょ?」っていうねじれたリアリズムが透けて見えるんだよ。

高橋　それは、政治やマスメディアが、建て前の言語でずっとやってきたからだと思うんだ。彼らは、その裏側にある、いわゆる「本音」の言語をしゃべって人気者になった。でも、そこでの「本音」とは、人を低く見積もって出てくる言語なんだよね。絶対理想を語らない。

内田　そう。理想じゃないんだよ。石原慎太郎のカジノ構想なんてさ、「結局あんたら、金ほしいだけなんだろ?」っていうことでしょ。「有権者はバカだから、金がありゃ喜ぶんだよ」って、石原慎太郎はニヒリスト的にだけど、やっぱり見下している。かつて村上世彰が「みなさんだってお金儲けたいでしょう?」って言ったのと同じでさ。自分は本当は金なんか信じてないんだよ。でも、自分のまわりにいる人間はバカばっかかだか

ら、金のことしか考えてないと思っている。それが厭なんだよ、俺は。本当に金がすべてだと思っていたらさ、ああいう言い方はしないよ。もっとお金のことをていねいに語ると思うよ。だからさ、あれは全然リアリズムじゃないんだ。リアルを劣化させる言語なんだよ。

高橋　人間のリアルの中に、もちろん、その部分もある。いわば動物的な部分が。

内田　ある。あるけどさ、でも方向性としては、リアルをさらに押し下げていく言語だと思わない？

高橋　うん。

内田　確かにリアルに触ってはいるんだよ。でも、リアルに触って、現実をさらに劣化させるのと、向上させるのって、向きが違うじゃない。

高橋　だから、必ず反議会主義なんだよ。しかも、それは制度的な批判じゃなくて、「高い給料もらって仕事しないやつがいてもいいんですか⁉」っていう反議会主義なんだよね。

内田　せこいよねえ。それって政治を語る言語じゃないよ。ほんとに。

——でも、残念ながらそれに対抗できる政治の言語がないから。

高橋　だって、素の本音と建て前が勝負したら、建て前は敵わないからね。「どうせおまえだって金ほしいんじゃねえか！」って言われたら、戸惑わざるを得ない（笑）。

内田　で、そういう政治家は必ず「私は給料はいりません」って言うんだよね。

――「俺はちゃんと給料をもらう。俺はそれだけの仕事をしている」っていう、まっとうな言語でそれに対抗できる政治家がいないからだよ。

高橋 いないんだよ。それを言わなきゃダメなんだよね。

「減税日本」、恥ずかしくないのか？

内田 だから、政治家を判断するときにね、「私はまず給料を返納する」とか言う政治家は疑ってかかったほうがいいというのはかなり確度の高い経験則なんだよ。だって、そういう人間は「人間って結局金で動くものだから、金の話にいちばん敏感に反応するものだ」っていうチープな人間観が内面化しちゃっているんだから。あのさ、陸軍参謀だった悪名高い辻政信（※注6）がそうだったらしいよ。辻は戦後衆議院に立候補して当選するんだけど、立会演説会でまず「歳費の返納」を言って、有権者に大受けしたんだよ。「人間は金で動く」というシニックな人間観を持っている人間を俺は信用しないね。そんな人間に政治を語ってほしくないよ。

高橋 そのことによって、給料もらって政治家やってる人の肩身が狭くなるんだよね。つまり、自分はいいけどさ、他者を貶めるなよってこと。

内田 だってそれさ、人間は結局のところ公共の福利のためには行動しない、私的利益のことしか考えていないと信じているということでしょう。人間は私利私欲でしか動かないと思っている人間が公人として公共の福利について語るというのは、ことの筋目が違うでしょ。

高橋　だって河村たかし、政党の名前が、減税日本だよ?（笑）

内田　きくだけで泣けてくるよね。「公的な資金を削って、みなさんに払い戻します」っていうのが公約だっていうことはさ、公共の福利よりも個人の自己利益を優先的に配慮するのが「正しい」ってことでしょ。徴税システムが不合理だというので批判するのはまっとうだけどさ、税金減らしますというのはどう考えても未来を構築する党派の綱領じゃないよ。

高橋　減税ってことは要するに、収入を増やすっていうことだからね。

内田　そうなんだ。「減税日本」ということは、言い換えると「増収日本」のことなのね。でもさ、政治を語るときの最重要イシューが「ぶっちゃけた話、とにかく金がほしいんですよね、みなさん」ていうような口ぶりですり寄ってこられるとさ、俺は寒気がするわけ。そんな人間にどうして政治を任せられる? 俺、それが信じらんないよ! 今の日本に必要なのは、減税じゃなくて、すさまじいシステムの劣化をどうやって補正するかって話でさ。それを考えなきゃいけないときに、いっつも金の話しかしないできたことがシステム劣化の原因なんだよ。もういいかげん、金の話はやめろよ!

——やっぱりすごく閉塞感があるから、ちょっとでもリアルな匂いがあると、「あ、この政治家、信じられる!」ってなっちゃうんだろうね。

内田　でも、その変なリアリズムが、日本の閉塞状況をここまでどん詰まりに追い込んだってことを、いいかげんに思い出してほしいよね。だから、金よりももっとリアルなのは、金を基準にしか行動できなくなってしまった日本人のこの貧しさだよ。この貧しさはすさまじくリアルだよ。そこからどうやって脱出するかを考えるべきなんだよ。

——だから、消費税増税にほとんどの人は納得してるわけだしね。

内田 そうなんだよ。消費税上げてもいいと。子どもも手当もいらないよと。高速道路無料化も、やめてくれと、有権者は現にそう言ってるわけじゃない。自分たちに多少の負担があっても、統治システムが健全であるほうがいいって。さっきの話じゃないけども、日本の水資源が中国人に買い占められるんだったら、身銭切ってでもなんとかしたいっていう国民の感覚は「金がすべて」とは違うんだよ。こっちのほうが日本のリアルなんだよ、減税じゃなくて。

——そのリアルを引き受ける政治家の言語がないから、減税日本みたいな、すごく下卑たリアルみたいなものが、有効に機能しちゃうっていう。

内田 そう。「フェイクとしてのリアル」っていうかね。「リアルもどき」っていうかさ。そういうものが現実のように幅を利かせているわけですよ。僕、どんなものでもリアルなものに対しては原則、好意的なんだけどもさ、「リアルもどき」っていうのは大嫌いなの。さっき名前を挙げた政治家たちって、僕には「リアルもどき」に見えるんだよ。「公共のシステムはみなさんの私利私欲を満たすためにあるのです」っていうふうに有権者を煽って、ポピュラリティを獲得しているわけでしょ。それって、本当に反公共的だと思うよ。

——だけど、彼らはそれ、意図的にやってるわけじゃなくて、心底、魂の叫びで怒ってるわけだよ。「そんなの不公平だ！」ってさ。

内田　不公平に決まってるじゃない。社会は公共的な人間が損をして、公共性のない人間が得をするように作られてるんだから。でも公共性のある人間が一定数いないと社会は保たないの。私利私欲よりも公共の福利を配慮する人間が多少なりとも存在するから、社会システムはかろうじて保ってるわけであって。みんなが我がために生きてたら、共同体なんてあっという間に亡びちゃうよ。

戦後日本の出発点はフェイクだった

——だけど、なかなか厳しいなあというのは感じるよね。

内田　でもそれって、幼児のリアリズムだよね。

高橋　ずっとそうなんだよ。結局、成長し損ねたっていうか。実は、このシステムを作ったときがいちばん大人だったんだよね。

45年から47年ぐらいの間に、バーッと言説が変わった。小熊英二（※注7）が『〈民主〉と〈愛国〉』でも言ってるんだけど、基調低音になってたのが、「悔恨の情」だった。戦争が終わった直後は、「いやあ、失敗した。今度はうまくやろう」とか、「天皇陛下、退位するんですか？」とか、もう言説がバラバラだったんだよね。でも結局、兵士がどんどん戦争から還ってきて、「この戦争はいかに悲惨だったか」っていう言説がたくさん出てきた。「こういう失敗をくり返さないためにどうしたらいいか」っていうのが主流になるまでに、少し時間がかかったんだよね。その上に憲法ができて、っていうふうになってるから。いきなり合意ができたわけではないんだよね。

内田　そうだね。

高橋　もし、連合軍が強制的に憲法を作らなかったら、「あの戦争は、一部の軍人のせいでうまくいかなかった」っていうことに収まったかもしれないけど。

内田　それに、たとえば、米兵の暴行事件とか殺人事件が起こって、旧軍の兵士かなんかが突発的に軍事行動を起こして、鎮圧されて……みたいなことがあったら、国全体が、敗戦国として「負けたけど、次は勝つぞ！」っていうふうになった可能性もあるんだよね。やっぱりね、ほんとにアメリカの占領政策がうまかった。敗戦国民の心情を悔恨に持ち込むって、すごいよ？アメリカは世界でいろんな国と戦争して勝ったけど、ここまで成功した例って、ドイツと日本だけでしょ。特に日本なんじゃないかなあ。

高橋　普通、もうちょっと恨むよね。

内田　だって、「次は勝つぞ」っていう言葉が禁句だったんだから。

高橋　占領軍が二・一ゼネスト（１９４７年）をストップさせたとき、共産党でさえ占領軍を支持してたぐらいだもんね。

内田　だから、戦後日本の最大の問題点っていうのは、出発点がフェイクだったってことなんだよね。これが、「次は勝つぞ」だったら、少なくとも戊辰戦争からずーっとつながるわけだよ。明治維新のあと、連続的な政治形態だったんだろうけど、いったん切れちゃって。切れたあとにできた言語が、フェイクの言語で。これを語りだした人たちというのが、戦争責任者なわけでしょ？　それを担ったのが、戦中派の人たち、つまり、実際に戦争に行って人を殺して、掠奪して、ってことをやった人たちでさ。

　彼らは、やっぱり近代人だから、自分たちがやったことを合理化できなかったの。日本軍国主義という悪が、我々にそのような行動を強いたのだ、という物語に逃げ込んだわけだよね。そこがいけなかったんだよ。戦中派は、本当は「我々は罪を犯しました。でも必然性もあったんですよ？」と。

高橋　言えばよかったんだよね。

内田　だけど、戦争体験を合理的に語れるのって、結局、文学しかないじゃない。でも、大岡昇平（※注８）の中には、戦争を合理化する言語はないんだよ。

高橋　ないねえ。

内田　いちばん近いのが島尾敏雄（※注９）とか。

高橋　ああ、特攻隊の隊長だもんね。でも、合理化はしてないよね。

内田　うん。職業軍人というか、陸士とか海兵とか、前線で戦い続けた人たちが、「あの戦争はやらざるを得なかったんだ」っていうことを、そこで死んだ人間たちの悔恨も含めて代表できるような言語を語れば、ずいぶん変わったと思うんだけどね。

高橋　でも、彼らの書き方としては、自然現象と同じ扱いなんだよね、戦争が。「ひどい暴風に巻き込まれてしまった」って感じ。責任がないんだよね。巻き込まれて、大変な目に遭ったから。

今の文学は時代を語れているのか

――おふたりにききたいんだけど、今、政治家に言葉がないとするならば、じゃあ文学は、この時代のリアルを引き受けるだけの言葉を持っているのかっていう。僕にはとてもそうは思えないんだよね。文学は、本来はもっともその役割を担うメディアだと思うんだけれども。たとえば我々は、自己批判めいて、メディアっていうものの限界を語るけれども、文学はそれを語れているのか？　っていう。

高橋　僕の考えでは、来るべき共同体の雛型を創造する、という形で書いてる作家は増えてきたと思うんだ。たとえば、川上弘美さんの『真鶴』っていう小説には、幽霊が出てくる、最初から最後まで。夫が行方不明になって、しばらく経って幽霊につきまとわれるようになる、っていう話。学生にも読ませたんだけど、その幽霊は、そもそも妄想なのか幽霊なのか、意見が割れるんだ。よくわからない、と。でも、それは、ある種の法則性を持って、存在している。

要するに、読後感としてあるのは、僕たちは今、現実の言語システムの中で、ある特定の共同体の中で生きてる。でも、それだけが可能性のある共同体ではなくて、もっと違ったものがある。ただ、それが、どのような形で存在するのかわからない。そういう意味で、幽霊とのコミュニケーションのしかたとか、幽霊の存在様式っていうのが、来るべき共同体の雛型である、っていう感じなんだ。
　僕は、それは実に小説家らしい考え方だと思う。結局、語るべきなのは、個人の問題じゃなくて、共同体の未来形なわけじゃない？　ベネディクト・アンダーソン（※注10）という人が、小説の役割について有名な定式を出してるんだ。そもそも近代文学が生まれたのは、近代国家というこのシステムを容認するためだと。できたての脆いこの共同体に愛着を持ってもらうために、この共同体で生きる人間の物語を創るのがその目的だった。だから、小説は最初から、共同体の物語なんです。個人の物語じゃない。

内田　そうだね。

高橋　ということで、100年やってきたわけ。その途中で、最初に言ったように、紋切り型の、知識人の悩みをパートナーの女はわからない、っていうような、最初の50年の物語があまりにバカバカしいんで、これは廃棄して、女は元気なんだけど、男はイジイジしてる、っていうふうに交換した。でも、この共同体の形自体は変わってないんです。
　ただ、男女関係とか、誰もが知ってる形で共同体の物語を創るのも、ちょっと難しくなってきた。で、どうなるかというと、まずひとつ、家族が壊れたっていう小説になる。つまり、インテリ男の悩みは女はわからないっていう紋切り型より、もっと大きい、最大の紋切り型は、人は家という桎梏《しっこく》を出て社会へ向かうという、出発の物語なんだ。ところが、90年代以降は、出るべき家がない！

内田　うーん、なるほど！

高橋　だから、共同体から出るっていうお話が書けなくなっちゃった。これはすごく大きい。糸井重里さんが『家族解散』を出したのが、1986年なんですね。『クォンタム・ファミリーズ』（東浩紀）は、一昨年（2009年）でしょ。これは、より細かい家族を描いてる。もう核家族でもない。量子家族の物語なんだ。だから、家がない。個人は家を出ることで自立するって物語があったんだけど、出る家がないってことは、自立できるのか？　っていう話になる。でも、ひとりだと、物語ができない。個人の内側を見つめても、なんにもないから。語られるものっていうのは、必ず、共同体との葛藤とか、他者との葛藤でしょ？　つまり、家を出てみたけども、家は無機質な共同体だから、そこに何も委ねられないんで、お話ができない。

――隣の音もきこえないし？

高橋　そうそう、そういうこと！　かつてはきこえてたんだよ。とすると、存在しない共同体を作り出すか、考え出すかしないと、お話ができないということになる。それで今、いくつか、これまで考えられてなかったような共同体を作るお話が出てきた。さっき言った川上さんの小説だと、幽霊のような存在。確かにね、幽霊みたいな人もいるわけ。つまり、普通の言語が通用しない人。それでも、人と人は結びつかなきゃいけない。小島信夫の小説の場合は、老人ばっかり出てくる。だから、小説は死にゆくものの共同体として、社会を描いてる。そうすると、もうすぐ死んじゃうから、どうやって死んでいくかっていうことがテーマになる。この世界ってずっと続いていくでしょ？　でも、死者の共同体は閉じていく世界だから。こういうのは、これまで文学のテーマにはなっていなかった。だから、バラバラにいろんな共同体を模索してるっていう時期だと思う。

内田　なるほどね。

高橋　だから、来るべき政治的な言語は、文学のほうからのパラレルで見ると、模索中と考えるしかないってことになるんです。

文学と哲学の最優先のテーマは「幽霊」

――僕なんかは小説はほとんど読まないから、語る資格はないんだけども。でも、現代の小説のテーマを見てるだけでも、「リアルからどこまで逃げるんだよ」って思うんですよ。そんなものが市場として成立するわけないじゃん、っていう気持ちがある。でも、村上春樹って、ものすごく売れてるわけじゃない。俺から見ると、「唯一のリアルはこれじゃん」っていう感じがするんだよね。

高橋　そのへんは、なかなかうまく説明がつかないですけど、村上さんの中にも、「僕たちが生きている共同体がすべてではない」というテーマがあると思うんだよね。どこかに、もしかすると自分のすぐ横に、もうひとつの、あるべき共同体が存在するのではないか、っていう感覚が強い。ここではないことはわかってる。しかも、遠くでもない。

内田　壁1枚向こうなんだよね。

高橋　そう。つまり、自分のリアルにフィットした共同体があるっていう幻想によって生きてる。「そういう共同体を提示しろよ」っていうのは、いわば近代的な考え方だよね。今は、あるものの形を提示するんじゃなくて、あるものがない、という形で提示することしかできないのかもしれない。

内田　浅田次郎もそうだよ。浅田次郎の小説も、すごく幽霊が出てくるの。その幽霊は、壁の1枚向こう側にいる。自分たちの日常の論理や言語が通じないんだけど、非常に親しいものなんだ。それとの関わり合いを構築していくことが、人間の生きていく意味なんだ、っていう。村上春樹と浅田次郎だけだよね、作品の幽霊出現率が9割超えてる作家って。

高橋　うん。さっき言ったように、川上弘美も、最近幽霊、多くなってきた。

――すごく図式的な発想で申し訳ないけど、それって、逃避的なドラッグとして機能してるんじゃないの？

高橋　いや、逃避的じゃないよ。ただ、ポジティヴな形で提示できないだけなんだ。実際問題、現実に、ないものだから。

内田　ただ、いつも文学の最優先のテーマが幽霊であるのと同じように、哲学もそうなんだよ。フッサールの超越論的主観性も、ハイデッガーの存在も、レヴィナスの他者も、全部幽霊なのよ。もうそれは世界共通というか、人類普遍のことであって。手触りがあって、これが現実だと僕らが思ってる現実が、本当は現実の全部じゃなくて。その周りに自分たちの〝現実性〟を成立させている外側があるってことは、みんな知ってるの。外側に通じる回路がある。その回路から入ったり出たりするんだけど、そこに出入りするものっていうのは、こちらの言語には回収できないし、こちらのロジックでも説明できない。でも、明らかにあるの。そのことをちゃんと書いてる人たちが、やっぱり、哲学でも文学でも、ずっとメインストリームなのよ。

高橋　で、近代文学はそうじゃないよね。

内田　近代文学は違うんだ？

高橋　うん。近代文学は「この世界」が中心だった。この、目に見える世界、これをどうするかっていう問題を扱ってきたと思う。

内田　ああ、そうだね。僕、思うんだけど、女が外部になって、今度は男が外部になるっていう話でね。こないだ、『三四郎』を読んだんだけども、美禰子って、あれは外部だよね？（笑）

――ははは！

高橋　わかんないもんね、なんだか。

内田　漱石にとっては、やっぱりずっと女性が外部であって。女性を焦点的に見ると、今度は男が外部になっちゃうっていう。

高橋　そうだよね。お互いに見えないようになってるよね。

内田　うん。まったく論理を共有しない、言語を共有しない人たちが構成してる、自分たちがいる現実の基盤の脆さっていうのが、すごく滲んでるような気がするけどね。

高橋　でも、優れた作家はみんなそうやって書いてるね。それはある意味、古典だろうと、近代文学だろうと同じでね。

　ただ、テーマとしては、今のほうがもう一歩進んでる。単に、もうひとつの世界が感じられる、っていうことじゃなくて、この世界の共同性とは違う共同性があるのか、とか。共同体っていうのは関係の問題だから、その他者とどのようにコミュニケートするか、とか。つまり、あまりにも現実の世界の共同体の崩壊が早かったから、ここで何かを再建する、っていうのではなくて。今ない共同体を再構築するためのモデルっていうのは、現実の世界ではなくて、外部にあるんじゃないか、と。つまり、幽霊がそれを知っているのではないか、っていう感じじゃないですかね。

内田　でもわりと、我々の共同体も、実はそうなんだよね。死者たちの思いっていうものを継承したり、彼らの夢をつないでいったりっていうような形で、死者の声を聞く、あるいは恨みを聞きとっていく。それを、まだ生まれていない次の世代に送っていくって考えた場合に、きわめて平凡な、内田家累代之墓みたいなところっていうところにも、死者の声と、まだ来たらぬ子孫の声みたいなものが、輻輳《ふくそう》してるわけで。平凡な共同体といえども、他者を含まずには成立しないんだよ、やっぱり。

高橋　だから、他者のひとつは時間なんだよね。普通、共同体っていうと空間だと思うけど、時間なんだよ。

夏目漱石が担った役割とは

――だから、文学にしても哲学にしても、そういうような形で役割を果たしていればいいんだけれども。確かに政治の言語はヘタっているんだけど、同じように文学の言語も、哲学の言語もヘタっているという気がしてしょうがないんだけどね。

内田 おっしゃるとおり。ヘタっているっていうか、他者がないっていうかね。自分たちの置かれている歴史的状況っていうのは、前段があって、今があって、やがて後段があってさ。自分たちが今語ってる常識とか心理形式みたいなものは、かつてはそうじゃなかったものだし、あと何年かしたら消えていくんだ、っていう。そういうテンポラリーな時間の中で自分たちが生きているわけじゃない？　そこで、先行世代から受け継いだものを、どういうふうに受け止めて、どう伝えていくかっていう、その過渡的な存在であるっていう意識がない。文学者たちも、哲学者たちも、人類の叡智の歴史とか、芸術的感性の歴史の中の、ある瞬間的な点を自分たちが形成していて、この点がないと、前から来たものが後ろに伝わらない、自分が環の一部であるっていうね、そういう断念と大きな使命感っていうのが、どっちもないの！

高橋 それがあったのは夏目漱石だよね。漱石は、この時代に生きて、今、自分は、日本人・夏目漱石として何をすべきか、っていうことで小説を書いてたの。

内田　もう、全身使命感だよね。
高橋　朝日新聞に入社したことも含めて、すべて、彼の小説をこの近代国家日本という共同体に捧げるためだったんだよね。
内田　漱石のない日本近代って考えられないよ？　漱石がいなかったら、日本の近代、もっとバカだった。
高橋　いや、バカだったろうねえ。感謝してます（笑）。
内田　漱石が、日本近代、特に男性たちに、自己形成のロールモデルの筋道をつけたと思うんだよ。武士道はなくなったわけだからさ。武士道的自己形成がなくなったあとに、市民として、知識人として、友達を作ったり、首長に仕えたり、恋人を作ったりとかいうときに、「まあ大筋、こうすればなんとかなる」と。
高橋　そうだね。
内田　いくつか教えがあってね。「女の子にはだまされるよ」とかさ（笑）。
高橋　「おまえ、友達を裏切っちゃうよ」とかね（笑）。
内田　「先生は実は中身ないんだよ」とか、「妻とは生涯気持ちが通じないよ」とかさ。
高橋　（笑）。そうそう！
内田　すべて含めてこれが男だよ、と。これが男の生きる道っていうのを、明治40年代に作ったわけで。あのあと、日本の近代の男って全部、夏目漱石の提示した男性モデルを、帰趨的に参照しながら自己形成してるんだもん、ほんとに。

高橋　すごいよね。

内田　あの人こそ、ノーベル文学賞に値する！

――だから、夏目漱石は大衆作家だったっていうのが、すごく重要だと思うんだよね。たとえば、高橋源一郎も内田樹も、積極的に政治的な発言をするじゃない。責任を持って、大衆的な存在であろうとする意志を強く打ち出しているんだけども。ふたりって、業界内で浮いてるんじゃないですか？

高橋　浮いてんじゃない？

内田　そうなの？

高橋　うん。

――だから、学者であり文学者であるという自覚がある人だったら、このメディア社会において、当然、そういう役割を必然として担おうとするんじゃないのかなあ、という気がするんだよね。

「おまえがやれ」と言われることをやる

高橋　ただ、漱石みたいな役割意識を持てっていうのはなかなか難しいよね。だって夏目漱石は、国家からお金もらって留学してたから、そのお礼を返さなきゃ、っていう気持ちがあった。そういう意味では、漱石は、わかりやすい義務も背負ってたんだよ。見えない義務ももちろんあっただろうけど。

——でも、作家的必然において、あのポジションを担っていたっていうのは、すごく大きいと思うんだけどな。高橋源一郎も内田樹も、義務でやってるわけじゃなくて、必然においてやっている気がするんだけど。

内田　でもね、僕はわりと市民性の高い人だから、この社会で、自分は何をしたらいいのかなっていうことを考えるの。「すべからく人はこうせねばならぬ」じゃなくて、僕がやらないと他の人はやらない仕事があったら、それは自分がやろう、っていうふうに考える。自分ができるし、好きだし、他の人がやんないって仕事を選んでやっているわけであって。

高橋　それはよくわかるよ。

内田　自発的なことじゃないんだよ。たぶん高橋さんもそれに近いと思うんだけど。

——やっぱり、必然において追い込まれていくっていうのは、要するに耳がよかったり、感受性が強かったり、ただそれだけのことだと思うんだよね。

高橋　やっぱりさ、「コーリング（calling）」って言葉あるでしょ？　天職。コールって、「声がきこえる」っていうことなんだよ。「おまえがやれ」っていう。

内田　ヴォケーション（vocation）というかね。召命。「こっちへおいで」っていうね。

——作家や学者っていうのは、コーリングされないとおかしいじゃん。

高橋　そう思うけどね。

内田　いや、でも実際は違うわけで。現実は、自分のある能力が高かったら、その能力を使って、いちばん社会的に成功する方法はなんだろう、と考えて、学者になるとかさ。それはコーリングじゃないんだよね。
高橋　うん。でも、それならまだましでね。二世議員なんて「お父さんがやってたから」っていう理由で政治家になるわけだからね（笑）。

注1　手塚治虫の『新寳島』：1947年作品。手塚治虫にとって初めての長編漫画であり、「日本の漫画はここから始まった」とされるエポックメイキングな作品。後続の漫画家たちに多大な影響を与えた。

注2　東映の『白蛇伝』：1958年に東映が製作・公開した、日本初のカラー長編アニメーション映画。製作・大川博、演出・藪下泰司。森繁久彌、宮城まり子が声優を務めている。原作は中国の四大民間説話のひとつ。

注3　大阪の平松邦夫市長：2007年に大阪市長選で初当選、12月19日に就任。2011年11月の市長選で橋下徹に敗れる。内田樹は2010年7月から退任まで、市長の要請により、大阪市特別顧問を務めた。

注4　ハヴェル大統領：ヴァーツラフ・ハヴェル。チェコの共産党政権打破を目指して、反体制勢力を集めて「市民フォーラム」を結成、革命（ビロード革命）を成功させた。1989年から1992年までチェコスロバキア大統領を、1993年から2003年までチェコ共和国初代大統領を務める。2011年12月、死去。

注5　アルジャジーラ：カタール国ドーハに

ある衛星テレビ局。アラビア語と英語で24時間ニュースを放送している。

注6　辻政信：1902年生まれ、1961年にラオスで失踪。戦前は陸軍大佐、戦後は衆議院議員、参議院議員を歴任。ノモンハン事件、マレー作戦、シンガポール華僑虐殺事件などに関わったとされる。

注7　小熊英二：社会学者、慶應義塾大学総合政策学部教授。1962年生まれ。著書に『1968』（2009年）、『私たちはいまどこにいるのか―小熊英二時評集』（2011年）など。高橋が言っている『〈民主〉と〈愛国〉』は2002年の刊行で、『〈民主〉と〈愛国〉―戦後日本のナショナリズムと公共性』という書名。

注8　大岡昇平：1909年〜1988年。小説家、評論家、翻訳家。フィリピンで米軍の捕虜になった経験を基に書いた『俘虜記』で1949年に横光利一賞を受賞、作家活動に入る。代表作に『レイテ戦記』（1971年）、『中原中也』（1974年）、『事件』（1977年）など。

注9　島尾敏雄：1917年〜1986年。小説家。主に昭和中期から後期に執筆活動を行う。『出発は遂に訪れず』（1964年）、『出孤島記』（1974年）などで戦争体験を描く。その他、代表作に『死の棘』（1960年）、野間文芸賞を受賞した『魚雷艇学生』（1985年）など。

注10　ベネディクト・アンダーソン：アメリカの政治学者、コーネル大学名誉教授。1936年生まれ。著書に『想像の共同体』（1987年）、『ベネディクト・アンダーソン　グローバリゼーションを語る』（2007年）など。

第3回

福島第一原発事故後の日本の「脱・原発路線」は、ワシントンのご意向である

福島第一原子力発電所事故発生から２ヵ月、菅首相は「脱原発依存」を表明

2011年3月11日、東日本大震災が発生。東京電力福島第一原子力発電所で、稼働していた1号機、2号機、3号機がこの地震により自動停止、3機とも「電源喪失」状態に陥った。翌12日に1号機で、14日には3号機で水素爆発が発生。15日には4号機で火災が起きるなど、事故が相次いだ。4月4日、東京電力は、事故によって原発敷地内に溜まった高濃度汚染水の貯蔵先を確保するため、低濃度汚染水の海洋放出を開始。同月12日、経済産業省原子力安全・保安院は、福島第一原発の事故について、原発事故の深刻度を示す国際原子力事象評価尺度の暫定評価を、最悪の「レベル7」とした。

4月18日、原子力安全・保安院は、福島第一原発の1～3号機の核燃料が「溶融していると思われる」と、初めてメルトダウンを認めた。5月6日、菅直人首相は中部電力に対し、老朽化が懸念される浜岡原子力発電所のすべての原子炉の運転停止を要請。9日、中部電力は運転中だった4号機、5号機の停止を決定した。菅首相は同月10日、今後のエネルギー政策について「従来の計画を白紙に戻して議論する」と述べ、原発への依存を減らす方針を表明。23日に東京電力は、福島第一原発1～3号機では、3月11日の東日本大震災後わずか半日から4日余りの短期間でメルトダウンが進み、原子炉圧力容器の損傷に至ったとする解析結果をまとめ、国に報告した。原発事故から約2ヵ月が経ち、事故直後の状況が少しずつ明らかになる中、この対談は行われた。

対談日：2011年5月29日

『青い山脈』は虚構だった

――この連載対談で震災後初めての回なので――。

高橋　もう言うことはないなあ（笑）。

内田　これ出るの、（2011年）6月末？　6月だともう、3ヵ月半経ってるんだね。

高橋　まあ、今日は5月29日で、この前の対談は2月中だよね。すごく遠い昔のような感じがするんだ。僕も、震災直後はわりと、書いたりしてたんです。でも、だんだん書くのもしゃべるのも億劫になってきた。

内田　（笑）。そうだね。

高橋　実は書く量は増えちゃってるんです。「論壇時評」（朝日新聞）で震災の話を書いて、『群像』の連載も、3回続けて震災の話を書いた。あと、『小説トリッパー』で、「ぼくらの文章教室」っていうの、1回130枚ぐらい、まるまる震災に関連したものだった。

でも、書けば書くほど憂鬱になる。僕は、あまりそういうことはなかったんです。書きたくなければ書かなくていいし、書きたいことは書くっていうふうに、わりとすっきりしてるほうだった。でも、今回は書かなきゃなと思うと憂鬱だし。書いてて憂鬱で、書き終わっても憂鬱。そんなことは、なかったんですね。僕の現時点での正直な感想は、「ちょっとこれは、小説でやります」と。

ぐらい。

内田　いいよね。高橋さんにはそれがあるから。

高橋　『群像』でずっと「日本文学盛衰史　戦後文学篇」っていう連載をやってたんです。要するに、終戦直後の作家たちって何を考えてたんだろう、っていうのを、1年半ぐらい。

高橋　無言だったんだよね、みんな。終戦直後、しばらくの間は。

内田　そうそう。それが、なんかピンとこないなあと思ってたけど、今はよくわかる。とりあえず、しばらくの間、みんな、ボーッとしてるんだよね。何も書いてないわけじゃない。いろいろ書いてるんだけど、何を書いてるかって言うと、目の前にあるものを、ただ書いてる。小説家ってさ、書くことで、目の前にあるものの向こう側へ行きたいと思う人間でしょ？　ところが、向こう側へ行けないんだよね、みんな。そこで止まってて。で、1947年、2年ぐらい経ってから、『斜陽』（太宰治）と『青い山脈』（石坂洋次郎）で、やっと我に返った。「あ、そうか！　書かなきゃ！」って。

高橋　この間、関川夏央（※注1）さんとその話したばかりなんだ。『青い山脈』って、今の人が映画を観たら、「敗戦直後の日本ってこんな感じだったんだな」と思うかもしんないけども、ほとんど虚構なんだよね。

内田　あれ、すごいよねえ！

高橋　石坂洋次郎の原作は舞台が弘前なんだけど、映画は瀬戸内海か伊豆半島かの海辺の小さな街でしょう。そんなところに旧制高校があるはずがないって。設定からして虚構なんだけど、出てくる人たちがもう全部、歯の浮くような台詞を言うでしょう。でも、たぶんあの非現実性こそが1947年時点での日本人が切望したリアリティだったと思うんだよ。そのときの現実をそのまま写した言葉では心をつかめなかった。みんなが求めていたのはむしろ「歯の浮くような言葉」だったんだよ。

高橋　この石坂洋次郎の小説の歯の浮き具合っていうのが、強烈なんだよね。もう、信じられないぐらい。爆笑の連続。『光る海』は『青い山脈』の16年後の作品だけど、今読むと、最初の2ページで、つっこみどころが10ヵ所ぐらいある！（笑）みんな理想主義で、男女同権の思想の持ち主。おもしろいのは、やたらと女の子が性的な話をするわけ。お父さんとお母さんが離婚してて、娘が「お母様は、セックスのほうはどうなさっているの？」とかさ。「これ、今だって言わないぞ！」って、思わず書いちゃった（笑）。普通の会話として、人はいかにセックスをすべきかという話を、父親や母親を交えて、みんなでするわけ。あり得ないでしょ。

内田　当時って、これからは政治の話とセックスの話を、ちゃぶ台を囲んで家族でしなきゃいけない、ってまじめに考えていたんじゃない？

高橋　そうそう、「べき」なんだ！　つまり、政治的な解放と性的な解放を、家庭でやらなきゃいけない、って思い込みがあった。

内田　このふたつを抑圧していたことによって戦争に負けたんだ、って総括したんでしょうね。

高橋　「今までの封建的なものといかに訣別すべきか」っていう台詞があるからね（笑）。

内田　ふたこと目にはそれだからね。なんで戦争に負けたのかっていうときに、納得できる理由が必要だったんだよ。でも、天皇制っていうのは、ちょっと口に出せない。あまりに深く身体化しているから。だから、一般国民が戦争責任をなすりつけた相手っていうのはさ、A級戦犯の何人かと、封建制っていう政治的幻想だったと思うんだよ。だから、政治の話とセックスの話を家庭でオープンに論じなかったせいで日本は戦争に負けたんだ、という話になっている（笑）。

震災と原発事故は別の問題である

高橋　そう思ってるよね、完全に。ところで、僕は今、「論壇時評」やってるから、震災後の評論を大量に読んだんだ。これがおもしろい。まず、いきなりハイテンションなんだね、みんな。右も左も、真ん中も問わず。とにかくこの事態を、終戦、もしくは関東大震災にたとえるっていうのが、圧倒的に多い。でも、おかしいのは、みんな「俺だけがそれに気づいた！」みたいな感じなんだ。

内田　（笑）。それはおもしろいね。

高橋　みんながみんな、「あの戦争を思い出す」とか言ってる。でも、おかしいのは、実際にはほとんど戦争体験者がいない（笑）。鶴見俊輔（※注2）とか、吉本隆明が思い出すならわかるけど、「おまえ、まだ生まれてないだろう！」ってつっこみたくなる。

だからみんな偽の記憶なんだよね。みんな自分の個人的な感想から出発しているのに、実は個人的な感想じゃない。ここで既に嘘が入ってる。とにかく、震災で、みんなびっくりしてる。「こんなことはあり得なかった。まったく新しい事態になりました」って言ってるんだけど、言ってることは震災前とまったく変わってない（笑）。

つまり、本当に震撼させられたのなら、何かが変わるはずなのに。これは、小熊英二さんが言っていたけど、「まったく誰も変わらないってすごいよね」って。みんな「衝撃を受けた」「今こそ日本は変わらなければいけない」とか言ってるんだけど、3・11の前と実は同じことを言ってる。「なんにも驚いてないいんじゃないか？」っていうのが、驚きでした。

でも、僕だって、前の戦争や、関東大震災と比べてたからなあ。っていうか、僕は福島第一原発が爆発する映像を見て、「あれは原爆だなあ」と思った。

内田 うんうん。

高橋 8月6日の広島原爆投下。あと、今回の震災って、違ったものがふたつくっついていたでしょ？　ひとつは東北の津波で、もうひとつは福島の原発事故。中味が全然違うんだよね。津波は自然災害で、要するに、どういう形で回復させるにせよ、たぶん今が最悪なんだ。でも、原発事故のほうは、よくわからない。だから、震災っていうひとつのものごとに対してふたつの違った態度をとらなきゃいけない。でも、言葉にするときには、「震災は」って、ひとつになる。だから、すごく困るんだよね。

最初のうちは、一緒くたにして考えてたんだけれど、「これ、分けなきゃいけないいな」ってなってきたとき、「めんどくさい」と感じるようになった。それぞれをどういうふうに言葉にするか、っていうことも含めて、すごくやりにくくなってきた。「論壇時評」みたいな形で、社会的な問題として言葉を出す場合と、作家として言葉を出す場合と、違うんだよね。批評というか、評論の言葉を出すときは、作家としては言葉が出しにくい。作家として言葉を出そうと思うと、批評の言葉が出しにくい。どっちで行くか、ちょっと迷ってたんですが、5月になってから「作家で行く！」と決めて。それからは、少しすっきりしましたね。

日本の原発の歴史は戊辰戦争から始まっている

内田 僕、今の話すごくよくわかる。震災の後、養老孟司（※注3）先生との対談から始まって、ずいぶんたくさん書いたり対談したりしたんだ。最初のうちは、東北の震災と福島の原発事故は、たまたま同時に起きたけれども、まったく種類の違う出来事であって、混同しちゃいけないって話してたのね。震災と津波は天災だけど、原発は人災だから、分けて話そうって。でも、途中から、「これはやっぱりひとつの問題じゃないかな」って思いだしたのね。それは僕自身がルーツが東北人だっていうことがあるんだけども。そうすると、まずなんで東京電力の原発が遠い福島にあるんだって思うでしょう？

高橋 そう。それも問題だよね。

内田 震災直後に、ロジスティックスがガタガタで被災地に救援物資が届かないという話が出たときも。そう言えば、東北新幹線が通ったのだって、ごく最近なんだよね。高速道路網も整備されていない。物流のためのバイパスもない。そういうのは、震災が突きつけた「問題」ではなくて、震災以前から続いていた、この地域の社会的インフラの未整備という政策の「答え」なんだよ。他の地方に比べて東北はほとんど半世紀遅れてる。インフラ整備でずっと中央政府から冷や飯食わされてきたから。

それに、今回の被災地って、戊辰戦争のときの東北の列藩同盟とだいたい重なるでしょう? 特に会津藩は徹底的に迫害されて、下北半島の斗南に移された。柴五郎の伝記を読むと、本当に荒蕪の地で、冬は零下15度、最初の冬を越せなくて、餓死者、凍死者が続出したらしい。その辺に今、六ヶ所村があるんだよ。

高橋 すごいよねえ!

内田 つまり、戊辰戦争以降の150年の、日本の中央政府の東北差別の歴史があって、福島の原発もその中にある。原発があるところって、だいたい明治政府から冷遇されてきたところでしょう。戊辰の戦いで徳川幕府の側に回ったか、官軍についたかは、そのあとの公共投資にずいぶん大きな差別をもたらしたと思う。原発があるところって、要するに地場の産業が育っていない、雇用がないところでしょう。産業がないから、原発でも誘致する以外にないというところまで追いつめられたところに選択的に原発がある。

高橋　いや、まったくそう。小熊英二さんが論壇委員になって、朝日新聞に最初に書いたコラムが、東北についてだった。僕も知らなかったんだけど、「東北は米どころというが、これは最近のことだ」って言うんですね。米は、ご存じのように熱帯地方のものだから、東北や北海道は、稲作に適してない。じゃあどこで米を作ってたかと言うと、台湾とか。

内田　へえー、そうなんだ！

高橋　つまり、植民地で作っていた。でも、戦争で負けて植民地を失ったので、東北で作るしかなくなった。

内田　ひどい話だねえ……だから、必死で品種改良したんだ。

高橋　そう。こういった問題はどれも、日本近代150年の歴史を踏まえて考えなきゃならない。66年前の敗戦あたりまで遡ればいいと思ったら、150年ぐらい前に遡らないと、本当にはこの震災の話はできないってことに、だんだん気がついてきた。

内田　僕も。

高橋　だから、戊辰戦争以来、この福島原発は第二の東北処分でもあるんだね。そして、これは琉球処分とペアでもある。次に原発を作るのは、ほんとは沖縄だったんだ。でも、基地の中に核兵器があるんだよ。だから、原発か核兵器ってことだね。

黙る東北、黙らない沖縄

内田 原発って、最初はアメリカが日本に売り込んだんでしょ。GEとか、ウェスチングハウス・エレクトリックとかの原発メーカーがアメリカ国務省を通じて、正力松太郎とか中曽根康弘を使って日本に原発を買わせたんじゃなかったっけ？ マーケットが欲しいから、アメリカが日本に原発を売り込んで、それを過疎地に作っていくっていうのは、これって……。

高橋 占領政策だよね、一種の。だから、今の事態は、そもそもは、日本近代国家150年のトータルな方針が生んだ結果。って考えないと、解決策が出てこない。だから、これを終戦になぞらえて考えてしまうと、全部免罪しなきゃいけなくなるじゃない。つまり、「誰も悪くない、戦争に負けたんだから」って、1億総懺悔みたいなことになる。違うんです。

内田 うん。これは絶対「1億総懺悔」にする話じゃないと思う。

高橋 責任者がいるんだよね。だから、その責任者は誰かという話をしていかないとダメなんだ、って気づくのに、少し時間がかかった。たとえば、今回の震災まで、僕は印刷用紙を東北で作ってるって知らなかった。そういう工業もみんな東北で、先端工業もけっこう東北なんだよね。でも、そういうシステムになっていることを、東京に住んでる僕たちは、ほとんど知らなかった。

内田 テレビのニュースでさ、震災直後に、ニュースキャスターが「意外なことに、日本のさまざまな産業の基幹部分は、東北に工場があるんですよね」って言ったの。そしたらテレビ画面の中でもみんな、「へえ、そうだったんですか！」ってリアクションするわけよ。意外なんだよ。それは前提として「東北に近代的な工業なんかないと思っていました」って僕たちが思っていたからでしょう！

高橋　（笑）。「米作ってるぐらいでしょ？」っていう。

内田　そういう本音がこういうときに無意識のうちに露出するんだよね。それがあまりにも自然な言い方なんで、そういうとらえ方そのものが差別的だということに誰も気づかない。僕だってそのときは気づかなかった。しばらくしてから気づいたの、「……おい！」って（笑）。いかに我々が日本の中の地域差別を自明のものとして受け入れているか。

高橋　軽んじている意識があったかってことだよね。これって基地問題の沖縄に似てる。でも、沖縄は黙ってないんだよね、ちゃんと言うんだよ。琉球新報って、他のマスメディアとは一味違う。米軍が東北に行って、「オペレーション・トモダチ」ってやったでしょ、支援活動を。そしたら琉球新報は「オペレーション・トモダチをやっても米軍は不要だ！」と書くわけ。

内田　ははは！

高橋　「そんなことではだまされないぞ！」って言っちゃう。僕らの常識だと「米軍も問題あるけど、助けてもらってるからしかたないか」ってなるじゃない？　それがないんだよね。すごいよね。

内田　うん、すごいね。琉球新報とろうかなあ、僕（笑）。

高橋　そこにはやっぱり琉球処分っていう問題がある。つまり、日本が植民地にしたわけだよね、琉球という独立した国を。僕も、沖縄はそうだけど、東北は違うと思ってたんだ。だけど、違わないんだよね。

北方領土が返還されない理由

内田　違わない。『日本辺境論』に書いたけども、日本は中華思想をかなり独特な形で内面化してるんだと思う。中華の辺境でも「中心と周縁」のシステムは再生産されているんだ。２００５年に欧州会議がロシアに対して「北方領土を返還せよ」っていう決議をしているの知ってた？

高橋　え、そうなの？

内田　知らないんだよね、みんな。だって、日本の新聞ほとんど報道しなかったから。報道したのは読売新聞だけらしい。あとは無視。中国も、北方領土の返還に関しては、珍しく日本の主張に理解を示しているんだけど、日本ではそういう国際社会の流れがほとんど知られていない。

前に谷内（正太郎）外務事務次官が「3・5島返還論」を発言したときも「非国民」とか「売国奴」とかすごかったでしょう。「4島一括無条件返還以外に交渉はあり得ない！」っていうのがそもそも政府の立場だし、メディアもそうなんだよ。でも、そんな話はロシアが乗るわけがない。だから、「4島一括無条件返還」というのは、言い換えれば、北方領土については永遠に現状維持っていうことなんだよ。でも、どうして現状維持にこんなにこだわるのかなあと思ったら、それは北方領土問題の解決を嫌がっている国があるからなんだよ。アメリカは北方領土問題は解決してほしくないんだよ。だって、北方領土問題の交渉が始まるとしたら、仲介するのは中国かEUかアメリカしかないでしょう。

高橋　そうか。中国とEUが賛成してるってことは——。

内田　アメリカにとって西太平洋っていうのは「裏庭」だからね。そこで起きた領土問題でEUや中国が仕切り役を務めることは絶対に許せない。だから、もし仲介するならアメリカしかいないんだけども、アメリカは仲介なんかしたくないんだよ。だって、ロシアに「北方領土を日本に返しなさい」って言ったら、ロシアが、「じゃあ、アメリカも南方領土を日本に返しなさいよ」って言うに決まっているから。

高橋　（笑）。なるほど。

内田　それで「ドロー」だから。ロシアからしたら、北方領土なんて軍事的にも経済的にも、それほど利用価値があるわけじゃない。もし、北方領土返還と沖縄の米軍基地返還がトレードオフされるなら——。

高橋　いやあ、バンザイだよね。

内田　そう。外交的には大勝利でしょう？　日本だって、一気に北方領土と基地のない沖縄が戻ってくるんだからさ、大喜びしていい。日本政府としては、北方領土と南方領土の両方の同時返還というソリューションが最高なんだよ。そして、たぶんEUも中国もそれには反対しない。反対しているのはアメリカだけ。

北方領土問題が進まないのは、要するにアメリカが沖縄を手放したくないからだけなんだよ。日本政府は「アメリカという中華」の利害を優先して、自国の辺境である北方領土と南方領土を見捨てている。その構図って、「中華と辺境」のコスモロジーの再生産そのものだと僕は思うよ。

地域政党の首長たちって、東京・大阪・名古屋にすべての資源を集中せよ、没落しかかってる日本を救うのはこの3都市だっていう主張をしているでしょう。大都市圏に人も金も物も情報も全部集めて、そこが一点突破で日本をひっぱってゆく。それ以外の「田舎」はそれに奉仕すればいい、と。一点突破が成功して、日本のリーディングカンパニーが国際競争力を回復したら、他の地域にもいずれ余沢が及ぶんだから。それまでは過疎化にも産業の空洞化にも耐えろ……っていうのはまさに「中華思想」なんだよ。

鄧小平の「先富論」（※注4）とほとんど変わらない。

高橋　っていうか、第二次大戦末期の大本営みたいだよね。

内田　ほんとだよね。だから、前に話した地域政党の突出と、今回の震災問題における、日本に存在している巨大な格差の問題って、実は同一の構造の裏表だと思うんだ。

——高橋さんがおっしゃるように、今回の震災で、戦後のシステムそのものの限界が露呈したんだけれども。おふたりのご指摘どおり、巨大な格差の問題と、戦後の問題というのが、重層的に存在していて。それが、今回の震災によって、もうどうしようもないところに追い込まれてしまったというか、その現実がラジカルに現れてしまったというね。

高橋　うん。知らないことにして、これまでやってきたんだけども、実際にこういうふうに、白日の下に起こってしまうとね。

内田　うん。だからね、原敬という人は、明治維新以後最初の東北出身の、宰相なんだけども。あの人は、華族に列せられることを拒否してるんだよね。「平民宰相」って言われたのは、薩長政府の作った爵位を拒否したからなのね。それはやっぱり、小沢一郎につながってると思うんだよ。原敬って、小沢一郎が尊敬する政治家でさ。あと田中角栄でしょ？　だから小沢一郎からしたら、日本の中には、対立があるんだよね。

高橋　東北人のルサンチマンというのは、やっぱりずっと彼らの中にあるよね。「山口県出身者とは、肌が合わない！」っていう（笑）。

内田　内田家って、4代前が庄内藩士で、次が会津藩士だから。すごいでしょ。近代日本の「負の血統」を引き継いでいるんですよ、僕は。

高橋　（笑）。負け組だよね。

内田　新選組は会津藩の御預りで、新徴組は庄内藩の御預りで、いわば幕末のふたつの暴力集団の管理業務が幕府によって庄内と会津に押しつけられた。この人たちがまたずいぶん人を殺したんだよ。

高橋 テロリストだからね。

内田 そのテロリスト集団に対する恨みと憎しみが官軍の側にはあった。日本にはテロリズムの伝統がないって言うけどさ、実はテロとカウンター・テロの怨念は150年生き延びているんだと思う。僕が、岸信介や佐藤栄作や安倍晋三をどうしても好きになれないのは血筋なんだよ。

――ははは!

内田 それって政策の整合性がどうとか、政治理念がどうとかいうレベルの話じゃないんだよ。なんかねえ、「長州人は厭!」なの(笑)。

小泉純一郎のあの屈託もさ、横須賀海軍鎮守府があったところが一夜にして米軍第7艦隊の総司令部になってしまった、翻る日章旗が星条旗に変わってしまった少年期のトラウマがあるからでしょう。やっぱり、政治は、極めて政治的ですよ(笑)。

日本の脱原発化で得をするのは誰か

高橋 震災の直後、福島第一原発でシビア・アクシデントが起こったにもかかわらず、世論は反原発にならなかったよね、最初は。それがここに来て、雪崩を打って世論が原発反対に変わったじゃない? だから最初は本当に洗脳されてて、事故が起こっても、「でも原発は必要だ」っていうふうに思ってたんだよね。過半数が。それがここに来て

——。

内田　ようやく。4、5日前に。

高橋　魔法が解けたっていうかさ。

内田　それに関しては、僕も言いたいことがあるんだけどもさ。これはアメリカなんだ、やっぱり！

高橋　ああ、それ書いてたよね、内田さん。浜岡原発停止のとき。

内田　そう。あのニュースが『AERA』の締切の前に入ってきてさ、「これは書かなきゃ」と思って。だって、アメリカからのプレッシャー以外に考えられないもの！　直前まで、「浜岡原発は安全だ」って、官邸も、経産省も、中部電力も言ってたでしょ？　それが一夜にして操業停止要請だよ。そしたら、メディアも電力会社も一気に「そりゃそうですよね」という論調に変わった。あれはアメリカ政府の強い要請以外に理由がないと思う。それで、どうして日本列島に原発を売り込んできたアメリカが、今さら日本に脱原発の要請をするんだろうって、考えてみた。そしたら、アメリカにとって、日本の脱原発は「いいこと」ばかりなんだよね。

一番目はなんと言っても、浜岡原発で事故があった場合に軍略上のリスクがあること。浜岡は横須賀の第7艦隊司令部から150キロしか離れてないから。浜岡に事故があったら、アメリカの西太平洋軍略に深刻な影響が出る。だから、どんなことがあっても浜岡で事故は起こせない。

第二は、原発ビジネスにおけるアドバンテージを握ること。アメリカはスリーマイル島事故からあと、30年間原発を作ってない。だから、原発製作技術においてはすでに後進国になっている。でも、アメリカの原発メーカーとしては、これからも中国とかロシアに原発は売りたい。ところが、原発技術で世界の先頭を走っているのは、日本とフランスなんだよ。東芝、日立、三菱重工業なんかの原発技術は意外なことに世界最先端なんだ。だから日本が脱原発になると、日本の原発技術開発は国内市場を失って、停滞せざるを得ない。

そうやって日本の原発メーカーが国際競争力を失うと、アメリカのライバルはフランスだけ。日本をレースから追い払えば、世界の原発市場でのアメリカのアドバンテージは大きい。中国なんか、これから原発を200基作るそうじゃないですか。その巨大なマーケットに参入しようというときに、日本という競争相手がいなくなるというのは、アメリカにとっては極めて好ましい話なんだよ。だから、この間は汚染水を海水に垂れ流せという指示があったでしょう。

高橋　ああ、平田オリザ（※注5）さんが、「あれはアメリカの指示でした」って言っちゃって、翌日謝ったやつね。

内田　あれは真実だと思うよ。

高橋　そうでしょ。だって否定してないのね、あの発言を。「知る立場になかった」って言い方をしてたんだから、お詫びのとき（笑）。

内田 「つい聞いちゃいました」っていうことだよね。「そんなことは官邸で話したことはない」って言うのは、官邸では話してないけど、バックステージでは――。

高橋 その話は飛び交ってます、ってことですね（笑）。

内田 なぜアメリカは、放射性物質で汚染された水を海に流せと言ったのか。それってわりと合理的な判断だと思うんだよ。それでももし原発事故が収束するなら、それはアメリカのテクニカル・アドバイスの手柄だということになる。収まらなかったら、日本の原発の危機管理能力がないってことになる。いずれにせよ、「日本は黙ってアメリカの言うことを聞いて、もう原発はやめなさい」っていうときの論拠になる。

高橋 アメリカに損はないんだよね。

内田 うん、どっちに転んでも損にならない。さらにもうひとつ、廃炉ビジネスというのもある。日本にある54基の原発を全部廃炉にしていくとしたら、長期にわたって、それこそ何十兆円というスケールのビジネスになる。アメリカは原発の製造は止まっているけれど、廃炉技術は順調に開発しているから、廃炉技術については国際競争力がある。日本は廃炉については「それについては考えたくない」という態度だったから、たぶん技術的にもまったく未成熟だと思うんだ。ということは、廃炉となったら、外国の企業に言い値で丸投げするしかない。これは国外の原発業者からすればおいしい仕事でしょう。それから、原発止めて代替エネルギーにシフトするまでの「つなぎ」で火力発電になったら、石油が必要になるけど、石油はもう……。

高橋　アメリカ！

内田　代替エネルギーの最先端の技術を持っているのも、これまた全部アメリカ。だから、原発を止めるということになると、廃炉ビジネスも、代替エネルギー技術も、「つなぎ」の火力のエネルギーも、全部アメリカが日本に売ることができるものばかりなんだよね。アメリカのさまざまな産業分野が、日本が脱原発を選択することで大きな利益を上げる見通しがある。でも、日本はもうこれに反論できないでしょう。「これからも原発やらせてください」とアメリカにいくら懇願しても、「福島のこのざまはなんだ。おまえらに原発が管理できるのか？」って言われたら、返す言葉がない。

高橋　こないだ、小泉純一郎が横須賀の講演会で言ってたね。脱原発で行けって。「自民党の原発政策は間違ってました。もうこれからは原発は作れない。脱原発で行くしかない」って。断言してた。

内田　だってあの人は、もともとアメリカのご意向の代弁者だからね。小泉さんが長期政権を担保できた理由ってさ、なんと言っても、アメリカの西太平洋の軍略に対して非常に深い理解を見せたことなんだよ。

高橋　だから、自民党でもっとも脱原発を明確に言ったのが、小泉さん。

内田　うん、実によくわかるね。だから、日本の脱原発はワシントンのご意向なんだと思う。日本はアメリカには逆らえないから、絶対そうなるよ。

高橋　なるよね。

日独伊は脱原発、英米仏露中は原発継続

内田　ワシントンのご意向に逆らって、「やっぱり原発で行きます」って言い切るだけの胆力のある政治家も財界人も官僚もいないよ。メディアにもいない。今メディアで、「やっぱり原発しかない」って言ってるとこ、あるの？

高橋　いなくなった。だから、いきなり変わったでしょ。ある日突然。

内田　ある日突然、メディアの論調が変わった。どうしてそのことをメディアは自己批判しないいんだろう。

高橋　ねえ？　それまであんなに原発は必要だとか言ってたのがさ。

内田　「危険だけども、やっぱり必要だよね」がさ、「危険だから、ないほうがいいよね」に一斉に変わったでしょ。ある晴れた朝に(笑)。

高橋　『ある晴れた朝突然に』(※注6)だよね、まさに。で、おもしろいのはね、日本がそうなったことによって、今、日独伊が脱原発になったわけ。

内田　あ！

高橋　で、原発継続は、アメリカ、フランス、ロシア、中国、イギリス。

内田　あ、すごいや！　初めて聞いた。そうか、日独伊なんだ。おもしろいねえ。イタリアって、そもそも原発がないんだよね。

高橋　あるけど、ずっと前から停止中。それで、ドイツが舵を切って、日本も舵を切っ

た。このことって、核兵器と原発問題に関して、いろいろ考える材料を与えてくれるよね。

内田　この3国には絶対に、原発も、原爆を作る技術も与えないという、戦勝国の合意事項なんだろうね。ヤルタ会談から66年経ってもまだ「日独伊」ってひとくくりなんだ。確かに、ドイツが核兵器を作る技術を持ったら、って思うと、怖いもんね。

高橋　そうです。だから、第二次世界大戦が、続いてたんだよ。

内田　150年経ってもまだ戊辰戦争が続いているみたいに、世界大戦も続いてたんだ。脱原発が日独伊って、初めて聞いた。誰が指摘したの？　高橋さん？

高橋　いやいや、小熊英二さんからメールで来ました。

内田　へえー！

高橋　「気がついたんですけど、これで日独伊が脱原発に急転換したことになるんですよね」って。一方、旧連合国側の英米仏露中は原発継続している。

内田　国連の安保理常任理事国。

高橋　うん、「国連安保理常任理事国は、断固として原発を作り続けるっていうことは、原発と核兵器に関する、ある深い示唆を呼び起こしますよね」と。確かにね。

内田　なるほどねえ。もし僕がＣＩＡのエージェントだったら、日本の原子力行政に対して「安全性への配慮とかは適当でいいよ」って示唆していたと思う。どう考えても、日本の原発コントロール能力が低いほうがアメリカの国益には資するんだから。いくらなんでも日本の原子力行政って、ひどすぎるでしょう？

高橋　おかしいよね。

内田　非常識だよね。原発推進派ばかりを集めて、こんなに危険なテクノロジーなのに、それを効果的にコントロールする技術的な議論そのものを抑圧してきたでしょう？　自分ではコントロールできないものを作って、その管理のための技術開発は抑え込む。これって、日本の「未成年者」マインドの現れなんだと思う。いつも後ろに「後見人」のアメリカがついているから、何をやってもチェックしてもらえる。「これこれ、そんなことをしちゃいけないよ」って叱ってくれる人がいつも後ろにいると思っていた。でも、そのアメリカが、こんなにずさんな日本の原子力行政に関しては叱らなかった。それは、アメリカにとっては、日本国内で原発事故が起こるってことはむしろ「想定内」だったからじゃないの？

高橋　辺見庸さんが『朝日ジャーナル』に書いてたじゃない、「原発事故は、近々必ず起こる！」って。

内田　あ、そうなの？

高橋　うん。『朝日ジャーナル』って、ついこの間一時復刊したでしょう。3月15日に出た号は原稿締切が1月の末ぐらいだったの。その中で辺見庸さんが、近々、大地震・大津波が来るっていうのと、原発大事故が起きるって予言してるんだけど。

――すごいじゃない！

内田　作家的直感もあるんだろうけども。日本の場合、原子力行政に関しては、普通のテクノロジーに比べて、危機管理の手の抜き方がハンパじゃない。「事故を起こしてください」と言わんばかりの手抜き構造になっている。だから、インサイダー情報にある程度通じた人は、「原発事故は構造的に起きる」ということが予見できたんじゃないかな。

高橋　そうだね。あと、おもしろかったのは、『WiLL』っていう保守系の雑誌の（２０１１年）７月号の原発特集が、大変なことになってます。目玉が、「廃炉か継続か原発大闘論！」っていう座談会で、飯田哲也（※注７）さんたちが出ている。推進派と反対派、ふたりずつ呼んでガチで大討論をやっている。で、特集のメイン論文が、西尾幹二（※注８）の「脱原発こそ国家永続の道」。一方、同じ号に出てる安倍晋三は、原発推進論を語ってる。

内田　安倍さんのところにはもう情報が行ってないってことだね。

高橋　そう。安倍さんはもう晒し者になってる。西尾幹二が「日本を救うには脱原発しかない！」って言ってるんだけど、これがおもしろくて。今まで、保守と革新は、革新側が反原発で、保守側が原発推進派で、ちょうど憲法９条の改正と反対と同じように、ワンセットになってた。ここに来てついに、保守内部にも亀裂が入り始めた。

同じ時期に出た『週刊金曜日』（２０１１年５月27日号）でも、中島岳志（※注９）が、「保守こそ脱原発を主張すべきではないか」という巻頭論文を書いてる。つまり、保守の思想っていうのは、人間というのは不完全なものだから間違うんだと。そもそも絶対がないっていうのが保守なんだから、「絶対安全の原発」なんていうのは、保守が言うべきことではないんじゃないか、保守こそ反原発を言うべきじゃないのかって書いてるんだ。そういう意味では、今までのような、はっきりとした政治的な立場っていうのが、なくなってきてる。

内田　戦後65年間隠蔽されてたものって、保守と革新じゃなくてさ。アメリカという後見人がいて、日本は未成年で、主権国家じゃないっていう事実に基づいて考える人間と、「いや、主権国家だ。我々は自分たちの自由意志によって選択してるんだ！」って言ってる人間がいて。結局、保守というのはアメリカの意向を体現するものであると。で、新左翼、過激派っていうのは、本質的に、尊皇攘夷なんだよね。反米派だから、独立派なんだよ。政策の当否とか整合性は関係なく、どんなヘボい政策であっても、「主権国家である以上は我々が決めたい、人に決めてもらいたくない！」っていう。

一方にアメリカっていう後見人が後ろにいるんだけども、そのことを知りたくないっていう人たちがいる。そういう人たちが「我々は主権国家なんだ」っていう。だから、「日本は美しい」とか、「世界に冠たるこの国を」とか言ってる。一方に「日本って、未成年国家じゃないんですか？　すごく恥ずかしい社会システムを持ってるんじゃないですか？」って言ってる人間がいる。少数なんだけども。僕とか高橋さんは、そこからどうやって日本をインディペンデントな国家にしていくのかっていう方法を考えてるわけでね。だから従来の右翼とも左翼とも違う、新しい日本独自のシステムを目指すと。

高橋　日本維新の会（笑）。

内田　ははは。僕ね、小沢一郎っていうのは、この10年間ぐらい、一貫して政界再編のキーパーソンだったと思うんだけど。やっぱりあの人とか鳩山さんって、独立派なんだよね。

高橋　そうだね。西尾幹二の脱原発論には、「アメリカから独立するために」っていうフレーズが入ってる。

内田　なんか、江藤淳（※注10）だね。

高橋　だから、原発事故はやっぱり大きい事件だった。そう簡単にアメリカの意向だけではすまさずに、精神的亀裂も入ったし、ちょっとここで、今までかかっていた催眠術から醒めてほしいね。

内田　うん。醒めてほしいよね。

なぜ我々は原発問題に向き合ってこなかったのか

高橋　あと、原発について言うと、「こういう問題は自分が考えなくていい」っていう部分があるでしょ。エネルギー問題で、原発を全部止めても大丈夫なのか、ダメなのかって、専門家によってまったく意見が違う。「大丈夫！」って断固として言う人と、「絶対ダメだ！」って言う人と、その両方が証拠となる資料を出してくるわけ。

内田　ねえ。

高橋　再生可能エネルギーも、経済的にまったく合わないって言う人と、「いや、原発は異様にコストがかかってるんだ」って言う人がいる。つまり、それぞれの専門家が違った情報を持って論議しているので、我々一般人はその論争に加われないという側面があった。その結果として、「その問題は自分と関係ない」という判断を下したことについての自責の念が、僕にもあるんです。

内田　そうだね。

高橋　僕たちが公民として、どこまで公的なことに関わるかっていう問題があるでしょ。主権国家であるべきとか、憲法9条をどうするかっていうのは、情報も意見も可視的なものだから、まだ判断しようがある。でも、原発をどうするかって言われても、「ちょっと待って」となっていた。判断する材料が、ないと言えばないんだ。そういう場合にどうしたらいいか。保留にするしかないんだよね。でも、保留にしている間にも、事態は進行する。そして、事故が起こってしまった。加藤典洋（※注11）さんが書いていたけど、内心忸怩たる思いがあるのは、起こってしまったことに対して、責任が取れないからなんだ。なぜかと言うと、僕たち大人の世代には、ほとんど被害がないんだよね。関係ないもっと若い第三者に甚大な被害が及ぶことについて、見逃した我々の責任はどこにあるのか。社会的に言っても法的に言っても責任はない。でも、倫理的に言うとね。

内田　そうだよね。

高橋　共同体の倫理から言うと、責任があるというふうに考えたほうがいい。というのが加藤さんの意見で。僕も同感なんです。ただ、責任の取り方が難しい……そこで僕は結局、作家でやる、ってことにしたんです。

最初に言ったけど、どうもこの問題に関して憂鬱だっていうのは、とりあえず責任が発生してしまいました、という感じが否めないからなんです。僕だけじゃなく、「なんかこれってまずいんじゃないのかなあ」と思いながら、そのままにしていた、っていう人は多いわけですね。ただ、起こってしまった以上は、やっぱりパブリックに生きる者としては、結果責任を取る必要があると思う。

だから、事後の対処ですよね。それはきちんとしなきゃいけない。それが公というものではないかと思うんですが。じゃあどうするかって言われると、なかなか難しい。たとえば、具体的に何かするというやりかたもある。それから、戦後文学の作家がそうであったように、そうなってしまった状況について、でき得る限り遠くから、原因を探り出すようなものを言葉によって作り出すとか。それはそれで、有益な作業ではあるんだけれど。

原発は科学技術ではない

――というか、それが唯一だって気がするんだよね。ほんとに我々は、原発そのものがブラックボックスであるかのように思い込んでいたけど、決してそうではないわけで。

内田　きわめてシンプルなテクノロジーだったんだよね。今回テレビで解説を見て、ほんとに驚いたよ。燃料が熱くなるとお湯が沸いてタービンが回るという、信じらんないようなロー・テクノロジー！

高橋　（笑）。僕の知り合いの、日本の科学技術をひっぱってきた、すごく偉い学者が「原発なんて事故起こりますよ」って、言ってたんです。「燃料、熱いからって水かけて冷やしてるんですよ？　そんなものは、科学技術とは言わない」って。

内田　だって、お湯が熱くなって蒸気でタービン回すってさ、これ、スティーブンソンとかワットの時代の技術でしょう（笑）。

高橋　新しいテクノロジーとして冷やす技術を開発できるまでは、原発なんか作っちゃいけない、っておっしゃっていた。そういう学者もいるわけです。

内田　俺、原子炉の構造が、事故のあとにテレビでフリップに描いてあるのを見てさ、ほんとに驚いたよ。「え……これだけ？」って。あれ見たときに、理由がわかったよ。なんで原発のテクノロジーに関して、一般国民に開示しなかったのかっていう。原発はハイテクじゃないから！

高橋　（笑）。そうなんだよ！

内田　すげえローテクなんで、見せたら、みんなにわかっちゃうんだよ、理屈が。「素人にはわからないから専門家に任せておきなさい」っていう感じで原子力行政を進めてきたのに、あれをオープンにしちゃったら、「飛行機が落ちて来たらどうなるんですか？」「テロリストが襲って来たらどうするんですか？」「津波が来たら？」みたいな素朴な質問がじゃんじゃん来て、それに専門家たちは答えられないから。だから、「原子力っていうのは難しいものです」って言って、初めから「シロートにはわからないものなんだから、口をはさむな」って排除していたんだね。

——そういう危険性を指摘していた学者もいたんだけども、彼らを全員封殺していたわけだしね。

内田 そうだね。小出裕章（※注12）さんなんか、助教なんだよ、60歳で。

高橋 あれもすごいねえ。

内田 すさまじい懲罰人事だよね。

高橋 っていうか、そんなにシンプルに弾圧してるのかなあ？（笑）

内田 と思うんだけどね。どう考えても変でしょ。だからさ、日本が主権国家として原子力行政をやってきたなら、ここまで変じゃないと思うんだよね。そういうことができるのはなぜかっていうと、結局、責任の問題なんだよ。自分に責任がないと思ってるからだよ。反原発の人を助教に留めおくなんて、自分たちが主権国家として原子力行政をやっているという意識があるなら、やらないと思う。いろんな意見が多様に混在していたほうが、テクノロジーのイノヴェーションにとっては有利なんだから。

それをやっちゃうっていうのは、「決めてるのは俺じゃない、上なんだよ」っていう。その上の人も「上なんだよ」って言ってて、その上もそうで、最後は、「決めてるのはアメリカなんだから」ってことだよね。「アメリカがコントロールしてるんだからどうしようもないんだよ」っていう口実。自分が最終責任者だと思っていたら、できないよ、あんなことは。

高橋　そうだね。

内田　だから、トップの人間が小役人なんだよね。原子力に関しては、全員が小役人だったってこと。

――っていうか、悪いものが重なっちゃったんだよね。電力会社にとって、原子力発電っていうのはものすごくおいしい事業で、べらぼうな金を生んで、そこにはものすごい利権がからんでいるっていう、すさまじいシステムだったわけだよね。

内田　結局ビジネスって、「これをやればこれだけ金が入る」っていうことになると、今のことしか考えなくなるんだよね。地場産業とか商工会議所とか、地元にドカーンと金が落ちる。そのあと事故が起こって、土壌汚染で人が住めなくなろうが、障害のある子供が生まれようが、「先のことだろ?」っていう、ものすごいニヒリズムがあったと思うんだ。

どう考えても、額に汗して働いてる人間からしたら、いきなり天から金が降ってくるっていうのはあり得ないわけで。なんの努力もしないでこれだけ金が入ってくるっていうのは、どこかの人間の利益を奪ってるからでしょ。それは誰かっていうと、未来のこの土地に住む人たちなんだよね。額に汗して働いて、その労働の対価をもらうっていう習慣がきちんと内面化してれば、そんなのわかるじゃない。それが倫理だと思うんだ。その倫理がなくなっちゃったんだよ。

高橋　そう。それは真っ当な常識です！　僕が「論壇時評」の1回目に書いた、「身の丈の論理」っていう話があるんですけど。城南信用金庫の話です。ご存知のように、バブルがはじけたとき、あらゆる金融機関が不動産投資で大量の負債を抱えたんだけど、城南信用金庫は不動産投資をしてなかった。なぜかっていうと、「あんなに儲かるはずがない」って。

内田　そうなんだよ！

高橋　でも、それを言ったのは、城南信用金庫だけだったんだ。バブルがはじけたあとに、みんな巨額の負債を抱えて、金融機関が異口同音に言ったのが、「想定外だった」(笑)。

——ははははは。

高橋　働いてお金を稼ぐっていう、身体に属して感じられるものじゃなくて、「感覚的にはよくわかんないんだけど、みんながやってるから」っていう根拠。身体から離れちゃったんだよね、根拠が。でも、すごいよね、城南信用金庫。日本で1社だけ、「おかしいと思った」って。

内田樹にも電力会社の手が⁉

――うん。それにさ、東電って、年間200億円も300億円も広告費を使ってきたわけじゃない？　電力会社に広告費なんていらないじゃん、だって。
内田　一社独占だからね。
――そのお金が何に使われたのかっていうと、反原発世論を抑えるために使われたと考えざるを得ない。
内田　そうなんだよ。だって、東電の会長が、日本の各出版社、新聞社、雑誌社のめぼしいメンバーみんな連れて、年に何度も豪遊するわけでしょう。広報がメディア知識人に、じゃんじゃん金ばらまいてんだもん。だから、原発問題は論じない。論じなければ金になると。
高橋　すごい、楽だよねえ。
――アーティストも、反原発って言うと、「東電のCMソング歌いませんか？　ウン千万円あげますから」みたいな話がすぐポーンと来るって。
内田　へえ！
高橋　でも、そんなにわかりやすくていいのか！（笑）。
内田　僕ねえ、昔、関西電力の仕事をしたことがあるんだ。鼎談して、僕あたりとしては破格のギャラもらったの。終わったあとにレストランに連れてってくれて、「黒四ダムに行きませんか？」って言うの。

高橋　ほう。

内田　「こちらでお膳立てしますので、ダムを見学して、そのあとは温泉へ……」って。もう10年くらい前の話で、僕なんかまだ物書きの駆け出しの頃だよ。広報誌に連載の仕事ももらった。電力会社って、こういうことをたぶん絨毯爆撃的にやってたんだね。電力問題に関心があろうとなかろうと、じゃんじゃん仕事回して、温泉で接待して、「関電にはちょっと借りがあるかも」っていう心理的な負い目を持った人たちを組織的に作り出している。ほら、人間って、ちょっと「いい思い」させてもらうと負い目があって……。

高橋　文句言えないよね。

内田　言えないよ！

——ははは。内田さんも遠慮しました？

内田　全然。だって黒四ダムなんか行きたくなかったから。そのときはわかんなかったの、向こうの意図が。なんで関電が僕ごときに仕事回してくれるのか。で、なんか、「怪しい」とは思ったのね。「こんなギャラもらえるはずがない」と思ったから「もういいです」って。

電力問題とか原発問題について、その人が関心を持つ前に「一杯呑ませておく」っていうのは確かに効果的だよね。対症療法的にやるんじゃなくて、予防措置として、いずれメディアに出てきそうな人をつぶしておく（笑）。
高橋　でも、ほんとに一夜にして変わったよね。
内田　ねえ。メディアは論調が一夜にして変わったのを恥ずかしいとは思わないのかなあ。今度言おうと思ってさ、朝日の紙面審議会で。
高橋　ほんとに、戦争後、いきなり民主主義になったのと同じですよ。
内田　同じだよね、ほんとに！
高橋　しかも、両方ともアメリカが関わってるし（笑）。だから、ほんとに第二の戦後なんだよね。それから、東北は今回大変な被害に遭ったけれど、さっき言ったように、実はその前から、地方はどこでもそうだけれど、急激に人口が減少していた。しかもこの震災でしょ？　これでは、どんな復興計画を作っても、若者は東京に来てしまうよね。もともと未来がないって思われていたところが、さらに被害に遭ったわけだから。いくつか復興計画の案は出てるみたいだけども、そもそも、元に戻しても意味がないのかもしれない。元の世界が、処分されたあとの世界なわけだから。仮に沖縄に大災害があって、元に戻りたいかって言われても、元には戻りたくないって言うと思うんだ。
内田　そうだね。

「戦後処理の問題」をどうすべきか

高橋　だから、この戦後処理……だよね？　……の問題は、原発とは別に残ってる。ほんとに琉球新報ってすごく過激で、おもしろい。言ってることが、東京のメディアと全部反対なんだよね。

内田 東北の現地メディアってどうなのかな？

高橋 それはね、沖縄と違って、「自力でやる」っていう感じだよね。

内田 東京に対して、あんまり文句言わないでしょう。阪神の震災のときは、被災地が中央政府に対して、もっとちゃんと批判したり、「困るんだよ！」みたいな感じがあったんだけど。東北の人たちって、僕の偏見かもしれないけど、中央政府に「なんとかしてくれよ」っていうのがあんまりなくて。

高橋 そうそう。言わないよね。がまん強いのかな。あきらめてるの？

内田 あきらめてるんじゃないかな。150年間えらい目に遭ってきたからね。「どうせなんにもしてくんないんだから、自分たちでやりますわ」っていう感じが、県知事レベルの発言にもにじんでるの。諦念というか、ルサンチマンと言うにはあまりに内面化してしまったものを感じるよね。

でもやっぱり、この機会に、首都圏機能の東北移転っていうのを考えないとさ。中心に資源を集めるんじゃなくて、琉球や東北や、北海道や北方領土とか、これまで資源を活かせなかったところにこそ。

高橋 そこに中核都市を作るしかないよね。

内田 もし本気で復興を考えるんだったら、大胆に、首都圏機能を東北に置くっていう議論をすることは必要だと思うんだよ。21世紀を牽引するような産業の中心を東北に持っていくっていう決断をしなきゃダメ。

高橋 今のままだったら、衰退の速度がいくぶんか変わるぐらいのことしかないよね。まあ、そこまで国がやってくれるのか、っていう。

内田 っていうか、世論だよね。

高橋 うん。琉球新報は、一切、日本の世論を信用してないからね。もう、ヤマト全体が敵。

内田 うん。一歩外から見たら、日本の中央のマスメディアの論調って、ほんとに狭い、ある階層の、ある社会集団の人たちの意見しか反映してないじゃない。それが日本の世論だ、っていう恰好になってるでしょう?

高橋 うん。だから、琉球新報をよく読んでみると、別に過激なんじゃなくて、実は、こっちが常識的なんだ。「普通の人間が考えることはこんな感じ」っていう。

内田 東京のマスメディアのほうがずっと非常識だよね。

高橋 そう。琉球新報は、「普通、こういうことがあったら、誰だってこう思うでしょ?」ってスタンス。でも、それが、字面だけ見ると超過激になっちゃうんだよね。

新しい物語と新しい論理を

——でも、本当に、結局ここまで続いてしまっていたことが明らかになった、戦後の物語を終わらせるような、新しい物語と新しい論理を提示しないといけないよね。「今までの戦後の物語よりこっちのほうがおもしろいじゃん」っていうものを。

内田　「こっちのほうがおもしろい」っていう物語の牽引力しかないね。本当に。それについての試金石だと思うのが、大阪の梅田北ヤードの再開発なんだよ。僕は「うめきた大仏」っていうコンセプトを提唱しているの。これはMBSの「辺境ラジオ」っていう番組に届いたリスナーからのアイディアなんだけど、僕はけっこうぐっと来たわけ。大仏建立というのは半ば「ブラフ」で、都市再開発地域にある種の宗教施設を作ろうっていう提案に、政治家やビジネスマンやメディアがどういう対応をするか、それをじっと観察しているわけ。ほんとにちっちゃい祠でもかまわないし、お地蔵さんでもかまわないんだけど、ビジネスマンたちを「そこまで言うんだったら作りますよ」ってところまで、追い込みたいと思ってる。霊的なものに対する畏怖とか、未来の人間たちに対する贈与とか、「今ここに存在しないもの」に対する想像力って、今の日本のビジネスマンたちって、まったくないから。

高橋　ない。っていうか、みんながね。ビジネスマンだけじゃなくて。

内田　うん。今の日本人が再考すべき常識って、我々はかつて存在し、今はいなくなった人たちや、これから生まれてくる人たちとのつながりの中で生きていて、先人からの贈り物を受け継いで、それを享受し、消費しながら生きていて、それに何かを加算して、次の世代に贈らなきゃいけない、っていうような考え方だと思うんだ。それって常識でしょ？　本来であれば。でも、この常識がいちばん痛めつけられているよね。

高橋　常識っていうか、礼儀だよね。

内田　そうだね、マナーだね。

高橋　うん、マナーが悪いんだ。それは、教育の問題にもなってくる。だから、国旗の掲揚にしてもね。

内田　国旗の掲揚のときに起立しないやつを免職するとかさ。人に向かって敬意を表さない人間を罰するって、もっともそのものの持ってる価値を損なう行為だよね。

高橋　そうだ、ちょっときいてくれる？　うちの長男がですね、4月に小学校に入学したんです。で、入学式があったんですね。僕は前々からうちの奥さんに、「僕、〝君が代〟歌わないからね」って言ってたんだ。で、行ったら式次第をもらったんだけど、これ、おかしいんだ。最初のところに「礼」って書いてあったんだ。校長が来て、「礼」。で、みんな礼する。僕は意味がわかんなかったから、礼しなかったんだけど。だって、壇上に誰もいないんだもん。しばらく経って気がついたの。左側の隅に、日の丸がある。

内田　へえー。

高橋　わかります？　考えてみると、左側にある国旗に礼をしてるらしいんだけど、それは言っちゃいけないんだ。

内田　言うと角が立つからね。

高橋　そう。だから、なんとなく自然に、みんなでその方向に向かって。しかも直接じゃなく礼をする。左側の隅の国旗じゃなくて、正面に向かって礼をする。

内田　校長先生も工夫されてるんだねえ。

——はははは。

高橋　で、あとで調べたら、東京都教育委員会が、「国旗を壇上左に置け」って、場所まで指定してるんだよね。僕は、それは、「国旗に向かって礼をする」とはっきり言わなきゃいけないと思う。言ったら、僕はしないけどさ（笑）。小学校1年生は、全員、意味がわかんないでしょ。意味わかんないけど、「礼！」って言われるから、なんにもない空間に向かって礼をするっていう。こういう教育はいけませんね、って、おじさんは思いました（笑）。

子供にニヒリズムを教えてどうする！

内田　うちの大学はミッションスクールだから、もちろん国旗もないし国歌もない。その代わり、チャプレンのお祈りに対しては唱和しなきゃいけない、一緒に「アーメン」って言わなきゃいけない、っていうのがあって。私立の学校の場合だったら「厭だったら来なくていいんだよ？」っていうことになるんだけど、それでいいと思うんだよ。それぞれみんな信ずるものがあるから。

高橋　そうそう。

内田　人間っていうのは何かを信じないと生きていけないものなんだから。でも、それに関しては、「ローカルルールですけども」っていうね。

高橋　そう。「この場合はこれを信じることにしてます」っていう説明をしてほしいんだよね。

内田　「少なくとも私は信じています」と。大事なことは、対象じゃないんだよ。「教育委員会の指示があるからやってます」みたいなことって、ニヒリズムなんだよ。6歳の子供にニヒリズム教えてどうすんのよ！　たとえば高橋さんが、国旗に礼しろって言われても立たないのは、高橋さんのひとつの政治性の表れなわけでさ。深々と礼をする人も、昂然と立ち向かう人も、どちらも立派なのよ、メッセージがあるから。「教育委員会の通達があるから」って、フニャフニャフニャってやるのが、いちばんいけないの！

高橋　ちゃんとしてほしいよね。

――でも、そのフニャフニャが戦後だったわけですよ。で、戦後が解体されると、「フニャフニャじゃいけない」って、逆にものすごく右側の意見も出てくる。本当に今、これまでとは違う、新しい物語が求められているから、いろいろな意見が出てきてしまっていて。その中で、インディペンデントな、自立的な論理とストーリーを持ったものを作っていかないと、みんなヤバい物語のほうに吸い寄せられて行ってしまうと思うんだよね。だから高橋さん、早く小説を書かないと。

高橋　個別の共同体の物語が、それぞれ強度を持って存在してるっていうのが、いい状態だと思うんだ。今、それがちょっとぼんやりしてるよね。

内田　物語の強度が弱いんだよね。でも、物語はやっぱり、おもしろいっていうか、わくわくするとか惹きつけられるっていうところでしか勝負できないわけでしょ？　正しいものがないんだからさ。

――だからほんとに今、新しくて正しい物語が生まれる可能性もあるけれど、同時に、本当につまんない物語が流通してしまうリスクもあるんだよね。それこそ、橋下徹みたいな政治家がはびこってしまう可能性もあるわけですよ。でも、橋下は橋下で偉いと思うんだけどね。

内田　ある種のニーズに応えたわけだからね。僕、それを分析しきれてないんだけど。誰が彼を支持するのか、っていう。

「この世界」を去る者の倫理

――難しいですよね、ほんとに。河村たかしが象徴的だったじゃない。名古屋ではものすごく人気あったけど、国政選挙では惨敗して。だから、有権者ってシビアだよね。

高橋　ちょっとでも怪しいと思うとね。

――「地方政党なら、おもしろいからやらせてやるけど、国政なんかやらせるか」って、相手を見切ってる。

内田　橋下徹も、国政に出すっていう気はまったくないと思うよ。「あんなものに日本の政治を任せたら、えらいこっちゃ！」って。

——でも、じゃあそういうクレバーな有権者に、既存の政党がどういう物語を示せるのかっていうと、つまんないものしかないんだよ。

高橋　うん。原発問題にしてもさ、この国をどうするかっていうことを、信頼できるような語り口で言うしかないよね。でも、この国のイメージもないし、信頼できる語り口もないから、もう、お話にならないんだよ。これは、実は表裏一体のものなんだ。信頼できる国家像がないから、当然語り口もない。だからしゃべりようがない、っていうことだと思うんですよ。だから、倫理っていうのは高級なものじゃない。

実は、最近考えてるのは、僕も還暦になったんで、「引越しの準備」なんです。この世を去る準備。原発問題にも通じるんだけど、僕たちは「この世界」に仮に住んでいるだけだよね。「この世界」は、僕たちのものじゃない。住んでる人間は変わるけれど、この「家」はずっと続く。ある時期までは使ってていいけれど、ある時期を過ぎたら片づけて、お掃除して、「この窓、古びたから替えとくね」と言って、次に住む人に渡す。倫理っていうのは、そういうもんでいいんじゃないか。それ、礼儀ですよね。

内田　ほんとにそうだよね。

高橋　確かに、部屋を汚くしたまま出て行っちゃうやつもいるけど（笑）。でも、僕らの前の住人で、ちゃんときれいにしておいてくれた人もいるし。

内田　いや、僕らは、先行世代からは、ずいぶん住みやすい家を残してもらったという気がするよ。気前よく権限委譲してもらったもの。「未来はきみたちのものだから、好きにしていいよ」ってくり返し言ってもらったからね。

高橋　前に住んでたのは、いい人が多かったんだなあ（笑）。でね、やっぱり、そろそろきれいにして、次に渡す準備をしなくちゃならない。この家をずっと使うしかない。他に引っ越せないんだから。ってことなんだよね。そういう言い方を政治家にしてほしいんだ。そうなると、みんな、歩み寄る必要もあるだろう。でも、それは、そんな難しいことじゃない。すごく単純に、人間が持ってる常識で充分じゃないか……だって僕たち、すごい常識人だからね（笑）。

身体的常識と脳内常識の矛盾

――というか、我々はいろんな意味で、戦後の恩恵の被供託者だったわけだけども、沖縄は違う。だから、沖縄からすると、戦後がハナから対象化されている。だからそういうあたりまえの言語を持ち得る。琉球新報が正気でいられるのは、そういうことなんだなあと。

内田　沖縄とか、北方領土の人たちは、戦後の現実がメディアの流布する定型的な物語に回収されてない。だから、「常識的に判断してくれよ」って言えるんだと思う。

高橋　「見て、これ。島、3分の1基地なんですけど」って。

内田　「おかしいでしょう？　なんで？」っていうね。

――日本国民のほとんどは、原発って危険はあるけども、基本的に安全だって思い込まされてたからね。

内田　まあ、国民が不勉強だったたっていう批判には、確かに反論できないんだけれどさ。でも、ここまで組織的に隠蔽されたら、なかなか真相には届かないよ。

高橋　いや、すごいよね。

――というか、それが戦後だったんだなあという。分析していくとさ、その恩恵にあずかってない人間ってほとんどいないんだよね。地域の政治も、産業も、メディアも。

内田　恩恵っていうことに関しては、ちょっと異議があるんだよね。俺、1950年代の生活、好きだったからさ。生活がどんどん電化していく過程があって。60年代以降の日本の変化を、俺、実はけっこう悲しげに見てたの。「なんでこんなことするんだろう……いい国なのに」って。

――それは内田さんの中で戦後が対象化されてるからだよ。やっぱり我々は、今もこうして、高層ビルの高級レストランでメシを食いながら話してたりするわけじゃない？

（笑）

高橋　人間的、身体的常識と、頭に入ってくる常識が分裂してるんだよね。つまり、右肩上がりでどんどん給料が増えていくっていうのと、パンツいっちょうでスイカ食ってんのがいいっていうのと、全然別なんだよね。その矛盾の間でぎりぎり、破裂しない程度で生きてきたわけだけど、ついにそれが保てなくなったたっていうことだよね。

内田　あまりに乖離しちゃった。豚の蚊取り線香の横で団扇であおぎながら、「お暑うございますねえ」とか言うような感覚が、もう、あまりにも希薄になっちゃったんで。それがリアリティを失って、最後の常識の重石だった部分の、「普通に生活できてればけっこう楽しいじゃないの」っていうのがなくなっちゃったんだ。

高橋　僕らの中にはあるもんね、やっぱり。豚の蚊取り線香（笑）。

——逆に、今の若い世代っていうのは、右肩上がりの常識がなくなってる。右肩下がりの常識になってきて。

内田　それもまたかわいそうなんだよね。

今こそ現代の『青い山脈』を

——その危機感を何がすくいとるのかっていうのがね。ほんとに簡単に、つまんない物語に足をすくわれる危険性があるからね。

内田　だからやっぱり、ここで現代の『青い山脈』が書かれるべきなんだと思う。話が初めに戻るけどもさ、『青い山脈』って、敗戦時点で「戦後日本のあるべき姿」を描いたユートピア小説でしょう。あんな街も、あんな先生たちも、1947年の日本のどこにも存在しなかった。でも、それをあたかも、このようなものが日本に存在していて、これをひとつの原器として戦後日本社会を作りましょうという物語としてのメッセージ性があったと思う。

高橋　あの小説はね、簡単に言えば、全員対等で行こうってお話なんです。教師も生徒も、男も女も、親も子も、全員フラットな立場で、ってね。それって、超ラディカルだけど（笑）。

内田　ははは！

――（笑）。アナーキーな世界なんだ？

高橋　そう。会話がアナーキーなんだ、読むと。もう誰がしゃべってんのかわかんない。親子でセックスの話をする、先生と生徒でセックスの話をするっていうのも、つまり、上から目線がまったくない。だから、矛盾も生じるんだ。女の子が、経験豊かな男親に向かってセックスについて説教したりとか、けっこう無理があるんだけど、この無理がいい（笑）。石坂洋次郎が、全力で平坦にしようとするあまり、お話がむちゃくちゃになってくる。これが快感。

内田　他の石坂洋次郎の作品に比べても、『青い山脈』がもっとも非リアリズム的な作品なんだろうね。

高橋　うん、だから、急進的民主主義革命を目指した小説だね。

内田　前に、「日本国歌、〝君が代〟じゃなかったら何がいい？」って聞かれたときに、とっさに「〝青い山脈〟！」って答えたことがある（笑）。

高橋　いや、〝青い山脈〟いいねぇ！

内田　あれを日本国歌にしたいっていう気持ちわかるでしょ？　つまり、あれって、1947年の段階で、日本人が、「これがユートピア的日本の姿」だと思ったロマネスクな作りごとの、ある種の完成形なんだよね。
高橋　あれって、47年、48年の統制経済下が舞台で、要するに、配給制の頃だったんですね。勝手に出荷しちゃいけないから、ヤミでリンゴを運ぶシーンがあるんです。農家から集めてきたリンゴをトラックに積んで、県境沿いの検問を突破する。夜中にみんな集まって、「今晩やるからな」とか言ってね。
内田　それ、映画にはないね。
高橋　そう、これは小説だけだね。警官に追われるシーンが、ものすごい迫力ある！　追っかけてくる警官隊に、リンゴをバァーッとばらまいて。結局、県境を突破する。これはレジスタンスだと思った（笑）。
――まさに、戦後の新しい物語を石坂洋次郎は書いてたんだね。
内田　作りものなんだよね、ほんとに。『青い山脈』は嘘だって最初にわかったのは、杉葉子が「身長は160センチ、体重は56キロ、視力は左右とも2・0」って言うシーンがあるの。関川さんはそういう言い方をあの時代の女学生がするはずがないって言うのね。「身長五尺何寸、体重何貫」って言ったはずだって。だから映画は、女学生がメートル法を度量衡にする虚構の世界のお話なんだよ。
高橋　完全に別世界ですよ。
内田　でも、『青い山脈』を日本中の人が観て感激して、あの歌をみんなで歌った時代があったわけでしょう。それから『青い山脈』を参照して、戦後日本社会が作られていった。そういう要素もきっとあると思う。あの作品があったせいで存在し、あれがなかったら存在しなかったものって、きっとあるよ。

高橋　さっき言った、もうあらゆるジャンルの人間関係をフラットにするっていうモチベーションで書いてるのって……それ以後の作品は全部、石坂洋次郎はそうなんだけど。あとの作品は、読んでも嘲笑するしかなくなってくる。50年代、60年代も同じ調子で書かれていて、もう全然浮いてるわけ。だけど、47年にやると、圧倒的に感動するんだよね。

内田　いや、ほんとに源ちゃん、書かないと。『新・青い山脈』、どう？『続・青い山脈』でもいいよ（笑）。

注1　**関川夏央**：作家、評論家。1949年生まれ。早稲田大学、神戸女学院大学客員教授。小林秀雄賞、司馬遼太郎賞の選考委員も務める。内田と『青い山脈』についての話をしたのは、『新潮45』2011年8月号掲載の対談「池部良という戦後」の中でのこと。

注2　**鶴見俊輔**：評論家、哲学者。1922年生まれ。1938年渡米、ハーバード大学卒業。戦後、『思想の科学』を創刊するなど思想史研究を行い、アメリカのプラグマティズムを日本に紹介した。ベトナム戦争期には、「ベトナムに平和を！　市民連合」（ベ平連）の中心人物としても活動。

注3　**養老孟司**：解剖学者、東京大学名誉教

授。１９３７年生まれ。朝日賞、小林秀雄賞、司馬遼太郎賞、毎日出版文化賞、山本七平賞の選考委員。２００３年のベストセラー１位になった『バカの壁』など、著書多数。２００７年に内田樹との対談集『逆立ち日本論』を刊行している。文中で内田が言っているのは、『ＡＥＲＡ』２０１１年４月４日号に掲載された「震災と日本」という対談。

注４　鄧小平の「先富論」：１９７０年代末から、中国の市場経済化を進める改革開放政策をとった鄧小平が、１９８５年頃から唱えはじめた論。「可能な者から先に裕福になれ。そして落伍した者を助けよ」という考え方。

注５　平田オリザ：劇作家、演出家。劇団青年団主宰。２００９年、鳩山由紀夫内閣の内閣官房参与に任命され、首相就任時の所信表明演説の草稿執筆や演出に関わる。２０１０年、菅直人内閣で国際交流担当の内閣官房参与に。２０１１年８月、内閣官房参与を退任した。

注６　『ある晴れた朝突然に』：１９６４年製作、世界的なヒット作品となった、ジャック・ドレー監督のサスペンス映画。フランス、スペイン、イタリアの共同制作。ジャン＝ポール・ベルモンド、ソフィー・ドーミエ、ジェラルディン・チャップリンなどが出演。

注７　飯田哲也：１９５９年生まれ。特定非営利活動法人環境エネルギー政策研究所所長。21世紀のための自然エネルギー政策ネットワーク（ＲＥＮ21）理事。２０１１年10月より経済産業省資源エネルギー庁・総合資源エネルギー調査会基本問題委員会委員、及び内閣官房原子力事故再発防止顧問会議委員に就任。持続可能なエネルギー政策の実現を目指し、提言・活動を行っている。

注8　西尾幹二：ドイツ文学者、思想家、評論家。電気通信大学名誉教授。1935年生まれ。著書に『ヨーロッパの個人主義』（1969年）、『ニーチェとの対話―ツァラトゥストラ私評』（1978年）、『国民の歴史』（1999年）など。社会運動団体「新しい歴史教科書をつくる会」の設立に深く関わり、1997年に初代会長に就任、のちに名誉会長となるも離脱。

注9　中島岳志：政治学者、歴史学者。北海道大学大学院准教授。1975年生まれ。2009年より『週刊金曜日』編集委員を務める。近著に『インドのことはインド人に聞け』（2009年）、『保守のヒント』（2010年）、『秋葉原事件―加藤智大の軌跡』（2011年）など。

注10　江藤淳：1932年生まれ。文芸評論家。代表作に『漱石とその時代』（1970年～未完）、『成熟と喪失』（1967年）、『小林秀雄』（1961年）、『海は甦える』（1976年～1983年）など。1999年に自殺。

注11　加藤典洋：文芸評論家、早稲田大学教授。1948年生まれ。『アメリカの影』（1985年）、『言語表現法講義』（1996年）、『敗戦後論』（1997年）、『さようなら、ゴジラたち―戦後から遠く離れて』（2010年）など著書多数。

注12　小出裕章：京都大学原子炉実験所助教。1949年生まれ。専門は放射線計測、原子力安全。1970年、宮城県女川での原子力発電所建設反対集会への参加から反原発運動を始める。著書に『放射能汚染の現実を超えて』（1992年）、『原発のウソ』（2011年）、『原発はいらない』（2011年）、『原発のない世界へ』（2011年）、『騙された

あなたにも責任がある—脱原発の真実』（2012年）など。

第4回

「風の谷」が、21世紀の日本のモデルである。我々は、「腐海」とともに生きるしかない

菅直人内閣が総辞職、野田佳彦首相が誕生

2011年6月27日、原子力発電所事故収束・再発防止担当大臣に細野豪志首相補佐官、東日本大震災復興対策担当大臣に松本龍防災相が任命されたが、7月5日、松本龍復興相は、岩手、宮城両県知事との会談（3日）時の発言を理由に、復興相と兼任の防災相を辞任。同月13日、菅直人首相は記者会見で、福島第一原子力発電所の事故を受けて、今後のエネルギー政策について段階的に原子力発電に対する依存度を下げ、将来は原発のない社会を目指す「脱原発」の考えを表明。22日には、2009年衆院選の民主党政権公約について「財源に関してやや見通しが甘い部分もあった」と謝罪した。

8月4日、海江田万里経産相が、原子力安全・保安院が電力会社にやらせを要請したとされる問題の責任を問う目的で、松永和夫経産省事務次官、寺坂信昭同省原子力安全・保安院長、細野哲弘同省資源エネルギー庁長官を更迭。12日には、自らも、菅内閣が総辞職する前に辞任する意向を示した。

8月26日、菅首相は自身が掲げていた「退陣3条件」である2011年度第2次補正予算案、再生可能エネルギー特別措置法案、特例公債法案が成立したことを受け、退陣を正式に表明。同月29日、民主党代表選が行われ野田佳彦が新代表に就任。翌30日、菅内閣が総辞職し、野田佳彦首相が誕生した。その翌日、この対談は行われた。

対談日：2011年8月31日

内田樹が70年代から反原発だった理由

高橋　朝日新聞の「論壇時評」を4月から始めたので、ずっと原発と震災のことを考えることになってるんです。で、震災を含めて原発の話をしていると、戦後、もしくは近代の話にしないと、説明がつかないってことが、ここ何ヵ月かで身にしみてわかってきた。今、『恋する原発』って小説を書き直してるんだけど、小説ってすごく感覚的に書くでしょ？　書いていて思ったんだけど、原発の話をこっち側に置くと、反対側に日本の近代120年の話を置かないと、話を進められない。それでバランスがとれるんだよね。前回も「戦後の終わりだね」っていう話をしたでしょ。戦後の終わりってことは、よくものが見えるってことなんだよね。今までよくわからないまま来たのが、「あ、これはこういうことだったのか」っていう、帰結点なんですね。

内田　そうだね。

高橋　いや、ほんとに戦後が終わったんだね、ってしみじみ思うし。曖昧なままにしてたことの、答えが出てしまった、みたいな、感じですね。

内田　誰かが暴いたわけでもないのに。ボロボロ皮が剝がれて、中から地金が出てくるっていう。

――開沼博（※注1）さんが言ってたので、おもしろかったのが、「ドラえもんって、なんで動くか知ってますか？」って。原子力なんだよね。

内田　ほんと？

高橋　鉄腕アトムはそうだけどね。

――だから、昔は疑ってなかったよね、我々戦後の世代は。ドラえもんみたいなすばらしいものは、原子力というエネルギーで動くんだっていう、その物語に乗ってたよね。

高橋　うん。核兵器には反対していた左翼が、原子力の平和利用には諸手を挙げて賛成したとかね。

内田　ということがあったんだ？

高橋　あった。最初はけっこう迷うわけ。でも、ある時期から、「平和利用ならＯＫ」っていう方向にみんな行っちゃった。だから、全然気がついてなかったんだ、僕たち自身が。

内田　僕は「反原発」の人だったけど、当時、反原発世論って、声小さかったよ。賛成か反対か聞かれれば「原発反対です」って言ったんだけど、言語道断って感じだったね。「何を言ってんのおまえは？」って。まるで「反自動車」とか「反地下鉄」とか言ってるみたいな感じでさ。

――ああ、そこですごい反射神経が機能したんだ、内田樹は。

内田　だって僕、70年代から「これからは宗教と武道の時代だ！」「これから日本は農業に回帰すべきだ！」って言ってたんだから。いつでもアナクロ人間なの。

高橋　だから原子力反対なんだ。

内田　うん。だって、右肩上がりの経済成長なんか信じてなかったから。嫌いだった。意外に地面に近いんだよ、僕。だから、システムの上に乗っかって暮らすのが好きじゃないの。地面の上に裸足で立って、自分が知ってる人が作ったものを食べて……そういう生活じゃないとほんとは不安なんだ。記号的なものの上に乗って暮らしていると、だんだん生命力が衰えてくる感じがする。

それは、70年代からずっとあって。言ってしまうと、60年代に我々が関わった政治闘争なんかも、抽象的なシステムを作るのか、それとも、生身の人間の身体実感みたいなものに寄り添ったシステムを作るのか、っていうところの分岐点だったと思う。だから、敗北したあとに、一部が有機農業とかコミューンとかに流れていった理由はわかるんだ。その人たちって、そのあとずっと、反原発運動とか、そういうものの中にいるわけで。それって、どんどん文明が進化して、効率的になっていって、都市化していくことがいいのかっていうことに対して、「いや、違うでしょう」っていうことなんだよね。

僕は、武道を長くやってるせいもあるんだけど、身体っていちばん身近な自然でしょう? どんなに都市化が進んでも、自分の生身という自然からは逃れられない。ほっときゃ汚れるし、病気するし、傷つくし、老化するし、いずれは死んで腐乱して、バクテリアに食われて分解してゆく。そういう生々しく、意思の統御に服さない自然を抱えて生きているわけでしょう。だから、僕は自然の上に軸足を置いているほうが落ち着くの。身体という自然を基準にして生きていると、記号的で抽象度の高いシステムの上に生活基盤を置くのが、息苦しくなるんだ。

都市生活ってほんと記号的だなというのをいちばん感じたのがバブルのとき。みんなが不動産とか株やって、お金儲けしてたでしょ。

高橋 すごく抽象的なことやってんだよね、存在しないものについて。

内田 そう！「電話1本で貯金通帳の数字が増えていくんだよ」って言うから、それおかしいよって言ったんだよ。高校のクラス会で。「お金って額に汗して稼ぐものだろ」と言ったら、満座爆笑なの。「内田、そこに金が落ちてるんだよ。しゃがんで拾えばいいだけなんだよ。なぜおまえは拾わないのか」って。でも、そんなことをしちゃったら、労働することの根本的なモチベーションが穢されるような気がしたのね。誰も理解してくれなかったけど。

なぜ我々は原発事故の危険性を察知できなかったのか

高橋 でも、ずっと続いてるよね、それは。バブルのときにそういう「あぶく銭をつかむ」っていう感覚があった。あぶく銭って、要するにないものでしょ？ 具体性がないものについて、ずっと話してた。たぶん、肉体を介さない思考なんだよね。それに、もうみんな慣れてしまった。

それで言うと、内田さんはもともと反原発だけど、僕はそうではなかった。そのことについては反省してるんです。興味がなかった。もし反原発なのかって問われたら、そうじゃないと答えたかもしれない。そこにひそむ、反文明的な姿勢が、たぶん嫌だったと思うのね。

——うん、僕もおんなじ。

高橋 僕は、エコとかスローフードが嫌いだったしね。

内田 僕も嫌い。

——僕もすごく嫌いで、それと反原発がワンセットになっていて、だから、自分の中でちゃんとした判断ができなかったんだと思う。

内田 そう。原発の記号性に対する違和感で反原発なんだけど、反原発も同じくらい記号的なんだよ。

——そうそう。だから、反原発とかって言ってると、「なんだおまえ?」とか言われなかった? 内田さん。

内田 言われたよ。「だったら、おまえ、電気使うな!」って。確かにこの恫喝にはうまく反論できないんだよね。だって、みんなが経済成長とか、グローバリゼーションの中で、「とにかくお金が儲かればいいわけでしょ」で動いてたから。ほら、村上世彰とか堀江貴文とか(※注2)が言ってたじゃない。「みんなお金、欲しいんじゃないんですか?」「お金儲けして何が悪いんですか?」って。あれが僕は怖かったの。たとえば、美味しいものを食べるのは快楽だよね? それと同じようなリアルな感じを彼らは、通帳の残高とか株の時価総額とかいうものに対して感じているらしい。僕はそれがわからなかった。そんな数字に僕はなんの身体実感も感じないから。数字を見るだけでエクスタシー感じちゃう人たちが出現してきたときに、対応できなくて、立ち尽くしちゃったんだよ。

高橋　僕が今回思ったのは、自分では、常にリアルに、厳密に考えているつもりでも、ある部分から、自分が興味がない部分に関しては、すべて記号的に捉えてたんだな、ということ。確かに、どんなことでも全部考えるって不可能なんだ。視野に入ってきて初めて、ものが考えられるんだけど、視野に入ってなかったんだよ、原発なんて。だから、正直な感覚で言うと、危険かもしれないけど、まあ100年、１０００年の単位じゃ、事故なんか起こんないだろうっていう、根拠のない確信があった。で、「なぜ?」って言われると、「なんとなく」なんだけど。

内田　やっぱり、「世界に誇る日本のテクノロジー」ってことをずっと刷り込まれてきたからかな。だから、「チェルノブイリって、ソ連じゃん」っていうのがあってさ。中国とかソ連だったら原発事故起きるのわかるけど、日本じゃ、ね?

高橋　事故なんて起こり得ない。

内田　うん。確かに原発は極めてリスクの高いテクノロジーであるけれども、それぐらいのことはわかってるだろうと思ってた。政治家とか官僚とかビジネスマンとかって「ワルモノ」だと思ってたから。ワルモノに対する信頼があったんだよね。ワルモノは感情的にならない、算盤勘定は間違えないって。あれだけ自分の利益を最優先する人間なら、原発事故が起きて巨額の賠償責任が発生するような「どんくさい」真似は絶対やらないって。

高橋 そう。意外に信頼してたんだよね。

内田 自分たちの歯が立たない相手だからさ、歯が立たない以上は、そこそこ頭もいいんだろうって思うじゃない、ある程度の年齢になると。「敵もさる者」っていうかね、システムがしぶといのはそれなりにきちんと回してるやつがいるからだって思うようになるでしょ。若い頃はエスタブリッシュメントはバカばっかりだと思ってたけど、それが途中で変わる。けっこうちゃんと仕事をしてる人もいるんだなと思うようになる。だから、原発には反対なんだけど、「でも、原発推進派はワルモノだから、まさか事故は起こさないよな」って思ってたの。甘かったね。

――でも、さっきの話だと、内田さんは俺や源ちゃんとは違って、70年代から身体感覚として、その危険性を予感していたわけじゃない？ それはなんで途中で萎えちゃったの？

内田 萎えたというかね、自分が大学の先生になれたり、本出したら売れたりすると、「世の中って、それほど悪くないな」と思っちゃうのよ。

――あははは！

内田 いや、そうだよ。これで専任教員になれずに、ずっと非常勤講師のままで、論文書いても本を出しても全然相手にされないんだったらさ、「世の中間違ってる！」となるんだろうけど、うっかり本が売れたり、こうやって仕事のお座敷がかかってきたりすると、なんか、それなりに世の中の評価基準って機能しているのかな、って思っちゃうわけよ。「自分がいい思いできる社会はいい社会だ」って。だから2000年代に入ってから、俺はぬるくなったね。

高橋　ああ、認められてからね（笑）。

内田　この間みたいに民主党の政治家に呼ばれて、総理大臣とメシ食ったりすると、「このシステムもそんなに悪くないかな」と思うでしょ、バカだから（笑）。結局さ、社会のフェアネスの判定基準って、自分がどう評価されているかなんだよね。自分が評価されるシステムはフェアなシステムで、評価されないシステムは悪いシステムだ、っていう。

政治家にとっては、3・11は「起こっていないこと」

高橋　そりゃそうだよね、正直なところ（笑）。それから、僕は30年ぐらい小説を書いてきたんだけど、それって、ものを考える仕事なんだよ。僕の場合、自分が10代に考えていたことを、60ぐらいになって、なんとか一応総括できたかなとか思ってた。あとは、子供が小さいし、育てながら、いくつか美しい作品を書いていけばいい。なんとなくそう思ってた。僕は一応76で亡くなる予定なんだよね。

内田　あら、まだずいぶん生きるつもりだったんだ（笑）。

高橋　両親がふたりとも76だったから、僕もそのへんかなあと思って。あと15年ぐらいあるから、長篇が5つぐらい書けるな、何ができるかな、って思ってた。そろそろ店じまいの準備をしようかなと思ってたのに、目が覚めちゃった。
――宮崎駿に近い、それ。宮崎さんも『崖の上のポニョ』が遺作かな、みたいな感じだったんだけど。
内田　テンション下がっちゃってたの？
――そう。それが、震災後に会ったら、人が変わっちゃっててさ。
高橋　そう。僕も会ったけど。
――うん、「俺はこれもこれもこれも作るんだ！」みたいな。高橋源一郎もそういう感じだよね、きっと。
高橋　うん。ちょっと、予定が変わっちゃった。ひとつは、すごく反省したってこと。甘かったなって思う。自分は考えてるつもりでも、考えてなかったんだ。視野に入ってきたものをいろいろ料理してるだけで、「そんなの考えてるって言わねえよな」って思うんだ。それから近代120年とは何かって、なかなか答えが出なかったんだけど、ある意味で形がはっきり見えた、とかを含めてね、目が覚めた感じがする。だから……やっぱり、僕たちは典型的戦後世代として、戦後を生きてきたわけ。そういう、我々の意味は何かっていう話ですね。それがなんとなくわかってきた。「やらなきゃいけないことが山積みだね」と。宮崎さんは僕らよりだいぶ上なんですけど。

——10歳上で、70ですね。

高橋　僕、宮崎さんと話してて思うのは、感覚がすごくよく似てるんだよね。左翼だしね、僕なんかよりも全然。生粋の左翼だよ。

——旧左翼だよね。新左翼じゃない。

高橋　そう、旧左翼（笑）。それがまた、イデオロギッシュに左翼で、すがすがしいほどに。あそこまでいくと、美しいんだよね。ほんとにいい旧左翼って、武士みたいなもんで。

内田　そうだね。

高橋　「武士は食わねど高楊枝」っていうのがイデオロギーだから（笑）。つまり、極度にモラリッシュなんです。

内田　論語なんだよ。求めているものが、仁なんだよね。

高橋　そう。マルクスと仁っていう（笑）。そういう人たちにとっては、「出番が来た！」って感じだね。

——そう。すっごい燃えてる。

高橋　ただ、そういう僕たちの感覚と、周囲とでは、温度差があるっていうのかな。それを感じることが多い。一昨日（2011年8月29日）、民主党の代表選で、昨日首相指名選挙だったじゃない？　演説見た？

内田　見た。

高橋　僕は見る気がしなくてさ。その前に、「論壇時評」で書いたんですけど、あの人たちが文藝春秋に書いた論文を読んだんだ。野田佳彦とか、馬淵澄夫とか、海江田万里の。どれもすさまじい内容。何がいちばんすごいって、３・11が起こってない！

内田　（笑）。なるほどね。

高橋　もうこれは、信じられないでしょ？　この国で、66年ぶりに起こった敗戦以来の大事件だよ？　それを「未曾有の惨事」って言葉であっさり処理してる。そんな言葉を使った瞬間、ある種の定型の中に入ってしまう。3月11日に地震が起こったあと、発想も感じ方も1ミリも変わってない。そこには個人がいない感じがするんだ。定型の人がいるだけ。ただ優秀な成績の……いや、優秀でもないかなあ？

内田　もはや優秀でもないんでしょうね。それ、感じた。みんなあまり頭がよくないなって。悪い人じゃないんだ。みんな、いい人なんだよ。でも、あまり頭のよくない善人が、この国難の時期に国政の舵取りをするってことでいいのかな。今必要なのって、どっちかというとワルモノでしょ。頭が切れて、人から憎まれようが極悪人と言われようが、やるべきことはやるという。

高橋　タフな人ね。

厭戦気分が蔓延している現在

内田　うん。だから、変な話だけどさ、あの代表選見て、みんなけっこう安心したと思うんだよね。「別に誰もそんなに不安になってもいないし、緊張もしてないし、ああ、昨日の続きなんだ」って。

高橋　安心感を与えるわけ？

内田　うん。実際起きてる出来事ってさ、放射性物質の汚染とか、必死に隠蔽してるわけじゃない？　その隠蔽工作が功を奏して、「大変なことが起きてるらしいけども、みんな、なんかのんびりしているから、ま、いいか」って。

高橋　3・11から半年経って、もうみんなめんどくさいことは考えたくないと思ってるのかも。

内田　放射線の被害についても、実際に子供たちに発症例が出てきたら大騒ぎが始まるだろうけど、政府も自治体も学者も、そういうことは起きてほしくないと思ってるわけじゃない。すると、主観的願望と客観的情勢判断がごっちゃになる。「悪いことは起きてほしくない」という願いが「悪いことは起きない」って断定に入れ替わっちゃう。「祈り」なんだよね、「判断」というよりも。

高橋　そうだね。

内田　被災者の人たちだって、何も起きてほしくないと切に願っている点では同じなわけでしょ。なんとか騒ぎが収まってほしい。「大騒ぎするほどのこと、なかったね」という結果になってほしい。その願いが現実的な恐怖や不安を押し戻しているような感じがする。風評被害に遭ってる農家の人が「そんなこと言わないで食べてほしい」って言うと、多少放射能汚染されたものでも食べたっていいじゃないかと思うじゃない。もうこっちもいい年なんだから。

福島第一原発の状態にしても、「もう、ニュースであんまり細かく報道しなくていいよ。原発のこと、少しの間だけでも、考えないでいたい」っていうのが日本人全体の思いなんじゃないかな。

高橋 だから、今、厭戦気分だよね、完全に。「戦争」の長期化で、もう投げやりになってる気がする。緊張感に耐えられないんだ。確かに今、放射能についてのリテラシーはすごく上がっていて、こんなに詳しい国民、世界中でいないよ。でも、これ、エンドレスな問題でしょ。

内田 うん。エンドレスだよね。

高橋 しかも、正解がない。反対派と賛成派が、同じ数値を出して結論の違うことを言うっていうことに、みんな疲れちゃってる。危ないって言う人と平気だって言う人の話、ずーっと聞いてるわけだから。精神異常になるよね。それはちょっと、そこから逃げたいでしょ、狂う前に。

内田 うん。いや、1億総鬱状態だと思うよ。ほんとに、耳ふさいで「何も聞きたくない！」って。ほんとにそうなりつつある気がする。だって、新聞を見てると、原発関係の記事、どんどん小さくなっているでしょ。島田紳助の記事が一面に出ててさ。そんな話、日本の運命と関係ないんだけど、あんなに大きく扱う必要ないんだから、みんななんとか気を紛らわせたいんでしょうね。民主党の代表選だって、ほとんど日本の運命と関係ないけど（笑）。

高橋　ほんとだよね。

我々は、「腐海」とともに生きるしかない

内田　でもね、実際にはこれから、どんどん危険なことになっていくと思う。衛生って尽きるところ希釈の程度の問題でしょ。デジタルなラインがあって、ここから上は危険で、下は安全です、なんてラインは存在しないんだから。危険って言ったら、もう日本中ほとんどが危険なわけでしょ。とにかくすごく危険なところからは避難したほうがいい。すごく危険なところに生活基盤がある人には、避難先での生活基盤を行政が保障しなくちゃいけない。でも、グレーゾーンの人たちには去るかとどまるかを決断できる客観的根拠がない。となると、とりあえずは放射能に対する耐性を強めるしかないんだよね。

高橋　（笑）。生きる力を高める！

内田　遠隔地や海外に逃げられる人は、逃げていいと思う。でも、逃げられない人は、リスクのあるところに踏みとどまる以上は、生物として強くなるしかない。いや、人間ってもともとはすごく強いと思うんだ。だって、僕ら子供の頃って、原水爆実験どんどんやってたわけじゃない、太平洋で。ストロンチウム90なんか日本列島に降り注いでた

わけでしょ？　その頃小学校の校庭の放射能測定なんかしてないから、比較しようがないけど。あの頃、ストロンチウム90が降ってくるからっていうんで必死で傘差してたじゃない。雨に当たったら頭がハゲるって。

高橋　あったよね。中国の核実験のあと、「雨は危ないから傘差せ」とか。

内田　そうだよ。雨の中に突き飛ばされた子は「ハゲる」ってべそかいてたもの。僕ら、子供の頃からそうやって放射性物質を浴び、人工着色料とか人工甘味料とか食べて、発ガン性物質の海の中を泳いできたわけだよね。それが馬齢を重ねて60歳まで生きててさ、高橋さんなんかまだあと16年……。

高橋　生きる予定（笑）。

内田　だから人類は相当に強い種だと思うよ。ネズミよりゴキブリより環境に対する適応力が高いんじゃないかな。チベットに鳥葬ってあるじゃない？　今、ハゲタカが人間を食わないって知ってる？

高橋　汚染されてるから？

内田　そう、内臓には口をつけないんだって。食うと死ぬから。ハゲタカが食ったら死ぬような毒物を体内に備蓄しながら生きてるわけですよ、我々は。それを聞くと、確かに僕らは劣悪な環境にそれなりに適応してきたなと思うんだ。

高橋　60だもんね。ここまで死ななかったから。

内田　意外に死なないんだよね。

高橋　元気そうだもんね（笑）。

内田　高橋さんだって、何度も血を吐いたりとかしながら、こんなにすこやかに還暦をお迎えになったじゃないですか。だったら頭を切り替えて、これからしばらくは放射能が完全に浄化できない以上は、どうやってそれと共存していくのかを考える。

高橋　『風の谷のナウシカ』だよね。

内田　そう、ともに生きる！

高橋　「腐海」とともに生きる（笑）。

内田　そうだよ、原発はまさに「腐海」なんだよね。我々は「腐海」とともに生きるしかない。という方向に、頭を切り替えていかないと。ナウシカって、「腐海」でうっかりマスク外したりして、「うっ！」ってなったりするじゃない。あのマスクってほんとに、原発マスクだよね。

高橋源一郎は福島に行った

高橋　僕、小説書くためにカンヅメになってるときに、1回、福島に行ったんです。強行突入をしようと思ったんだけど、20キロ圏内はすさまじくガードされてました。

内田　入れないの？

高橋　入れない。『週刊現代』の編集者と行ったんだけど、5月、6月ぐらいまでは形式的なガードだったんだって。今は、道のあらゆるところに封鎖線が張られてて、「これ、ほんとに日本なの?」っていう感じになってる。国道とかメインストリートだけじゃなくて、20キロ圏内に入れるところは、もう完全に、山道でさえ閉まってる。町の真ん中が20キロ圏内に入ってる場所もあるんだけど、そういうところに行くと、人がいない。店もほとんどなくなっていて。特に、子供の姿がない。郡山から行ったんだけど、1日いて、郡山に戻るまで、子供をひとりも見かけなかった。あと、Jヴィレッジっていう、東電とか福島県が出資して作った施設があるんだけど、もともとはサッカーのトレーニング用で、グラウンドとか、体育施設がいっぱいある。今は、東電の事故対応の最前線として、労働者用の仮設住宅になってるんだ。そこからみんな、防護服を着て前線に行く。

原発から20キロ圏内の道に、防護服が捨てられていた、っていうニュースがあったじゃない?「そんな高価なものを捨てるなんて」って思ってたんだけど、それは誤解で。東電の労働者が着てる防護服って、2000円ぐらいなんだ。僕も知らなかったんだけど、あれは、放射線を遮断する機能はゼロです。

内田　え、ほんとに? ただのレインコートってこと?

高橋　そう。粒子は一応遮断するみたいだけど、放射線にはまったくなんの意味もない。だって、本当の防護服って、宇宙服みたいなやつで、着ると1分も作業できないからね。暑いし、動きづらいし。だから、気休めでいちばん安い防護服を着ていて。作業服なんかを売ってる工具センターへ行くと、それが置いてあるわけ。僕も買ったんだけど。だから、誰もちゃんとした防護服を着てないし、マスクも、普通の風邪用のマスクみたいなのを使ってて。

——だから、さっきおふたりが言ったように、まさにそういう厭戦気分が蔓延していて、現実を見たくないムードになっている。まずそこから変えなくちゃいけないんだけども。

内田　うん。やっぱりどこかで発想を変えなきゃいけないと思う。だから、誰かがはっきり言うべきだと思うのね。「完全に除染してクリーンな状態に戻すということは技術的にできません。それよりは汚れたものと共生する方向を探りませんか？」って。「風の谷」だって、汚染されてはいたけども、住民たちは希望を持って生きていたでしょ。

「誰も悪くないことにしてしまう」日本の問題

高橋　それを言う人がいて、それを受け入れる人たちが出てきたら、少しは希望があるかもしれない。

『100，000年後の安全』ってドキュメンタリー見た？　フィンランドの核廃棄物の最終処分場の話。NHKでも放送したんだけど。核廃棄物の最終処分場が、地下500メートルの安定地層の中にある。監督はゴリゴリの反原発派。取材受けてる人は、フィンランド政府関係者だから、すべて推進派。

でも、コミュニケーションがスムーズにいってるというところが、感動的なんだ。つまり、監督がこの映画の企画を持ち込んだら、フィンランドの政府と原発関係者は、すべて受け入れて、いちばん奥まで入れてくれたわけ。カメラは地下500メートルの奥まで行ってる。その上で、監督は、各責任者にかなり厳しい質問をしてる。その質問に彼らはすべて答えてる。マニュアルにない質問なので、全員が答えるのに難渋するわけ。「ちょっと待て」って。で、みんな考える。

内田　でも答えるの？

高橋　答えるんだよ。

内田　偉いなあ。

高橋　つまり、政府側と反原発側で、きっちりとコミュニケートをする、それが感動的だった。いわゆる透明性ってことなんだけど。政府の側も隠さない。いわば「もんじゅ」のいちばん奥で反原発側と対話するわけ。この映像を出せるっていうところがすごい。

そのあとで、朝日新聞の「論壇時評」で、ジャック・アタリ（※注3）のことも書いたんです。ジャック・アタリは、「原発は100％の民主主義の下でなければダメだ！」って言っている。つまり、日本は、100％の民主主義がないから原子力発電をやっちゃいけない、って言ってるわけ。それは、今のフィンランドの話に通じるわけでね。だから、フィンランドみたいに、完全な透明性のもとで運営される原発と、日本のような不完全な透明性の民主主義のもとで行われる脱原発だったら、どっちがいいかというと……。

内田　フィンランドのほうが？

高橋　そう、フィンランドのほうがいいね。それは、公正さとか、フェアネスの問題じゃなくて……。

内田　安全性の問題。

高橋　そうそう！　なんか絶対安全な気がするんだ（笑）、これだと。

内田　いや、ほんとにそうだよね。フィンランドの場合は、原子力発電の安全性ってことだけがフォーカスされてるけどさ、日本の場合って、「風評被害で農作物が売れなくなったら、地元経済に影響が出る」というような話でしょ。問題の数を増やしすぎるんだよ。対策にスピードがないのは、誰かが解決を妨害してるからじゃなくて、関係者が多すぎるからなんだと思う。「ちょっとこのへんのところはなんとか控えめにお願いできませんか？」みたいなことを言う人が、あまりにもたくさんいるから。それぞれの言い分にやむにやまれぬ事情があることはわかるけど、そういう陳情を全部聞くと、出てくる結論って玉虫色にしかならない。そうなると、もう誰の意思も、誰の利益も代表していない、全員が不満であるような政策しか出てこない。官房長官だって、俺は言いたくてこんなこと言ってるわけじゃなくて、言いたくもないことを言わされてるんだって全身で表現してたでしょ。

高橋　そうそう。悪い人、誰もいなくなっちゃうんだよね。

内田　日本のシステムの脆さってそこなんだと思う。「脱原発って簡単に言うけど、原発で創出した雇用はどうするんだ。そんなやつらは路頭に迷えって言うんですか！」って言われたら絶句しちゃうでしょ。みんなそれぞれやむにやまれぬ事情がある。だから、優先順位つけなくちゃいけないんだけど、それができないんだ。はっきりしているんだよ、1番、国土の保全。2番、国民の健康。悪いけど、景況なんかどうだっていいよ。まず国土の保全。その点で言うとさ、福島の汚染地域が居住不能になったっていうことは、それだけの面積の領土を失ったのと同じことだよね。これって、「失地」でしょ？固有の領土を失ったわけだから。尖閣とか竹島とかで騒いでる場合じゃないよ。

高橋 戦争で負けたってことだね。

内田 まして自業自得なんだよ。どこか国境線近くの島の領有権を争って、軍事的・外交的な失策で領土を失いました、っていうのとは話が違う。

高橋 ほんとだよね。戦争犯罪だよ。

──まさにそうで、日本ではいつも、犯人はいません、問題は常に曖昧です、全員が当事者だから、全員が曖昧なまま物事を進めていく。そういうシステムで回ってきたんだけど、ついに回らなくなっちゃいました、っていうのが、今の事態なわけでさ。

内田 でも、言うしかないと思う、優先順位は何かって。1番、国土の保全。2番、国民の健康。3番ぐらいが通貨の安定。

高橋 うん、あとはどうでもいい。

内田 この3つがクリアできたらね。あとはなんとかなるんだよ、国土が保全されていて、国民が健康であれば、なんとかなるよ。だから、なんとかなることは後回しにして、最優先のことから手をつけるべきなんだよ。でも、今、話が逆でしょ。優先順位1番が金なんだもの。

身体の裏づけのない欲望

——だから、その優先順位を変えようっていうことは、日本人を変えようっていう話だから。

高橋　いや、それはすごく大きいテーマなんだよね。戦後、日本は、天皇制の国家をやめて、憲法9条のもと、平和国家になった、っていうのは嘘で、「金でいこう!」ってことになった(笑)。スローガンは何かって言うと、「金がいちばん」。でもね、坂口安吾の『堕落論』(※注4)も、そうなんだ。ポジティヴな意味でね。それまではみんな、ぐちゃぐちゃと、変な精神的なことを言ってたからさ、「肉体と金だよ、それでいいじゃん!」って言ったのが、『堕落論』。ある時期までは、それがプラスに働いたんだけど、途中からは、その「金だ」っていうのも、肉体じゃなくて、イデオロギーになったわけ。存在しない金を求めるようになったからね、途中から。

内田　そうなの、そうなの。

高橋　坂口安吾が言ってた金って、肉体的なものだった。お米を買う金とか(笑)。

内田　でも坂口安吾のときの金はイデオロギーに対抗してリアルなんだと思うよ。『仁義なき戦い・広島死闘篇』で千葉真一演じる大友勝利が獅子吼するじゃない。「うまいもん食って、ええ女抱きたいんやないのぉ、ワシらは?」って。あの台詞はイデオロギーじゃないよ、リアルだよ。だって身体的だから。身体の求める欲望には限界がある。うまいもん食ったって、1日3食が限界なわけだよね。いい女抱くったって、1日ひとりが限界でさ。

高橋 まあ、がんばって、ふたりぐらい(笑)。

内田 身体というリミッターがかかってる。だから、身体の欲望ってあるレベルを超えられない。身体の欲望の対象って、所詮は手の届く範囲でしょ。うまいもん食って、ええべべ着て、ええ車乗って……くらいまではいいけど、ええ家住んで、ええ企業の社員になって、利回りのいい債券買って……となるとだんだん記号性が高まって抽象的になる。記号的な欲望にはリミッターがかからないんだよ。欲望が抽象的、記号的になるにつれて、破壊されるものが幾何級数的に増えていくんだよね。

バブルのときに稼いだ連中を見てるとさ、彼らが自分の身体を愛してるように見えないんだよ。ほんとに自分が食べたいものを食べて、したいことをしてたら、ああいう身体にはならないでしょ?「ここはミシュラン三つ星レストランだからここで食わなきゃ」みたいな食生活してるからデブになるんだよ。僕がバブルが嫌いだったのは、あの時代の欲望は食とセックスが中心だったんだけども、それが記号化していたから。自分が今日何食べたいのかって身体に聞いてみるもんでしょ。「今日はキュウリに味噌つけて食いたい」とか、「今日は素麺がいい」とか、あるじゃない。身体のほうは毎晩三つ星レストランでフレンチを食いたいわけないじゃん。それができるのは「脳が記号を食ってる」からなんだよ。記号的欲望が身体的欲望を圧倒してるからそういうことができる。僕がバブルの時代が大嫌いだったのは、あの時代には「欲望が渦巻いてた」ってみんな言うけど、「渦巻いていた」のは欲望じゃなくて、イデオロギーだったから。坂口安吾が『堕落論』を書いたときの欲望には身体の裏づけがあった。でも、今の欲望には身体の裏づけがない。

——本当にそう。だから、坂口安吾と同じでさ、戦後のシステムって、最初はよくできていたんだと思うんだ。田中角栄が作った電源三法が、肉体的な法律だったかどうかは、よくわかんないけれども……。

内田　いや、田中角栄の政治性ってさ、基本、身体だから。

高橋　そう、フィジカルだね。

内田　寒い、ひもじい、暗い、悲しい……っていう身体的な苦しみをどう解消するかが田中政治の根本でしょ。田中角栄の電力政策って、灯油ランプの下で針仕事してるおばあさんがいて、そこにある日ポッと電気が点くっていう具体的イメージがあるわけですよ。

今必要なのはOSの書き換え

——で、それがうまく動いて、進んでいって、そのうまく動いてるうちに、次のOSの書き換えをしなければいけなかったのに、書き換えないままずーっといっちゃったという。

内田　うん、そう。OSの書き換えだよね、ほんとに必要なのは。

高橋　だから、政治は変わってないんだね。なんで彼らが言ってることが空虚かって言うと、古いOSでしゃべってるからなんだよね。そういう自覚がまったくないから、自分がしゃべってると思ってるんだよ、一応。違うんだよ。

——まさにそうだよね。あの「汗をかく」っていう（笑）、政治家用語というか、日本語でない日本語を使って語ってるレベルで、もう政治家ってダメだなあと思うもんね。

内田「汗をかく」とかね、「雑巾がけする」とかね。

高橋　っていうか、雑巾がけしないだろう、もはや（笑）。

——だから、内田さんの言うように、国土の保全と国民の健康がまず最初っていうのは本当に正しいわけで、そこに向かってOSを書き換えなくちゃいけないんだけども、そんなことをクリアに言える政治家って、ほとんどいないわけでさ。相変わらず、まだ金のことを言ってたり、成長のことを言ってたりね。

内田　だって、全員が経済成長のことを言ってるでしょ。バカじゃないの？　成長なんか、するわけないじゃないの！　するわけないことを前提に政策起案するのって、いくらなんでも無責任だよ。

高橋　ここまで、国民の中にある不安とか、経験から離れて、政治家が言葉をしゃべるっていうことは、怖い話だよね。

内田　怖いね。「金魚の政治ではなく、ドジョウの政治を！」っていうのが決めの台詞なんだよ？　３・11以降の、非常に大きな混乱の中にある危機的状況の日本を、これからどういう方向づけをするかについて、中長期の展望をしっかり語った人がひとりもいない。

高橋　文藝春秋に載った文章を読むと、必ず出てくるフレーズがあるの。「現実主義」なんだ。「このような状況のもとでは、なかなか原発推進というわけにはいかない。しかし、現実主義的に言うと……」っていう、そこで必ず出てくるフレーズ。

内田　あと、「待ったなし」ね（笑）。「待ったなし」っていうのは、要するに、「いちばん声のでかいやつの言うことを聞く」ってことだからさ。こんな転換期に、政策の整合性も射程の長さも関係なく、「早く早く！」ってうるさくせかすやつの言うことなんか聞けないよ。「待ったなし」って知的負荷の少ない優先順位のつけ方なんだよ。古舘伊知郎がよく言うんだけどね。

高橋　ははははは。

内田　それって、政策の適否に関する判断を停止することだからね。

「凡人」を売りにされても……

高橋　僕、新聞で読んで、「ほんとにこんなこと言ったのか⁉」ってびっくりしたことがあるんだ。野田さんが、代表選の両院議員総会での演説で、「自分はこういうルックスですから、支持率は上がりません」って。これってさあ……。

内田 「バカにしてんのか?」ってことですよね。

高橋 そう、「国民はバカだ」って言ってるってことでしょ?

内田 前原(誠司)みたいなルックスのいい政治家だと支持率が上がるけど。

高橋 野田さんが文藝春秋に書いたのを読んでも、絶望を通り越して「嘘だろ?」って。たとえば最後のほうは、ほんとにおもしろいフレーズのオンパレードなんだ(笑)。「私は凡人です」ということを繰り返してる。「だからこれでいいんだ」って。オバマと比較するのはよくないけど、オバマの演説がおもしろいのは、自分は、ケニア生まれのお父さんとアメリカ生まれのお母さんの間に生まれた、そんな自分の生存にはどんな意味があるのかってことが演説で語られてる。オバマの演説のキモは、「自分は奇跡のようなシチュエーションにいた人間だ、だからこそあなたたちにふさわしい」っていう展開なんだよね。そこで、「私は凡人です」って言われてもねえ(笑)。

内田 「津田沼駅前で10年間辻立ちしてました」とか言われてもさ、そんなやつ、いっぱいいるよね(笑)。

高橋 馬淵さんは、「自分は企業を経営してたから、そのマインドで国家を経営します」って。「あ、そう。へー」って言うしかない(笑)。

内田 どうなるんでしょうね、このあと日本は。

高橋　まあ、野田さんが1年ぐらい続いて。

——次は絶対、民主党は負けるだろうしね。かといって自民党が勝つわけでもなく、政治の混迷がしばらく続いて、その中で日本国民がどういう選択をしていくのか、あと、どういう人間が出てくるのか、っていうところだろうね。

内田　ここまで政治のレベルが下がっちゃうと、近隣の国から侮られるんじゃないかな?

高橋　どうしようもないよね、客観的に見たら。

内田　だって、今、俺が中国の国家主席だったらさ、困っちゃうもん。「こいつら相手に何したらいいの?」って。

野田総理は「記号」だ

高橋　なんて言ったらいいんだろうなあ……言葉が理解できないっていうのでもないし、システムの中での危機感だから、想像力がないっていうのでもないし。個人がないんだよね、要するに。

内田　そうだね。ほんとにない。

高橋　記号なんだよ、野田さんっていう人は。そんなふうな思考をしてるなら、誰でもいいんだもん。そう考えると、田中角栄なんかは個人があったんだけど。野田さんぐらいまでくると、ほんとに、存在が影みたいなんだよね。

——ははは。

高橋 影でも、スタッフが優秀ならいいのかもしれないけど、個人ではない人間がやっている政治っていうのは、誰も責任が取れないよね。

内田 うん。今みたいな前代未聞の事態に遭遇したときに、個人じゃない人はさ、周りのそこらじゅうの人にご相談して。ほんとに今の日本なんて、軍事侵略されたらすぐ負けちゃうね(笑)。

——今回、野田が首相になったときの、各国の反応をテレビでやっててさ。アメリカがすごかったよね。

内田 笑ってたでしょ、報道官が。就任演説を紹介しながら、「これ、同じ話、5回ぐらい聞いたんですけど」って。どの首相が何を言ったのか個体識別ができないって。これ、壮絶な批判だよね。だって、「こいつらは個人じゃない」って言ってるんだから。

高橋 ああ、人形なんだよね。

内田 装置というか。確かに豊かで安全な社会は、個人がいなくても装置だけで回せるんだよ。だから、野田さんが選ばれたのは「今の日本は豊かで安全で安定した社会だ」って思いたいという国民の切なる願いの表れなんだと思う。「こんなのんきな政治家でも統治できるくらいに日本の制度は堅牢です」って思いたいという願いがあの人を選ばせた。

それは大阪の橋下知事も同じでさ、「今の制度をぶち壊せ!」っていうスローガンが共感を呼んでいるのは、「まだ壊しても平気なくらいに体制には余力がある」という願望を満たしてくれるからじゃないかと思う。「壊せ」というのは「まだ壊せる」ということであって、言い換えれば、「もう壊す余地がないくらいに制度は劣化しているんじゃないか」という不安を打ち消してくれるから。これってさ、親の愛情を確認するために泣きわめいたり、ものを壊したりする子供のふるまいとよく似てる。「ここまでひどいことをしても、まだ許してくれている」という裏返した形で親の愛情を確認しようとするでしょ、愛情に飢えた子供は。今の日本人はそれに似てる。統治者の質をどんどん下げるのは「日本がつぶれるぎりぎりの線まで、どこまで政治家の質を下げられるか」のチキンレースをやってるみたいに僕には見えるよ。

一対一の対話しか人を動かせない

内田　もう記号的な政治はダメだと思う。身体実感に裏づけられた政治じゃないと。僕はこれからはせいぜい500人ぐらいの人たちを相手にしてやっていこうと思うんだ。

高橋　え、そうなの？

内田　500人だったら顔わかるしさ。若い人を支援するのって、ぎりぎり生活の面倒を見ていくってことだからね。「困ったら俺が生活見てやるよ」って言うことができる範囲って、せいぜいそこまででしょ。だから、小沢さんが嫌われるのって、あれ、身体性が希薄だからなんだと思う。姿隠して、影響力だけ発揮しようとするでしょ。身体を見せないで、裏から操るのって、やっぱり記号的な政治なんだよ。小沢一郎批判をするとき「政治とカネの問題」って言うけど、あの嫌悪感の根本にあるのって小沢一郎の抽象性なんだと思う。「肉体がない」ことにいらだつんだよ。田中角栄にあった肉体が小沢一郎にはない。

高橋 いいにつけ悪いにつけ、田中角栄は肉体性があったからね。

内田 あの人が最後だね、身体性で魅了した政治家って。田中角栄ってさ、人が来て、就職の世話お願いしますって言われたら「じゃ、俺の会社に来い」、「お金貸してください」って言われたら「はい」っていう人なわけでしょ。目の前に来た人の面倒をどんどん見る。それが積もり積もって何万人……っていうことを実践した。「数の力」って言うけど、数のベースにあるのは、やっぱり具体的な顔のある「ひとり」なんだよ。

そういう顔のわかる「ひとり」とのかかわりを積み重ねて政治運動を牽引してゆくっていう発想は今の政治家には足りないと思う。

僕、今度の代表候補者のひとりと話したことあるんだけどもさ。つまんないやつなんだ。向かい合って話してるのに、演説するんだよ。こっちが質問すると、国会答弁みたいなストックフレーズを繰り出すわけ。そんなこと言われてもおもしろくないのよ。それより、せっかく知り合ったんだから、なんか「ここだけの話ですけどね……」みたいな話してさ、「お、なかなか話のわかるやつじゃないか」って思わせたほうが得じゃない。「彼はいずれ総理になる器です」とかってネットに書くかもしれないし（笑）。まず目の前の「ひとり」をぐいっと味方につけるというのが政治の基本だと思うんだけどね。

高橋　田中角栄の演説の根本スタイルは、ひとりに向かって、だものね。ひとりでひとりひとりに会え、ひとりに100回会うと100人になる、っていう発想だから。

内田　一般論的に正しい命題を語っていれば、多くの人が支持してくれるっていうものじゃないんだよ。「いいから、俺の話を聞いてくれ」って襟首つかんで、ひとりずつ聞き手を増やす以外に、自分の意見を一般化していく道ってないと思う。

民主主義6000万人限界説

高橋　だから、さっき言った『100，000年後の安全』で、すごくいいなと思ったのは、すべて一対一の対話の積み重ねになってることなんだ。その処理施設の人たちと監督の。だから、全員答えが違うんだよね。その集積として、「フィンランドには民主主義がある」っていう形を打ち出すことがいちばん正しい、とフィンランド政府が思ってるところがすごいんだ。これは見事だよね。ただ、それが可能なのは、国のスケールの問題もあるよね。国が小さいからできる。

内田　そうだね。530万人、兵庫県より小さいもん。その規模だと政治も記号的にならないですむと思う。

高橋　よく言う「6000万人限界説」。民主主義がギリギリ機能する国は、6000万人までだって言うでしょ。フランスもイギリスも、そのくらい。日本の1億3000

万人っていうのは多いよね。

内田　だから、1億3000万人の国とフィンランドを比べるのは、気の毒なんだよ。兵庫県と日本国を比べて、「兵庫県の県政はうまくいってるのに、日本の国政はなんでうまくいかないんだ！」って言ってもね（笑）。中国って14億人でしょ？　少数民族が55あって、国内で言葉も通じない。

高橋　そう。だから、原理的にはもちろん独裁政治はダメだって思うけども、ただ、実際の問題として……。

内田　「14億人を民主主義で統治しろ」って言ったたって。

高橋　できるわけないよね。

内田　うん。内戦起きて、何百万人も死ぬことになる。今は一党独裁だけど、それだって内戦起きたり、テロが頻発するよりはましだと思う。

高橋　一応食わせてる。だからたいしたもんだよね、国家の形として。

内田　14億人って、19世紀末の世界の総人口だよ。日本も経済成長しなきゃいけないからもっと人口増やせって言う人いるけど、6000万人ぐらいまで減ったほうがいいと思う。

高橋　江戸時代が3000万人で。

内田　日露戦争の頃で5000万。僕らが子供の頃は、日本、9000万人って言ってたね。

高橋　うん。6000万人まで戻ったら、いい国になるかもしれない。

「風の谷」は21世紀の日本のモデルだった

内田　少子化ってさ、あれ、キャリングキャパシティに合わせて適正な人口数への補正をしてるわけなんだから、それでいいんだよ。少子化・老齢化していくことをこの集団そのものが望んでいるんだから。

高橋　でも、人口の4分の1が65歳以上の国なんて前代未聞だね。どうやって食っていくんだろう？　老人が老人を養うのかな。

内田　『風の谷のナウシカ』も、老人、多かったよね。

高橋　ほんとだ。多かった！

内田　老人がナウシカを守ってたでしょ？　老人兵ばっかりだから。

高橋　「風の谷」は若者がいない国だったんだ。

内田　さすがだよね、宮崎駿は！

高橋　そうか、「風の谷」が、21世紀日本のモデルだったのか。あ、そうだ。だから、女性首相が出てくるべきなんだよ！　ナウシカみたいな総理、出てこないかな……でも、ナウシカみたいな子って、結局、出てくるとしたら、天皇家からなんだよね。

内田　ああ！　女性天皇か！

高橋　今の日本で、国土の保全と国民の健康を最初に考えて、それだけを祈ってる人、天皇家しかないもの。

高橋　そうだね。だって今、いちばんラディカルなリベラリストは天皇家だもん。

内田　日本国憲法を遵守して、9条も大事にしているしさ。でもほんと、3・11からあと、天皇の政治的プレゼンスって、上がったよね。だって、さっきも言ったように、いろんな人たちの利害がからまっているせいで、さっぱり前に進めないわけでしょ。そういうのを全部削ぎ落として、純然たる日本の国益とは何かってことを考えてる人って、天皇しかいないんじゃない？

高橋　そうなんだよ。

内田「震災が起きても、なんで掠奪が起きないのか」ってよく言われるけど、海外と日本でいちばん事情が違うのは天皇がいるってことだよね。

高橋　うん。これは大政奉還するしかないんじゃないの（笑）。

内田　いや、ジョークじゃなくて、大きなスパンで今の日本の政治構造を改善しようとしたら、それくらいのスケールにもっていかないと話が見えてこないよ。「革命」とか「大政奉還」とか。それくらい大きな枠組をとって考えないと、どこに向かうべきか、わからないよ。

高橋　もっともリアルな革命は、そっちだよね。

内田　ほんとに「議論の結果、大政を奉還しようという結論になりました」って言っても、おおかたの日本人は文句言わないよ。

——今の高橋・内田言語を、SIGHT言語に翻訳しますと……。

内田　(笑)いや、このまま載っけてよ。

——載せるけどさ、要するに天皇という存在は、人格的なありようと、国家の本来的なありようが、統一的に実現していて。だから、統治者としての理想を実現せざるを得ないというポジションが、もうシステムとしてでき上がってるわけだよね。

内田　そうそう。

高橋　何より、リベラルだからね。

現実とは金のことではない

——そうだね。だから、そういう装置によって、政治的な権力者を作っていかないと、日本というシステムそのもののOSの書き換えは不可能かもしれない。ということを、おっしゃっているわけですね。

内田　総理大臣は政策決定に際して、「金のことなんかどうだっていいじゃないか」っていうことは口が裂けても言えないでしょ。でも、天皇は言える。だって、国土の保全と国民の安全が第一義なんだから。

高橋　だから、アメリカの大統領だと、ある意味、天皇と首相を両方やってるよね。だから、国土保全の話と金の話、両方できるけど、日本の首相は国土の話はしない。特に、このような時期には。

内田　原発問題で、日本の統治者は、国土保全よりも国民の健康よりも、経済を優先したことがはっきりしたからね。日本人はこれによって深いトラウマを負ったと思う。

高橋　うん。馬淵、野田、海江田が文藝春秋で言ってる「現実主義」って、お金の話だからね。「脱原発はいいけど、でも、お金どうすんの？」って。それが最初に来ちゃうのね。すごくずれてることに気づかない。

内田　「現実とは金のことである」っていうイデオロギーからいいかげん脱却しなきゃダメだよ。そのイデオロギーがこんな事態を生み出したんだから。

高橋　だから、天皇親政だ（笑）。

内田　そう、これはある種の対抗命題としてさ、みんなで考えてほしいと思う。だって、天皇制の意義を正面から議論することって、ほんとにないじゃない？　そういうシステムを持たない国と日本を比べたときの日本の優位性はどこにあるのかを考えたときに、初めて天皇制のメリットは見えてくると思うんだ。今のこの日本で「現実主義とは金の話のことだ」というイデオロギーに「それは違います」って言えるのは天皇だけだよ。

高橋　天皇だけはね。

内田　ねえ？　こうして現に、批評的にいきいきと機能してるわけだし。

高橋　そうなんだよ。でも、天皇制はそうだったんだよね、実は。この2000年間ずっと存在していて。

内田　で、500年に1回ぐらい「いざ！」って出番がある。

高橋　そう。国難のときになると、「出番ですね」ってさ。そういうシステムだったんだ。

内田　戦後66年経って、天皇制の政治的な意味を、これまでの右左の因習的な枠組みから離れて、自由な言葉遣いで考察するとしたら、今だよね。

注1　**開沼博**：社会学者。東京大学大学院学際情報学府博士課程在籍。1984年福島県いわき市生まれ。2011年6月に刊行した初の著書『「フクシマ」論─原子力ムラはなぜ生まれたのか』で、第65回毎日出版文化賞を受賞。2012年には、佐藤栄佐久元福島県知事との共著『地方の論理─フクシマから考える日本の未来』や、山下祐介との共編著『「原発避難」論─避難の実像からセカンドタウン、故郷再生まで』を刊行している。

注2　**村上世彰とか堀江貴文とか**：村上世彰は投資家。M&Aコンサルティング会社、村上ファンドの創設者。1959年生まれ。2006年6月5日、証券取引法違反（インサイダー取引）の容疑で逮捕、裁判となる。2011年6月6日、最高裁で罰金300万円・追徴金約11億4900万円・懲役2年執行猶予3年の有罪判決が確定した。堀江貴文は実業家。株式会社ライブドア（旧オン・ザ・エッヂ）創業者、同社元代表取締役社長兼CEO。2006年1月23日、証券取引法違反（風説の流布・粉飾決算など）の容疑で逮捕。裁判の末、2011年4月25日、最高裁で懲役2年6ヵ月の実刑判決が下る。2012年3月、獄中にありながら『刑務所なう。』を上梓。

注3　ジャック・アタリ：フランスの経済学者、思想家、作家。1943年生まれ。ミッテラン大統領の側近で、1981年から1991年まで大統領補佐官。1991年から1993年までは、欧州復興開発銀行の初代総裁を務めた。福島第一原発事故に関して積極的に発言を行っている。

注4　坂口安吾の『堕落論』：戦前から戦後にかけて活躍した作家、坂口安吾（1906年〜1955年）が、1946年4月に発表した作品。坂口安吾の評価を決定づけた。織田作之助や太宰治らと共に「無頼派」「新戯作派」と呼ばれるようになったのはこの時期から。

第5回

「原発を作らせない」
「沈む日本で楽しく生きる」
この両方を実現している場所が、
今、この国には存在する

原発建設に30年間反対し続ける島であり、「沈む日本で楽しく暮らす」を実践する島、祝島

以下の対談で高橋源一郎が紹介している山口県熊毛郡上関町の祝島《いわいしま》は、瀬戸内海に位置する人口485人（2011年10月末）、周囲12キロの島である。65歳以上が70％を占めるこの島の住民たちは、約30年の間、中国電力が対岸4キロの上関町長島で建設を進めている上関原子力発電所への反対運動を続けている。毎週月曜日の島内でのデモや中国電力本社のある広島への遠征デモの他、建設予定地の詳細調査や埋め立て工事の妨害といった活動によって、上関原発の着工は複数回延期されており、その模様は『祝《ほうり》の島』（纐纈あや監督）と『ミツバチの羽音と地球の回転』（鎌仲ひとみ監督）の２本のドキュメンタリー映画になっている。

2011年２月、中国電力は、反対派の抗議により１年３ヵ月の間中断していた埋め立て工事を、数百人の作業員を動員して再開。反対派の69歳の女性と49歳の男性が、妨害活動の間に怪我をする事態となった。その翌月に東日本大震災が発生、福島第一原子力発電所で事故が起きた。

対談日：2011年11月9日

30年間原発反対運動が続いている島

高橋　今日も、考えてきたんだけど。
内田　おっ！　いつも高橋さん、考えてきてくれるけど……。
高橋　今日はね、いいよ、たぶん。今までで一番いい！（笑）
内田　あははは！
高橋　一昨日、山口県の上関町、祝島っていうところに行ってきました。すごくよかったです。原発反対運動をやってるところなんだけど、そのことより、日本の未来をどうするかっていろいろ考えさせられるところがあるんだよね。
内田　聞きたい、聞きたい！
高橋　祝島の対岸の上関町長島に、中国電力が、上関原発を作ろうとしていて、その反対闘争を30年やってる。それで『ミツバチの羽音と地球の回転』っていう映画と、『祝《ほうり》の島』っていう映画（※注1）、ドキュメンタリーが2本できた。しかも同時に撮ってた。だから、映ってるんだ、お互いのカメラクルーが。
内田　へえー！
高橋　これは、普通の原発反対運動の枠組みじゃないところがすごくおもしろい。30年間、毎週月曜夕方にデモをやっていて、そのデモに参加しに行ったんです。1400回以上だって。しかも、「たぶん皆勤の人、いる」とか言ってるんだよ（笑）。

内田　ギネスブックだねえ。

高橋　今の代表の藤本さんが、56歳か57歳。だから、始まった当時は20代。そのデモは、とにかく休まず、ずーっとやってるんです。

デモって、申請しなきゃいけないでしょ？　申請は駐在所じゃできないから、警察の本署にフェリーで行って。１回に２週分申請できる。最初は600円だったんだけど、今、用紙代が２１００円かかるんだって、デモの申請するのに。

内田　用紙買わなきゃいけないの？　デモってお金取るんだ？

高橋　そう。場所によっては無料のところもあるんだって。

内田　100円は消費税だよね？

高橋　そう、消費税。

内田　（笑）。デモから消費税取るなよ！

高橋　ほんとだよね。で、とにかくずーっと休まずにやってるんです。今まで、このときだけは休みっていうのがあって、それは、デモ参加者の身内に不幸があったとき。あと、最近加わった休みの理由があって、雨の日と風の日。みんな高齢者だから（笑）。

内田　何人ぐらい参加してるの？

高橋　今、島民が480人ぐらいで、デモ参加者は70人から80人。人口の２割。だから、東京都で換算すると、毎週260万人（笑）。

内田　はははは、すごいや！　すばらしいデモだねえ。

高橋　うん。しかも、ほとんどがおばあちゃん。昔よりデモの距離も短くなった、高齢化に伴ってね。一緒にデモしたんだけど、島の中を25分間回ったらおしまい。

内田　シュプレヒコールは？

高橋　やる。ときどき「原発、反対！」「原発、はんたぁーい！」って。で、みんな歩きながらずーっと世間話してんだよ（笑）。「今日の晩ごはん何にする？」とか、「うちの嫁がねえ！」とか。で、ときどき、「ふるさとの海を守れ！」「ふるさとの海を守れぇー！　それでね、今晩の……」。

内田　はははは！

高橋　時間が決まってるし、コースも決まってるから、途中参加者がいる。「原発反対」ってハチマキして、手を洗いながら「ちょっと待って！　今、味噌汁作ってたから」って出てきて、参加する（笑）。「ごはん作るから」って、途中で帰っちゃう人もいるし。デモが終わったあと、藤本さんに「すごいですねえ、いろいろ感心しました」って言ったら、「うん、やっぱり30年続けようと思ったら、おもしろくないとダメだからね」って。

　中国電力は広島に本社があるから、ときどき広島に遠征してデモをするんですね。そのときは、おばさんたちがすごく喜ぶ。帰りに買い物ができるから。だから、買い物するデパートやショッピングセンターに電話して、レジを増やしてもらう。帰りのフェリーの時間が決まってて、いっぺんに行くんで、レジが詰まっちゃうから。っていうので、もうおばさんたち、行く前から「買い物が楽しみ！」というデモを30年。

内田　すばらしい町だねえ！

男は漁業、女は農業、補償金はいらない

高橋　ねえ。30年間ずっと反対してるんで、原発はできてないんだよね。祝島の漁協に、中国電力から強制的に、漁業補償金が10億８０００万円振り込まれたんだけど、供託しっぱなしで受け取ってない。

内田　偉いねえ！

高橋　反対運動を始めたとき１１００人だった人口が、今、480人まで減ってる。人口動態表を見せてもらったら、毎年きれいに25人ずつ減ってる。あと20年で人口ゼロ（笑）。ひとり暮らしの老人がすごく多いんだ。だから人口はどんどん減ってるんだけど、基本的にはみんな働いてる。漁業は男性で、女性は農業をやる。

島の南側がすごく切り立った崖で、平地は北のほうにちょっとしかない。だから、コメを作る農家は３軒。あとはみかんとビワ。それも崖で、上から畑を見たら、怖くて足がすくむような急な段々畑を、75歳ぐらいのおばあさんが上がっていく。畑と畑の合間に原野がある。元みかん畑だったところで、持ち主が死んじゃって原野になってる。原野、みかん畑、原野、みかん畑、原野、原野と。

だから、もう当人たちも、よくわかっててね。この島全体が後期高齢者というか、歳

を取って死んでいくということを、みんな静かに受け入れてる感じ。でも、考えたんだけど、たとえば10億8000万円、普通、受け取るでしょ。で、どうするか？　たとえば1000人で分けると100万円。100万円もらっても使い道がないんだよ、島ではお金いらないから。そうすると、島を出て行くしかない。

つまり、本当にお金は必要か？　っていうことを考えちゃった。たとえば、歳を取って、100万円もらって、島を出て行って。医療費かかるでしょ？　老人ホームに入ると高いじゃない。島にいるとどうなるかというと、孤老なんだけど、具合悪い人のところにみんなワッと来るわけ。僕、一昨日泊まった旅館があるんだ。編集者に電話してもらったら、「身体の具合が悪いから開かない」って。

——旅館があるんだ？

高橋　旅館は3軒ぐらいある。釣りのスポットだから。ときどき大きいお祭りがあるし。それで電話したわけです。「具合悪いからメシ作れないよ」「いいです、素泊まりで」「じゃあ来てください。あ、ごはんは食堂が近くにあるんだけど、月曜は法事で休みだから」。

内田　はははは。

高橋　行ったらおばあさんが出てきた。1泊3500円、素泊まりで。食べるものがないっていうんで、リーダーの藤本さんが、「じゃあ魚をもらうわ」って、タイとワラサのでかいのを持ってきてくれたんだ。「いくらですか？」「いや、お金いらないよ」「いやいや、困るから」「じゃあ1500円」って（笑）。気がついたら、知らないおばさんがいるわけ、何人も。旅館のおばあさんが具合悪いから、近所から来て、いきなり料理したりして、また帰って行く。おばあさんは普段はひとりで仕事してて、お客さんが来れば、そのとき、近所のおばさんが来る。合理的なシステムになってるわけ。

老人ホームがいらない生活システム

高橋　僕、『祝の島』をDVDで観たんだけど、平さんって農家がある。お米を作ってる3軒のうちの1軒で、今年78歳。その平さんのおじいさんにあたる人が、棚田を作った。平らな土地がないから、急斜面のところに田んぼを作ったんだ。もともと石工で、その島は石が多いので、石を削って谷間に落としていった。そして、下から順番に棚田を作っていった。40年かかったって、しかもひとりで。

内田　へえー。

高橋　全部で6段ぐらいあるんだけど。でも、平さんは、子供や孫はみんな島の外に出て行ったから、自分の代で終わりだって。なのに、なんで米を作ってるのか聞いたら、「孫に食わせたいから」。年に3回、棚田の草取りをしないと、すぐ草で埋まっちゃうようなところなんだよね。「だから、私が死んだらすぐここも原野になるでしょう」って。平さん、ひとりで住んでるんだけど、その向かいに住んでる80ぐらいのおばあさん、この人もひとり暮らしなわけ。仕事が終わると、そのおばあさんの家に、ひとり暮らしの老人ばかり4人ぐらい集まって、こたつに入ってダベる。もう20年ぐらい毎日やってるんだって。大晦日も『紅白歌合戦』観ながら。だいたい、4人のうちふたりは寝ちゃっていて、「××さん！　もう帰らなきゃダメだよ！」って言われる（笑）。ここで話さないと誰とも話す機会がないから、ってみんな来てるんだ。だからボケないのね。これを老人ホームでやれっていったら何千万円かかるのって話（笑）。

内田　あはははは！

高橋　どの共同体でも、最後はどんどん年取って、若い人間がいなくなって、孤老になる。それを国がケアするか、地方がケアするか、共同体がケアするか。国がケアすると、お金ってことになるでしょ？　3000万円出して老人ホームに入るとか。この人たちはお金使わないで、集まってみかん食ってるんだ（笑）。みんな仕事してるせいもあるし、食べ物も自分のところで釣った魚を食べて、自分のところで作った野菜を食べてるせいもあるし、すごくけわしい場所をいつも歩いてるから、元気。で、元気がなくなると、隣近所から人が来る。

そうやってどんどん人口が減っていくのは、しょうがない。そこでどうやって最期の時を迎えるか、っていうふうに、その島全体が向いている感じがした。だから、原発反対運動っていうのはそのほんの一部で、もっと大きい、島の生き方みたいなのの中に、すっぽり入ってる。祝島って、『万葉集』にも歌われてるのね。『日本書紀』にも出てくる。

内田　へえー！

高橋　山口県の南のほうだから、瀬戸内海航路の要衝だった。航行の安全を祈るために、祝島って名づけられたんだ。２０００年以上前、東京がまだ原野でサルもいなかった頃から文化がある（笑）。つまり、中央が文化で、ローカルは文化がないんじゃなくて、祝島から見ると、「もともと原野だったとこで何言ってんだ」って（笑）。伝説もいっぱいあるし、落ち武者伝承もある。平さんって、平家の子孫なのね。平景清の墓もあるんだ。だから日本の政《まつりごと》とか神事の伝承がいっぱいある。

それプラス、漁業があって、農業があって、こっちが文化だっていう意識があるから、外の連中からひとり100万円もらったってなんの意味もない。だから切り崩しも効果がない。文化や共同体があって、しかも下降していくことを自ら受け入れている。そんな考え方が、がっちり根を張っているので、外から何が来てもムダ。これはなかなか、すごいもんだなと思った。いい話でしょ？

――いい話だねえ！

内田　これはやっぱりね、ポスト原発時代の日本の共同体の、最左翼的な、ひとつのモデルだね。

高橋　そうそう。

祝島には民主主義がある

内田　村上春樹のエッセイで読んだんだけども。ギリシャの田舎の村に行くと、村の人が、「この村にはこういう由来があって」っていう話をするんだって。「1942年にナチスドイツがやってきて、パルチザンがここで戦争をして、いっぱい人が殺されて……」って。村の古老が「ナチスはよくねえだ!」って言うと、聞いてるみんなが、「んだ、んだ」って言う。そういうことを、40年間とか50年間、ずーっと生活の一部としてやっていく。本来、民衆の政治っていうのはそういうものだと思う。生活があって政治があるんじゃなくて、生活の一部分として政治があるっていう。それがいちばん、強力なものなんじゃないですかね。

高橋　うん。だから、民主主義があるってことなんだよ、簡単に言うと。祝島には小学校があるんです。『祝の島』っていう映画を撮ってたのは2008年、2009年ぐらいで、そのときは小学校は閉鎖されてた、子供いないから。その年に3人入ったんだ、映画の中で撮影されてるけど。今はね、子供が7人いる。

内田　どうして?

高橋　転入してきたんだよ。

内田　へえー!

高橋　人口自体は減少してるんだけど、Iターン、Uターン組もいる。30年も反対運動をやってると、そういう世界に憧れて来る人たちがいる。小学校の入学式をDVDで見たんだけど、その3人は兄弟なんだ。ゑびすさんっていうよろず屋さんが、子供を連れて越してきた。お兄ちゃんとお姉ちゃんが3年と2年にいて、弟が1年生に入学した。その入学式に、近所のおばあさんが30人ぐらい来てる。そして、まるで、自分の孫みたいに喜んでる。もしかするともっと人口がいた頃はそうじゃなかったかもしれないけど、480人になると、もう自分の孫も他人の孫も一緒、みたいな感じだよね。
小学校のホームページ見たら、すごい充実してるんだよね。で、紹介されてる活動が、全員で農家の田植えの手伝いに行く、とかさ（笑）。祝島のホームページもあるんですけど、ホームページの今日のトップニュース！「平さんの棚田の近くにあったスズメバチの巣が除去されたそうです」。

内田　ははははは！

高橋　一昨日、平さんの棚田に行ったんだけど、その途中、道行く人みんなが「スズメバチは駆除したからね」って（笑）。

——島で病気になったらどうするの？

高橋　医院ができてる。2年ぐらい前からかな、常駐の医者もいる。あと、クリニック船がある。船を修繕する船なんだけど、病人が出たら救急車に早変わりして、運ぶ。「ドクターヘリとかないんですか？」「いや、船のほうが早いから」って。

——それはすごくいい話だよね。というか、原発って、やっぱりそこまで対峙させるんだね、テーマとして。

高橋　だから、原発問題は重要で、僕たちもずっと考えてるんだけど、原発単体の問題じゃなくて、この国がどうなるかっていうことと切り離せない問題だ、ってことがひとつあるよね。しかも、この国の未来が右肩下がりである、ってこととも、切り離せない問題なんだ。

どうしても、こういう問題は、政治的イシューなので、苛烈な議論になったりとか、オーバーな行動になったりしがちでしょ。過去のすべての政治運動がそういう側面を持たされがちだったよね。そういうことにしたくないね、と思った。そのためには、知恵が必要なんだ。論議は論議として当然あるんだけども、知恵はないものか、って思うことが多いんだよね。

内田　そうだよね。

高橋　祝島の人は勝手にやってるわけ。ずっと自前で、延々と、毎週、楽しくやってる。たとえばこれが都心とか、新興住宅地だと、人間の入れ替えがある。イヤだったらどっか行っちゃえばいい。お金が大量に投下されると、お金の取り合いが起こって、分裂する。でも祝島は、「お金いらないし」「どこにも行けないし」っていうところで、ものを考えている。「あ、こういうやりかたがあったんだ」って、考えさせられたんだ。

空疎な成長論はいらない

内田　やっぱり今、分岐点というか二者択一じゃない。グローバル化するのか、ローカル化するのか。成長を求めるのか、縮小均衡を求めるのか。日本列島から打って出ようという勇ましい議論と、「いや、なんだかんだ言っても、わしらはこの4つの島からは出られねえだよ」って声と。で、祝島は、ここから出られない、政治も生活もそこでやるしかないっていう、この覚悟があるね。どっかよそに行くと「いいこと」があるんじゃないかという発想がこの人たちにはないもの。そう思ってる人ってすぐ出て行っちゃうじゃない。そうすると、共同体は崩壊しちゃうわけだよね。だから、我々は日本列島からは出られない。日本語を話すしかない。コメを食うしかない。日本の土に根を下ろすしかないという、基本的な「狭さ」を受け容れるっていう覚悟がいると思うんだよ。自分が植物的な存在であるという認識というか、足に鉄の鎖みたいなものが絡みついているという意識がないと。

——はははは。

内田　汚染された国土っていうのは、これは我々の負うべき十字架であって、我々はここから出られないんだよ。だから、それとどう折り合っていくのか。それに、これから高齢化がさらに進行するでしょ。少子化も進む。経済は縮小していく。社会そのものがしだいに活力を失ってゆくことは避けがたいんだけど、その後退局面をどうやって愉快に生きていくのか。そのことに知恵を使うべきなんじゃないの。どうやって成長するかっていう話はもういいよ。

高橋　まだ言ってるんだよね（笑）。

内田　まだ言ってんだよ。昨日だってさ、与党の政治家の方々と話をしたんだけど。僕がそういう話したら、ある政治家が「食料をどうすんだ！」「いや、自給率90％ぐらいあるじゃないですか」「カロリーベースで40％だ！　エネルギーどうすんだ！　エネルギーなんて原子力除いたら自給率4％だぞ？　どうやって生きてくんだ！」って怒鳴るわけですよ。「一度上げた生活のレベルを下げられない」って言うんだよ。これには僕も驚いたね。だって、これって1980年代に広告代理店かどこかが言いだしたイデオロギーでしょ？　マーケットの煽りだよ。「1回あるクオリティの商品を買ったら、あとは死ぬまでそれ以上のクオリティの商品を買い続けるしかありません。人間は生活レベルを下げられない生き物なんです」って。そんなの嘘に決まってんだろ！

高橋　下げられます！

内田　いくらでも下げられます！

高橋　うちでもよくやってますから（笑）。

内田　でも、現に政権を担当している人たちの中にさえ、「人間は1回上げた生活レベルは下げられないものだ」という人間観をベースにして国家運営を考えてる人がいるんだよ。そこから、「経済成長し続ける以外に選択肢はない」っていう結論が導かれるんだよ。天を仰いだよ。

高橋　個人的に言うと、僕の家って2回ぐらい破産してるからね。

内田　あら～。

高橋　2回ぐらい夜逃げしてる。だから、僕は逆に、人間の生活は上がったり下がったりするもんだっていうふうに教えられてるから、1回上がった生活は下げられないって、意味がよくわからない。どんな生活でも慣れることができる。昨日まで毎朝起きると枕元にハーシーのチョコレートがあったのに、いきなり「米がない」になる。でも、別にどうってことないんだよ。

高橋　ははは。

内田　「まあ、なんとかなるか」って思っちゃうんだよね。

成長論者は思考停止している

内田　そうだね。とにかく人間の環境適応性を非常に低く見積もっている。それに基づいて制度設計している。政策を起案している人たちが、少しでもエネルギー供給が滞ったら、もうすべてが瓦解する……みたいなことを青い顔して言ってるんだよ。政治家が自分自身を恐慌状態に追い込んでどうするんだろ。だって、政治家の知性は、どれだけ政策的な選択肢の数を増やすかにかかっているわけでしょ？　自分で選択肢少なくして、どうするんだよ。申し訳ないけど、頭悪いと思う。

――はははは！

内田　さっき高橋さん、知恵って言ったじゃない。今こそ知恵がいるときだと僕も思う。難しいいくつもの条件をなんとかクリアするためには、みんなで「ああでもない、こうでもない」って知恵を出し合うしかないじゃない。「知恵を出し合う」のって、議論じゃないよ。「私が正しくて、おまえが間違ってる」っていう形式の言語活動は「知恵を出し合う」とは言わないよね。そんなことしたら、逆にどんどんどんどん知恵が出なくなっていくばかりだから。「これもダメ、あれもダメ」って、選択肢を限定していくと、結局「これしかない！」っていう「最終的解決」にたどりついてしまう。そこまでいくともう考えなくてすむ。成長論者たちの話を聞いてると、思考停止してるんだ。知恵を出し合うという発想が全然ないもの。

高橋　だから、ものがない、っていう前提で解決法を考えると、知恵を出すしかないいんだよね。

内田　そうなのよ！

高橋　日本は古来みんなそういう話だよね。「ない。じゃあどうする？」。それは知恵を絞らないと出てこないわけでしょ？　さっきの平さんの棚田の話だと、「なんでそんな不便なところでコメを作んのよ？　コメ、買えばいいじゃない」ってなる。そもそも祝島から移住しちゃえばいいじゃん、って話だよ。ところが、平さんは、そこで生きていくにはどうしたらいいか、と。コメさえ作れれば飢えないだろう、って。

内田　そこだよ、原点は。まず飢えないようにする。そのためにはどうしたらいいのか。そこから日本再生の道を考えるべきだと思う。

高橋　それも、すごいのは、平さんのおじいさんは、子孫が飢えないようにするにはどうしたらいいかっていうことだけを考えて、40年かけた。それって知恵だよね。

――だから、成長論者は、縮小均衡イコール不幸であるとか言うけど、都会で孤老死している老人よりも、祝島の人たちのほうが幸せだと思うし。縮小均衡や、右肩下がりのビジョンであっても、そこになにがしかの幸せを見出すというのは、俺たちの世代とか政治家なんかでは、すごく少数意見だろうけども、若い世代はそうでもないと思うんだよね。

高橋　結構、貧乏に慣れてるもん。

内田　今の20代の人たちのほうが、政治家たちより環境に適応してると思うよ。

――だから、それを示せばいいと思うんだよ。つまり、毎回言うけど、僕たち世代が早く死んじまえばいいっていう話なんだろうけど(笑)。

内田　でも、まあ、生きてるうちにいいことしなきゃ。後続世代のために。

高橋　もう自分たちのことはやったんで、あとはお手伝いをして死んでいきますよ(笑)。

「楽しい負け戦」の実践

――だから、僕たちぐらいの60代とか50代にはピンとこないかもしれないけど、20代や30代はわかってると思うんだよね。そういう形で、日本のOSというのは変わってきていると思う。祝島にUターン、Iターンする人がいるっていうのも、絶対そういうことだと思うんだよね。

内田　そうだね。

高橋　そう。だからUターン、Iターンしてる人は明らかに、生活水準で言えば低いところに来るわけ。確かに貧しい。お金はない。でもさ、「お金で何買う？」っていう話。高級なワイン買う？　いらないでしょ。テレビ観られるし、ちゃんとインターネットできるしね。結局、何にお金がかかるかっていったら、医療とか、老後、誰に世話してもらうかとか、そういうこと。それにはあんまりお金かかんないんだよ、祝島では。お金かかるシステムにしてるから、貧困はまずいってことになる。だったら、お金かからないシステムを作ったほうが合理的だっていう話になるでしょ？　そういう意味では祝島の人たち、極めて合理的だよね。だから、知恵がある、っていうことなんだ。

――そこで、「俺、都会に住んでるし、祝島なんかよくわかんない」って思われるかもしれないけれども、都市における祝島的な生活も、いくらでも可能だと思うし。いろんな方法で、その縮小均衡が決して不幸せではないんだ、という画は描けると思うんだよね。

内田　だからSIGHTで提言しようよ。だって、僕たちのこの対談の単行本、『沈む日本を愛せますか？』だったじゃない（笑）。

高橋　そうそう！　まさに『沈む日本を愛せますか？』だね。

内田　「ハウ・トゥ・シンク」だよね。「シンク・ディファレント」（笑）。

――だから、それをどれだけ楽しく見せることができるか、っていうスキルだよね。

内田　黒澤明の『七人の侍』の中で、平八（千秋実）をリクルートするときに、五郎兵衛（稲葉義男）が報告に来てさ。「いいやつを見つけた」って言う場面があるでしょ？　そのときに「腕はまず中の下」というふうに紹介するんだよ。「でも、話してると愉快なやつで、気持ちがはればれとする。ああいう人間は長い戦のときには重宝だ」って言うの。これは名言だと思った。実際に戦が始まって、雨に降り込められてみんなが気鬱になっているときに、千秋実はせっせとぼろ布を縫い合わせて旗を作ったりして、みんなをチアー・アップするわけ。個人としての戦闘能力はそこそこでも、集団のパフォーマンスを底上げする力がある。負け戦とか長期低落傾向局面のときに、「負けしろ」を少なくする能力とか、みんなの士気を高める能力とかって、今の日本の企業の人事考課基準ではゼロ査定なんだよ。負けても大きく崩れないとか、歩留まりを高めるとか、そういうような能力って、本当に貴重なんだけど、「勝つ戦略」の中では査定対象外なんだよ。

高橋　ほんとそのとおり！　あのね、祝島の人たちがやってるのは何かっていうと、たぶん、「負け戦」なんです。だって、近い将来、人口がゼロになるんだから。そういう意味では、僕たち人間はみんな負け戦をしているわけ。最後、死んじゃうんだからね。負け戦が通常の状態だって考えればいい。

内田　そうそうそう。

高橋　だから右肩上がりの発想は、自分が不死だという幻想に近いんじゃないかな。祝島って、原発に関しては止めてるから、ある意味勝ち戦をしている。でも、それによって島の人口が増えたりとか、若い人がいっぱい入ってきて盛んになるってことはない。だいたいこの国自体が、そういう衰退の相に入っているからね。その代わり、どうやって楽しく負け戦をしていくかってことが、大人の知恵になると思うんだ。それは実は、祝島も都会も変わらない。

老いは楽しい。貧乏は楽しい。滅びは楽しい

内田　まったく同じだね。前に、大学淘汰っていう問題があったときに、僕、文科省のお役人さんとか議員さんとかと会って、ずいぶん議論したんだよ。18歳人口がピークを超えて減ってきたとき、大学・短大、合わせて日本には1200もあった。メディアも中教審も、これからは大学淘汰の時代に入るんだから、各大学は競争しなければならない。優れた教育プログラムを持って、魅力のある商品展開のできる大学は生き残り、集客に失敗した学校は淘汰されて、市場から退場していくのである、と。そういう議論をしているから、「どうして18歳人口の減少と同じパーセンテージで各大学の定員を減らしていくっていう発想がないの？」って訊いたんだよ。

日本中に1200高等教育機関がある。それって、すばらしいことでしょ？　大きな社会的財産でしょ？　でも、競争原理導入にしたら、いずれ大学がひとつもない「無大学県」だって出てくるかもしれない。でも、それって大変なことだよ。実際には、街に

ひとつ大学があるってことは、外から見ているよりもずっと多くの「見えざる資産」を作り出しているんだから。学生たちが住むアパートとか、買い物する店とか、レストランとか、地域経済に貢献しているし、雇用も創出しているわけでしょ。大学には図書館もあるし、情報設備もあるし、災害のときに逃げ込める緑地だってある。

そういう資産は全部ゼロ査定なんだよ。「18歳人口が減ってきました。さあ、これから生き残りを賭けた戦いです。みんな、生き残り競争に負けた大学はつぶれます」って。その一方で巨大な大学はどんどん学部を増やし、定員を増やしてった。僕はそれはおかしいだろうと思って、提言したんだよ。どうして18歳人口の減少率と同率で全国の大学短大の定員数を削減するように行政指導しないのか、って。18歳人口、前年度比98%なら、全国の大学が一律定員98%にすれば、大学はつぶれなくてすむわけでしょ? 定年で3人辞めたら、新任は2人採るくらいの手当てで、ゆっくりと、数十年かかってソフトランディングできるじゃない。どうしてそうしないの? それが高等教育に対するダメージがいちばん少ないソリューションでしょ? でも、誰も同意してくれなかった。

——だからきっと、「沈む」とか、「負け戦」とか、「縮小均衡」って言うから、いけないんだと思うんだよ。

内田　そうなの? それ以外になんて言ったらいいの?

——何かそれとは違う、楽しげな言葉をさ。

内田　楽しげに言ってるじゃない! 楽しいぜ?

——でも、「沈む」とか言うと、それだけで反射的に「オエッ!」て拒否反応が出る人が、多いんじゃないかな。だから、それとは違う何か別の言葉を……たとえば、「だんだんすいてく日本を……」とか。

高橋　(笑)。すいてく日本。

内田　すいてくっていいね。

高橋　ハイテクみたいだよ。

内田　ははは!

高橋　ハイテク、ローテク、すいてく(笑)。

内田　「沈む」という言葉にネガティヴ・イメージを感じるってこと自体が、まだ成長戦略の虜だということだよね。本来、後退戦とか、しんがりを戦うっていうのは、軍事的にもっとも高い能力が求められるんだよ。

高橋　いや、だから、楽しげに言ってりゃいいんだよ、いつまでも。

内田　不思議だよね。成長戦略を語ってる人間が、暗くて不幸そうで、長期低落傾向のしんがりを戦ってる人が楽しそうで、っていうの。

高橋　そうだよ。「なんであんなに楽しそうに言ってるんだ?」と。

内田　ほんとに、しんがりが楽しそうにしてるってこと以外に説得力ってないと思うんだよ。「楽しいよ」っていうさ。老いは楽しい。貧乏は楽しい。滅びは楽しい。

今の都市生活は「原始時代以下」

内田　で、祝島の例でいちばん感動的なのはさ、基本的に、全然格差がないことですよね、島の中に。

高橋　そうそう、そうなんだ！

内田　全員が同じように苦しみ、同じようにリスクも分かち合ってる。パイが大きくなっているときって、パイの分配方法に多少不公平があっても、みんな文句言わないでしょ。とりあえず自分の取り分は毎年増えるから。でも、パイが縮むときって、分配のフェアネスが最優先課題になる。なんでおまえだけ取り分多いんだよということでケンカになる。だから、パイが増えなくなったときに知恵を使うのは、どうやって限りある資源をフェアに分割するかっていう問題なんだと思う。

今、アメリカで「ウォール街を占拠せよ！」っていう運動が起きているのは、結局、パイが小さくなりだしたから、分配方法の不公平が許せなくなったということでしょ？中国だってそうだと思うよ。今はパイが拡大しているプロセスだから、分配上の不公平は社会問題化しないけど、成長が止まったら大騒ぎになると思う。幸い日本の場合は、まだかつての「1億総中流」の遺産が残ってるから資源分配は比較的フェアなんだよ。それが中流下層から次々と脱落して貧困層に流れ込んでいる。ここをきちんと手当てしていけば、モラルハザードは起きないと思うよ。だって、日本には5億ドルの退職金もらったCEOとかっていないじゃない？

——はははは。

内田 ヨット何隻持ってるとか、自家用ジェット何機持ってるとか自慢するやつ、日本にはいないじゃない？　社会的資源の分配におけるフェアネスの達成っていう点でいえば、世界的に見ても日本は、まだずいぶんいいポジションにいると思うよ。せっかくそういうアドバンテージがあるんだからさ、ここにおいて資源の分配におけるもっともフェアな社会という形でさ、世界の模範になるのって、どうよ？

高橋 いや、いいですねえ。

内田 清く、貧しく、美しく。

高橋 祝島って、平均年収がすごく低いじゃない。でも、食べるのにはそんなに困らないんだよね。逆に都市のほうが……。

内田 そう。はるかに貧しい。これ、寺田寅彦（※注2）の言葉らしいけど、文化が進めば進むほど、自然災害によってもたらされる被害は巨大になっていくんだって。確かにそうだよね。掘っ立て小屋に住んでた原始時代だったら、嵐がピューッときて家が飛ばされても、またその辺から木っ端を集めてきて、掘っ立て小屋を建てればいいし、魚釣ったり、山菜摘んだりすることができる。でも、現代人ってそれができないんだよね。大地震のあとの東京なんて、もう、水も飲めないわけでしょ。

高橋 そう、まさに！

内田 目の前に川があっても、その水が飲めない。家も建て直せない。外に出ても食べるものなんか採取しようがない。だから、「地震のせいで原始生活に戻りました」っていう言い方は不正確なんだよ。原始生活以下なんだ。衣食住の基本である、住むところを建てたり、着るものを織ったり、食べものを自分で栽培したり獲ってきたりっていう基本的な営みそのものが構造的に不可能なんだから。都会人は金を稼ぐ能力以外の能力開発を禁じられているんだから。

地震で露呈したことがいっぱいあるけど、そのひとつは今言った自分自身を養う力の欠如だと思う。食べもの、飲みもの、雨露をしのぐところを自分の手で調達するっていう、人間にとってもっとも基本的なスキルが制度的に破壊されている。そういうものは全部商品として金で買うしかない。

今後、エネルギー消費量は減っていく

内田 僕、阪神淡路大震災のときに、3週間、被災者生活したんだけども、いちばん役に立ったのって、キャンプ用品なの。その頃僕、よく子供連れてキャンプしてたんだよね。最初、救済物資がなかなか届かなかった頃、キャンプ用品を押し入れから引き出してさ。キャンプって商品がないところで衣食住の基本を担保するっていう遊びでしょ？テントがあって、寝袋があって、ガソリン・ストーブがあって、水とか食料品とか、鍋釜とか庖丁とか、全部ワンセットでひょいって持てるようになってる。その装具の中に

折りたたみ式のポリタンクがあってね。自衛隊の給水車がようやく来たとき、水もらうために並んでたんだけども、みんな手に持ってるのってペットボトルなんだよ。俺だけ5リットルのポリタンクをカパッと出してさ、ドーッて注いでもらって（笑）。

——はははは。

内田　まわりのみんなに「いいもん持ってるのねえ……」って言われて（笑）。キャンプでは水って最重要なんだよ。飲むし、煮炊きもするし、手も洗うし、食器も洗うし。「商品がない」状態を想定している人って、都会にはいないんだよね。災害に対する心構え云々じゃなくて、そういう心構えをすること自体が禁圧されているような気がした。消費者たちが「商品が手に入らない状態」を想像したり、それに慣れたりすることって、市場からしたら絶対にあってはならないことだからね。

高橋　結局そこなんだよね。原発って、そういう意味では文明のひとつの象徴なんだ。すべてを商品や金に換算するということで、生存能力とか生存本能を忘れてここまできた。成長戦略の人は、忘れたままでずっと行こう、行けるんだ、ってまだ言ってるわけでしょ？　TPPの問題にしても、橋下（徹）さんの教育条例の問題にしても、煎じ詰めれば全部金じゃない。

内田　そうそう。ほしいものはなんでも金で買える。だから、金がもっとも緊急に必要なものなんだって。

高橋　しかも、「それがわからないやつはバカだ」って言うからね（笑）。

内田　いや、昨日の政治家だって「なんでこの理屈がわかんないんだ！　金がなきゃ生きていけないんだよ！」って、僕のことを未開人でも見るような眼で見てたよ（笑）。

――ははははは！

内田　「なんで原発反対なの？　原発がなかったら日本人は食えないんだよ！」って脅されて。それがほんとに「おまえには理論的思考ができないのか！」っていうあきれたような感じなの。「1回クーラーとか液晶テレビとかある生活ができた人間は、もう二度とブラウン管に戻れないし、二度と扇風機に戻れないんだよ。だから原発がいるの！」っていうロジックでしょ？　そのときわかったんだけど、日本のエネルギー政策のいちばん根本にあるのは、生活水準を1回上げたら落とせない、エネルギー消費も1回上げたら絶対落とせないっていう思い込みなんだよね。強固なイデオロギーだよね。貧しくなることは絶望的なことなんだ、と。

高橋　でも実際は、人口が減って、エネルギー消費も減るわけだし。電化製品はどんどん省エネになってるから、普通に考えると、エネルギー消費は減っていくのが自然だよ。

どんどん雇用を生まなくなる企業

内田　製造業だってそうだと思うよ。確かに重厚長大系の産業は、原発がなければ立ち行かなくなるだろうけれど、そもそも重厚長大型の産業なんてさ、日本では現にすごい勢いで空洞化しつつあるわけでしょ。生産拠点はほとんどが東アジア諸国に移っている。

そういうときに「大量にエネルギーを使う分野へのエネルギー備給の緊急性」を前面に掲げるのって説得力ないよね。

今、二極化してるんだよね、産業構造。チャカチャカとキーボード叩いて、それだけで何十億も何百億も利益を上げるような生産性の高いところばかりが今生き残ってるんだけど。でも、これが実は、日本の今の雇用不安の元凶なわけだよね。だって、生産性の高い企業ってさ、要するに「人間いらない企業」のことなんだから。

高橋　いらないよね。

内田　企業はどんどん収益を上げる一方で、巷にはどんどん失業者が増えてゆく。もちろん、生産性の非常に高い産業は必要なんだよ。でもさ、それと並行して、生産性は低いんだけど、その代わり大量の雇用を必要とする産業があって、そのふたつが両輪のようになっていることで国民経済は安定するんだよ。収益と雇用は車の両輪なんだけど、今の日本のグローバリストって、生産性が低いところは全部つぶせって発想でしょ。そういうものは外国から買えばいい、と。

高橋　そうだよね。農業とかね。

内田　でも、「買え」はいいけど、雇用はどうすんだって。1950年代の日本は国民の50%が農林水産業に従事してたのが、今、5%だからね。45%は、みんなサラリーマンになって、ほとんどが製造業に行ったわけでしょ？　その製造業が今、空洞化して、雇用を吸収できなくなった。日本の失業率、5%って言ってるけど、若年層ってたぶん

10％に近いと思うよ。この部分の雇用をどうやって創出するか、それをまず考えないと。

グローバリストって「トリクルダウン理論」だからさ、生産性の高いセクターが大儲けしたら、その潤沢なお金が回り回って、その人たちがフェラーリ買ったり、ロレックス買ったり、新地でシャンペン飲んだりすると、下々にまで金が行きわたってみんなリッチになるぞ、って話でしょ。でも、アメリカのウォール街の人みたいに、5億ドルとかいう個人資産を持っていても、家にしたって着るものにしたって車にしたって、身体という限界があるからさ。服だって1000着は着られないし、車だって5000台とか乗れないし。消費はしぼんじゃうんだよ。

「選択と集中」でアメリカではひと握りの超富裕層に富が集中したわけだけれど、彼らは税金を払わないし、消費さえしないんだよ。富裕層が小集団になればなるほど消費活動は鈍磨する。消費って、「みんなが適当に小銭を持っている」ときがいちばん活発で、格差が拡大するとダメになっちゃう、そういうもんでしょ。どうやって完全雇用に持ち込んで、みんながさくさくと小銭を使えるようにするのか、そういう発想がグローバリストには全然ないよね。

高橋　ないねえ。

内田　でも、祝島ってやっぱり、日本のオルタナティヴだと思う。ちょっと極端だけども。でも、もうこれ以上向こうはありませんよ、っていういちばん極左的なモデルでさ、祝島的生活でも充分リバブルであるっていうことを示しているわけでしょ？　実際の都市生活者は、いきなり祝島で生活はできないだろうけれど、そういう都市生活者にしても、祝島って、これぐらい限界集落的な生活環境であっても、人間は快適に暮らしていけるという、心強い壁があるわけだから。「ここまで行っても大丈夫だよ、みんなもっとこっち側に来ればいいのに」っていう。特に若い世代を勇気づけるんじゃないかな。

オキュパイ・ウォール・ストリートはニューヨークの祝島だった

高橋　これは（2011年）10月の「論壇時評」に書いたんだけど、ニューヨークのオキュパイ・ウォール・ストリートの映像が全部YouTubeで観られるんだよ。いちばんおもしろいのは、あれは一種の自然発生的なもので、ほとんどの参加者が、デモが初めてだっていうこと。アメリカでも、アンチ・グローバリズムの運動から始まって、イラク反戦とか、間断なく社会的運動はあったんだけど、今回のはまったく新顔なんだ。年齢も一気に若くなってる。それが驚きっていうのがまずひとつ。それと、もちろんデモは組織化するわけだけど、でも、従来のような垂直的組織じゃなくて……。

内田　リゾームね。

高橋　そう、全部リゾーム状の組織になってる。運動方針は毎日会議して決めると。

内田　祝島だね（笑）。

高橋　そう、同じなんだよね。だから、祝島から出ていった若者が、都市で集まってるような。

内田　なるほど！　祝島で、おばあさんたちがやってることを……。

高橋　それを都市でやってるんだよ。で、日本でも、オキュパイ・トウキョウっていうのがあったでしょ。世界同時でやったときだから、10月15日ですね。100人ちょっとぐらい集まって。でも、何がダメって、自然発生的に集まってやってたみたいなんだけど、デモが始まる時間まで、みんなボーッと立ってるの。そこでしゃべる人が誰もいない！　オキュパイ・ウォール・ストリートも、カリフォルニアのデモも、ナオミ・クライン（※注3）とか、ジョセフ・スティグリッツ（※注4）とかが出てきて、先輩世代がきちんとした理論的なメッセージを若者に伝えるんだよ。ニューヨークの公園はマイク禁止になったんで、人間マイクロフォンで。

内田　伝言ゲーム？

高橋　そう。ナオミ・クラインが「私は！」って言うと、30人ぐらいが「私は！」って。ずーっとこだましてる。人間リツイートだ。で、そのこだまが、いちばん後ろまで行ったら、またナオミ・クラインが次の言葉を言う。超アナログなんだ。
　その話がおもしろくて。ナオミ・クラインが、マイクなしで、なぜアンチ・グローバリズム運動が失敗したかという話をする。アンチ・グローバリズム運動って、たとえば「G8反対」とか、それが行われているときに、行われている場所に行ってやるでしょ。で、それが終わると、また次の場所へ行く。場所を次々と変えざるを得なかったから、根付かなかったんだ、と。あらゆる社会的運動は、どんなに繰り返されても、根付かない限り、消え去る。「でも、あなたたちは場所を決めた。この運動のすばらしいところは、場所を決めたところなんだ」っていうことを、きちんと言うんだよね。つまり、それって祝島だよね。

内田　うん！

高橋　それは、空間的な場所でもいいんです。「この時代」とか、時間的な場所でもいいかもしれない。ウォール・ストリートっていったって、コンクリートだからね（笑）。まあ、「格差を訴えてるのにあんたMac持ってるじゃないか！」とか、「1％の金持ちと99％の貧乏人って言うけど、アメリカの99％は他の国に行くと金持ちの何％になるだろう」とかいう批判を浴びてるわけだけれど。でも、そういう問題じゃないよね。ナオミ・クラインは、つまり、格差の問題っていうのは、ひとつはオキュパイ・ウォール・ストリートに出て来ている若者個人の問題であると同時に、アンチ・グローバリズム運動の延長として、その反省の上に出てきたものだって言うんです。だから、アメリカで起こっている「自分たちは貧しい」という現実を変えるためには、この場所に根を張って、長く、その原因を探して、追及していかないといけないと。だから、終わりがない。職を得た人からバイバイ、っていうことではない。ウォール・ストリートっていう象徴的な場所だけど、そこに行って、自分が働くということは何かということを考えなさい、という運動なんだ。これはなかなか、いいよね。

「金で動かない」ことの大事さと重さ

――だから、高橋さんが言うように、日本でオキュパイ・トウキョウをやっても、海外とは民主主義の成り立ち自体から違うし、ノウハウもないから、ヘナヘナってなっちゃうんだけども。でも、祝島っていうのはいろんな面で、日本的な民主主義のあり方があるというか……。

高橋　うん。祝島って、民主主義の原形みたいなものがあるよね。

――そうそう。だから、地元に原発が作られるってことは、ありとあらゆるカードを出されるわけで。「お金は？」「雇用は？」って出されて、やっぱりそれは効くわけだよね、現実的に。だから、それに勝つためには、それに勝つだけのタフネスと、最終的なヴィジョンを持ってないといけないわけだけども、祝島にはそれがハナからある。だから、どんなカードも効かない状態なんだよね。だからこそ、お金を持ってこられても「別にいらない」って言えるし、だからこそ反対運動が30年間も続いているし。で、それが現実的な政治勢力としても、有効だったわけだよね。いまだに原発を止められてるっていうことは。

高橋　うん、そうだね。

内田　基本は10億8000万円を供託したっていうことだよね。結局、日本の成長論者たちとかグローバリストの最大の難点っていうのはさ、すべての人間は金で動くって思ってるでしょ？　金で動かないところに人間の個性があるんだけどね。
高橋　うん。おもしろかったのは、祝島では、30年前に町長が原発を認めてね、祝島の漁協のトップも認めたら、リコールしちゃったんだ、漁協のトップを。
――すごいね。本当に民主主義なんだね。
高橋　それ以降はまったく、「お金はいらない」ってことで通してる。
――うん。ただ、普通はさ、やっぱりお金はほしいから……。
内田　いやあ、ほしくないと思うよ。
――俺はほしいと思う、普通の人は。だから「ほしくないよね？　それでいいよね？」って言っちゃうと、そこで負けると思う。
高橋　お金がいらないって条件があったと思うんだよね、祝島には。
――そうそう、そういうことだよね。
高橋　その条件がない、もともと、農業も漁業も弱いし産業もない、それこそ原発が来ないと暮らせないようなところだと……。
――となると、どうしても、金はすごいパワーを持ってしまうよね。
内田　だから、原発の立地条件って、貧しいところを狙い撃ちするわけだからね。そこでなんで祝島ががんばれるのかっていうと、歴史がある、文化がある、こっちのほうが豊かなんだっていうプライドがあるからでしょ。他の地方では反対運動が維持できずに、祝島でできたっていうのは、たぶんその豊かさの違いだよね。

高橋　うん。つまり、お金とは別種の豊かさを持ってるから、お金の豊かさを持ってこられても、「それのどこがいいの？」って言える。

内田　そう。貧しいっていうのはさ、お金がないことじゃない。お金の前でよろめいてしまうのが貧しいっていうことだと思うよ。札束見せられても「それが何か？」って言える、それが豊かってことなんじゃないの？

なぜ我々は「世の中、金じゃない」と言わなくなったのか

——そうだよね。だから今、それをいかにして、都市生活者にも見せられるかだよね。

内田　お金ばっかりじゃないぞ、ということを、とにかくこれから言わなきゃいけないんじゃない？　あたりまえだけど。そんなこと言わなきゃいけないのか……。

高橋　（笑）いやいや、でもさ、そういうことを僕らの両親とかおじいちゃん、おばあちゃんは言ってたよね。

内田　言ってたよね。でも、僕ら、言ってない。

高橋　そうなんだ。僕らの世代は言わなかった。

——それはやっぱり、社会が右肩上がりの時代だと、なかなか、有効な言葉じゃなかったからね。

内田　右肩上がりの時代に何が起きたかっていうとさ、なんだかんだ言いながら、ここにいる我々だって、好き勝手なことやってたわりにはさ、ある段階からお金が入ってき

たりするわけじゃない。そこそこ社会的に成功するわけじゃない？ そうするとさ、「あ、才能があって努力する人間には、それなりに金が入ってくるんだ」っていうふうに、フッと魔が差しちゃうんだよね。

――はははは。

高橋 よくないよね。

内田 つまり、努力して才能があれば、必ずお金は入ってくるんだ、っていう経験則にうっかり自分でうなずいちゃうんだよ。そういうふうに一度同意しちゃうと、金が欲しいって言う人に向かって、「いや、金なんかあってもなくても関係ないよ」って、すごく言いにくくなるでしょ。

高橋 言いにくいよね。僕たちもある意味、毒を食っちゃったから。

内田 僕ら3人とも今、すごい貧乏でさ、ガリ版刷ってSIGHT出してたら、「金なんか関係ない！」って胸を張って言えたと思うんだよ。だけどね、今、こういう感じでさ、「いや、金はいらないよ」とか言ってるのって……。

高橋 むかつくよね（笑）。

内田 態度悪いよね。だけど、才能や努力と収入がある程度比例するっていうことが、右肩上がりの時代って局所的には起こるわけだよね。はじめはもちろん体制順応派の人たちのところにお金が行くんだけどさ。何しろ余ってるからさ。はじっこのほうでぶつぶつ言ってた我々みたいな連中にも、そのうちまさしく「トリクルダウン」でお金が入ってきたりする。そうすると、「このシステムって、結構フェアじゃん」って思っちゃうんだよね。

高橋　でもさ、まあ、お金があるときもあるじゃない？

内田　ははは！

高橋　でもね、そういうときって、なんかあんまり気持ちよくないんだよね。使わないし。使ったら使ったで、「なんでこんなに使っちゃうんだろう？」とか思うしさ。やっぱり僕ら、親の教育で、「人間、お金じゃないよ」とか、「無駄遣いすんじゃないよ」って言われて育ってきたから。お金がある状態が日常になると、「これ、おかしいよ」って、自分でも思ってたもん。まあ今は諸般の事情で、いろいろ借金を抱えて、正常に戻りましたが（笑）。

内田　僕も、洗いざらい貯金吐き出して、銀行から金借りて、道場を作って、「最終的に法人化してみなさんに寄付します」っていうふうにしてさ。やっぱり、個人資産を積み上げていくことに対しては、ものすごい疚しさがある。「それはまずいんじゃないの？」って。

高橋　社会に返さなきゃいけないよね。というか、若い人に。

内田　そうそう。若い人にチャンスを与えるっていうね。お金って、必ずある程度滞留するっていうか、ものはずみでどこかにお金が来るってこともあるわけで。来たら来たで、「俺はこれだけ才能あるんだから、もらって当然だ。じゃあポルシェ買おう！」

じゃなくてさ。やっぱり、社会に還元すればいいんだよね。

わかりやすく二項対立にしてはいけない

高橋　うん。それでね、さっき画を出せというふうに渋谷くんが言ったけど、個人個人の画でいいと思うんだ。つまり、何がうっとうしいかっていうと、これからも原発は推進して、エネルギーはこのまま増やしていって、日本はまだ拡大できるというような画って、すごくシンプルでしょ？　ＴＰＰだって、反対派はいろんな画があるんだけど、賛成派は1個しかない。

内田　そうそうそう。

高橋　ひとつの画に収斂させて、その議論をイエスかノーかにすると、強制的にその人は1色の画でしかなくなるのが、ヤバいよね。たとえば脱原発でも、100人100とおりあればいいと思うんだ。僕は一応脱原発だけど、それよりも、自由で寛容な空間のほうが重要だね、って思ってる。そういうことを言いにくくなってるのが、いちばんの問題だと思う。

そういう議論は二項対立に落とし込まれがちだけど、僕はそれには乗らないで、100とおりの画を描きたい。僕と内田さんと渋谷さんが、同じことを言わなくていいわけだし。好みも違うし、やりかたも違うよね。だから、若い子も、それぞれの違った画が考えられたり、想像できたりするようなシチュエーションが作られればいいなと思うんだ。

たとえば、子供を抱えてるお母さんたちって、ある種、過激にならざるを得ない。沖縄に逃げてる人、僕の周りでも多いんだ。それぐらい、もう日本は危ないって思ってる。正直に言って、それは少し極端だと思うけど、そういう考え方もあっていい。それから、親が、放射能が危険だからって学校で子供に一切牛乳飲ませないとかさ、その子だけずっとマスクさせてるとか、それはよくないと思うんだ。確かに、健康の問題はあるけども、それですごく狭いところに追い詰められちゃう。だから、そうならないようなやりかたを、僕らが提示して、言っていかないと。

それは「楽しい」ってことだと思うんだよ、具体的に言うと。だって、学校行ってひとりだけマスクして、牛乳飲むのを拒否してたらさ、その子は楽しくないよね。

内田　それで健康リスクは回避されても、メンタルリスクっていうのがあるわけだからね。友達ができないとか。そのほうが身体に悪いよね。

高橋　それぐらい余裕がなくなってる。もしかしたら、もともとはそういうことをさせる親じゃなかったかもしれないけど、そこまで追い詰められてるわけなんだ。もはや選択肢を失ってしまっているわけだよね。

内田　そうだね。

高橋　僕らは、幅広く、「もっと楽なやりかたがあっていいよ」とかさ、「もっと適当なやりかたでもいいんだよ」っていうふうに、言わなきゃいけないんじゃないのかなあって思うんだよ。だから、脱原発と原発推進の間にグラデーションがあって、「これ、どっちだよ？」っていう意見もあっていいと思う。今はまた、結局2色に大きく分かれるみたいになっていっているのが、いちばんヤバいんじゃない？　「おまえはどっちだ!?」って。

内田　わかりやすくしちゃダメだよ、ほんとに。

もう現実に「新しいオルタナティヴ」は始まっている

――そうだよね。だから、それの究極なのが、橋下徹の手法なわけだけれども。

高橋　そういうことですよね。

――「悪いやつといいやつと、どっちなんだおまえは。悪いやつはやっつけなきゃいけねえんだ！」っていうのは、すごく飲み込みやすいから。だから、それに対してどう対抗していくかって考えると、それよりもっとおもしろい、興味深い話を作らなきゃいけないんだよね。「それじゃダメだよね」って言ってるだけだと、それに勝てないから。そこがなかなか難しくて。

高橋　うん、楽しいものを作んなきゃいけないよ。だからね、口はばったいんですが、僕は『恋する原発』という小説を書きました。「楽しきゃいいんじゃない？」ってつもりだったんだけど（笑）。

内田　ははははは！

高橋　もちろん、ある種の「イデオロギー小説」として書いたんだけど、「イデオロギー小説」が楽しくてもいいんじゃないのかな、って思った。おもしろきゃなんでもいい。

だから、いろんなやりかたがあるっていうのを見せることができればね。こういうのもあるし、ああいうのもあるから、きっと他にもありますよ、って。

内田　「みんな考えてね」って。あとはとにかく、祝島みたいに、実際にいろんなオルタナティヴを実践したり、提案している人……前だったら、リベラル派とか脱原発っていうと、エコとか有機農業とかコミューンとか、そういう定型があったじゃない？　そういう定型的なオルタナティヴに対する違和感というか、うんざり感があって。実際には、その次の世代って、そういう従来の定型的な反権力に収まらないような、自由な形で、どんどんやってると思うんだよね。だから、もうちょっとマスメディアはさ……ほんとにメディアは、そういう動きを、まったく知らないからね。

高橋　固定観念があるからね。こういうもんだって、最初っから色眼鏡で見て、報道するから。

内田　こないだ、赤旗の取材が来たんだけど。要するに、橋下徹批判の文脈で、「内田先生も、独裁対民主という構図で、独裁者を倒すべきというふうにお考えですか？」って言うわけ。「全然そう思ってません！」って。「あの人は真の民主主義者だ」っていうね（笑）。

高橋　そうだよね。

内田　「独裁対民主」なんて、一体何年前の話してるんだよ？　ほんとにそういう図式で考えてるんだよね。強権的な手法に対して、民主主義の手法を絶やしちゃいけない、みたいな。そんな話じゃないよ。

でもさ、さっき話したみたいな、さまざまな形でのオルタナティヴの実践は、既に起きていて、これからもっと強くなっていくと思う。無名の若い世代はね。そういう人たちを勇気づけるのがこのSIGHTのようなミドルメディアの使命ではなかろうか！

高橋　うん。だからこれ、究極には、民主主義の問題なんです。民主主義っていうのは、民衆が自分自身をどうやって統治するかって問題でしょ。それはギリシア時代からあって、未完のプロジェクトでもある。今の議会制民主主義が最終形態であるわけではなく、とりあえず今はこれでやっている、という側面もあるわけだから。それがうまくいってるときは、とりあえず大過なく過ごしてればいいけど、ここまでぐしゃぐしゃになってくると、このシステム自体を原理的に考え直すタイミングなんじゃないかな。

「日本の未来のロールモデル」を描けるのは誰か、何か

——というか、もう考えざるを得ないよね、今のこの状況だと。そこで祝島というのは、すばらしいモデルケースだよね。

内田　そうだね。勇気づけられる話だよね。

高橋　つまり、原発問題っていうよりも、日本の未来の話なんだよね。これからの高齢化社会、シュリンクしていく社会をどうすればいいのか、って考えるとき、「あ、こうすればいいんだ！」って、いい例なんだ。

僕が教えてる学生の親戚のおじいさんが、伊勢湾で漁師をやっていた。80すぎで亡くなる日まで漁をしてたんだって。最後の日は、沖へ出て行って、帰ってこないんで、漁師仲間が探しに行ったら、船で死んでいた。

――へえー！

内田　すごいね！　そういう死に方をしたいねえ。

高橋　その日まで元気だったんだ。それは理想的な死に方なんだけども、それには、それを担保する元気さや、そういうタフな精神を養ってくれる共同体があるから、安心して死ねる。漁に行って死んでも、ちゃんと見つけてくれるしね。

内田　そこが大きいね。ひとりで逝っちゃってそのままカモメに食われてましたってんじゃ、悲しいもんね。

高橋　そういう共同体が与える安心感は、お金で買えないじゃない。漁師とかさ、定年ないし。できるだけ最後まで生きて、最後の日まで仕事して、枯木が折れるように、ポキッと。

内田　いいねえ。

高橋　そのためには、健康じゃなきゃダメなんだよね。健康だから最後の日まで働いていられる。だから、一種のユートピアではあるんだけどさ、でもそれは、夢想するユートピアじゃなくて、到達可能なんだ。

――だから、しつこく言うけど、その画をどうやって見せるかだよね。「貧困に耐えながらがんばる反権力の住民たち」じゃなくて、「こんな幸せでこんな楽しいものだよ」

っていうことを見せる。その伊勢湾の漁師町や祝島は、現実にもうそれを実践してるわけだから。

高橋　ただ、近代社会では、その画を小説が見せたでしょ？

内田　なるほど。

高橋　ロールモデルを小説が提示していた。夏目漱石とか。苦労して、勉強して、出世して、最後は功成り名遂げて死ぬ、みたいなのが理想。勉強していると最後にはいい生活ができる。でも、途中の青春時代は悩む、っていうロールモデルを小説が果たしてきたんだけど、今やもう、小説にはそんな力はないしね。

だから、ロールモデルもないんだよ。あるのは、右肩上がりで、お金儲けていくと幸せになるよ、っていうモデルか、さっき内田さんが言ったように、「エネルギーがなくなると大変なことになるよ」とか、「いったん上げた生活水準は下げられない」とか、そういう脅かすような画しか、供給されてない。だから、もしかするとこれからは、SIGHTが、とは言わないけど、後期近代、後期資本主義の中で、誰かがそういう画を描かないといけないのかもしれない。後期資本主義の最初のイメージは、90年代、すごく豊かだと思ってたけど、その後期を過ぎると、もう、辺境も開発し尽くして、資源もなくなっていた。

内田　市場もなくなっちゃってるからね。焼き畑農業だからさ、資本主義って。全部焼き尽くして、なんにもなくなっちゃって、今、茫然自失してるってことでしょ。

高橋　とすると、これからは世界全体が黄昏の世界に入っていくのかもしれない。それをいかに美しいものとして画を描くか、っていう仕事になるかもしれないね。

内田　これ、相当構想力のある作家じゃなかったら書けないよね。この世代、この時代における ロールモデルって、個人の生き方じゃなくて、どちらかというと集団の生き方でしょ。そういう『戦争と平和』みたいなの書いてよ、源ちゃん。

高橋　マルクスがさ、こういう後期資本主義を知ってたら書いただろうね（笑）。

内田　ははははは！　ほんとだね。

高橋　ほんとに書きそうだよね。高度に発達した資本主義のもとで、人間はどうなるかっていうのを。

内田　トルストイも書きそうだな。

高橋　そうそう、共著、マルクスとトルストイの（笑）。結論として、「やっぱり農業だよ！」ってなってたかも。

内田　なるだろうね。あ、でも、マルクスはわりと右肩上がり好きだからなあ。

高橋　いや、そうでもない部分もあるよ。『経済学・哲学草稿』で、疎外論やってますからね。

内田　そうだね。昼間は狩りをして、夜は批評をするっていう。

高橋　「今こそその時代だ」って言うかもしれない。いいね、後期資本論。っていうか、末期資本論。

内田　（笑）。読みたいです。

注1　『ミツバチの羽音と地球の回転』っていう映画と、『祝《ほうり》の島』っていう映画：『ミツバチの羽音と地球の回転』は鎌仲ひとみ監督、『祝《ほうり》の島』は纐纈あや監督のドキュメンタリー映画、いずれも2010年製作。

注2　寺田寅彦：1878年〜1935年。物理学者だが、俳人、随筆家としても活動。夏目漱石の門下生のひとり。内田樹が引き合いに出している言葉は、『天災と国防』の中の、以下の箇所。「いつも忘れられ勝な重大な要項がある。それは、文明が進めば進むほど天然の暴威による災害がその劇烈の度を増すという事実である」

注3　ナオミ・クライン：カナダのジャーナリスト。1970年生まれ。反グローバリゼーションを訴える活動家として知られる。著書に『ブランドなんか、いらない』（2001年）、『貧困と不正を生む資本主義を潰せ』（2003年）、『ショック・ドクトリン―惨事便乗型資本主義の正体を暴く』（2011年）など。

注4　ジョセフ・スティグリッツ：アメリカの経済学者。コロンビア大学教授。1943年生まれ。著書に『人間が幸福になる経済とは何か―世界が90年代の失敗から学んだこと』（2003年）、『世界に格差をバラ撒いたグローバリズムを正す』（2006年）など。2001年にノーベル経済学賞を受賞している。

第6回

我々が、橋下徹を生み出した

橋下徹、「君が代起立義務化」などの教育改革を進める

2008年9月、橋下徹大阪府知事は、全国学力テストの大阪府の成績が2年連続で低迷したことを受け、「教育非常事態宣言」を発表。テストの市町村別結果の公表や、不適格教員に対する分限免職の厳格な適用などの取り組みを徹底する考えを示した（分限免職については後日撤回）。また、同月に行った講演で、「PTAが機能していない故の現状であり、形式主義に陥っている。PTAを解体する」と発言。学力テストの市町村別結果公表要請について、「指導助言が無視されるようなら府教育委員会も解散する」と明言した。翌日に出演した地元FM局の公開生放送では、テストの結果公表に消極的な市町村教育委員会について「クソ教育委員会が、みんな『発表しない』と言う」などと述べた。

2009年6月、大阪府教育委員会は、橋下府知事の発案どおり、府立高校からの難関大学への合格者6割増を目指すため、優秀な生徒を集める「進学指導特色校」10校を決定、2011年春からスタート。同年6月には大阪府議会で、大阪維新の会が提案した、式典などの君が代斉唱時に教職員に起立・斉唱などを義務付ける「君が代起立条例」が全国で初めて可決。2012年2月には大阪市議会でも可決された。2011年9月、橋下率いる大阪維新の会は、教育への政治介入や評価の低い教員の処分規定などを盛り込んだ、教育基本条例案を府議会に提出。大阪府教育委員会は反対したが、11月の大阪市長選・大阪府知事選で市長に橋下徹、府知事に松井一郎（大阪維新の会幹事長）が当選したのを受け、松井知事が内容を一部修正し、改めて提案した「教育行政基本条例、府立学校条例」と「職員基本条例」が、2012年3月23日に府議会で可決、成立した。

対談日：2012年2月14日

橋下徹問題はおもしろい

高橋　3・11から1年だよね。このSIGHT、出るの、いつ?

――（2012年）3月10日です。

高橋　3月10日かあ。だから、まだ1年経ってないんだよね。長い1年だったなあ。

内田　もう、遠い昔のようだねえ。

高橋　この1年間いろいろあったし、この数ヵ月だっていろいろあったわけだよね。だから、1年間を振り返るっていう話にはなると思うんだけども、今、内田さんが何を考えてるのかっていうことを、今日はちょっと聞きたいなあと思って。

内田　うん。

高橋　だからまず、「僕が考えてることを言います」っていうところから始めようかなと思います。

また単行本になるので、このSIGHTの対談のゲラを、昨日直してました。5回分読み返して、僕たち、結構いいこと言ってるなあ、と（笑）。3・11後が3回分、それ以前が2回分あって、もちろん雰囲気はガラッと変わってるんだけど、言ってることの基調はほとんど変わってない。

震災が起こる前から、「この国はどうなるかねえ」とか、で、「どうなるかねえ」って言っててもしょうがないから、もうちょっと具体的なことを考えたほうがいいよね、とか、「こうしたら?」とか、「この方向があるんじゃないの?」と言おう、ってそんな話をしてたんだよね。

それで、3・11が起こった。この震災と原発事故自体は予想外だったけど、そこから派生した問題については、意外というよりも、僕たちが危惧してきたことがそのとおりに、最悪の形で起こってしまったな、ということだった。

で、3・11後の3回とも、こうするべきじゃないかって話を、内田さんとしてきたんですね。その続きを、特にこの数ヵ月、具体的に考えようと思ってたんです。

ひとつは、橋下徹問題を考えようと思った。橋下さんの問題って、変な話、すごくおもしろい。

内田　うん、おもしろい。

高橋　ひとりの特異な政治家の出現っていうより、まさにこういう時期に、出てくるべくして出てきた人だなと思った。今のこの国のありさまとか、この国がこれからどうしていくかを考える上で、橋下さんってすごくいいサンプルだと思うんだよね。だから、彼個人の資質っていうよりも、橋下さん的な存在が今出てきたのは、必然的だと思ったんです。で、今、橋下研究を、例によって(笑)。

内田　著書を読みまくってる?

高橋　読んでる読んでる。

内田　偉いなあ!

橋下流リアリズムとは

高橋　たとえばこれ（本を出す）、『どうして君は友だちがいないのか』（※注1）。

内田　それ、本人に言いたい話だね。

高橋　うん、友達はいないって書いてある。俺は、仕事抜きで1年に1回ぐらい話せる人がひとりいるだけだ、と。そして、友達は必要ない。という話を、縷々と書いている。

内田　（笑）。縷々と書いてるの？

高橋　縷々と書いてる。たとえば、学校でいじめに遭うでしょ。どうすればいいかといったら、いかに相手に取り入るかが大切だと。つまり、子供たちに向かって、「空気を読め！」と教えるわけです。学校っていうのは知識を得る場所じゃなくて、いかに人間関係で被害を被らずにすむかを学ぶ場所だ、って。これはひとつの教育観なんだよね。

内田　ひとつの見識だね。

高橋　簡単にいうと、性悪説なんだよね、完全に。その章で攻撃されてるのは、建て前を言う教師なんだ。

内田　あの人、ほんとに教師という人種が嫌いだね。

高橋　「友達を作れ」とか、大人はきれいごとを言うだろう、と。ある種のリアリズムだよね。人間は自分のことしか考えていない、自分の欲望に従って生きている。強い者は弱い者を従える、でも強い者もすぐ足をすくわれる。そういう、強い者になってる奴と、弱い者になってる奴の間で、いかに効率よく生きていくかを知らなければならない、って断固として主張してる。それもひとつの思想だから、いいんだけど。ただ、そういう人に首長になってもらいたくはないな、と思うだけの話（笑）。

でも、こういう発想自体は……つまり、リアリズムと称する考え方って、ずっとあるわけじゃない？　理想主義に反発するわけだよね。「そんなのはただのイデオロギーじゃないか！　きれいごとを言ってんじゃない！　そんなことでメシが食えるか！」と。こういう言い方は、綿々とあるわけ。

内田　うん。でも、それに対抗するのは難しいよ。吉本隆明言うところの「大衆の原像」だもの（笑）。

高橋　そうそう。当人には、徹底したリアリズムだっていう確信がある。「どうせおまえだって金が好きだろ？」って言ってる。それがひとつの真理であることは間違いない。理想っていうのは、ある種イデオロギー的なものだからね。でも、そういうことを政治家も言えなくなってくる。政治家が言う理想主義的なイデオロギーは「全部ダメだ！」ってことになる。それと同時に、先生も……先生が大嫌いなんだよね、この人。

内田　嫌いだね。すごいルサンチマンを感じる。

高橋　しかも、その感覚は、支持されやすい。余裕がある社会ならともかく、余裕がなくなればなくなるほど、「俺に金をよこせ！」となってくる。そのためにはどんな手段を使ってもいいという発想に、雪崩を打って向かっている。すごく正直な人だと思うんだよ。

内田　うん、正直だね、確かに。

高橋　ただ、僕たちは、この対談でずーっと言ってるんですが、日本という国に生きてるおじさんとして、この社会というものを、「こういう方向にしていったら、少しはましになるんじゃないか」と考える者としては、彼が目指す方向に行くのはよくないと思う。

この人のディスカッションを見てると、「現実を知らない」という言い方がよく出てくる。これも昔からあるんだよね。だって、理想主義というのは、ある意味現実から離れたところで初めて成り立つわけだからさ。「現実を知らない」って言われても、そりゃそうだよ！　って言うしかない（笑）。それが理想主義なんだから。

まあ、そうも言ってられないから、では僕たちの側の、オルタナティヴというか、対案を考えてみたいと思ったんです。

クラスも学年もカリキュラムもない、先生も生徒もいない学校

高橋　たとえば、教育問題を考えてみるとする。橋下さんの大阪維新も、まず取っかかりは教育問題だった。今度、石原慎太郎がやろうとしてる新党も、教育が重要なテーマ。

教育は、直接的には子供が対象ですよね。でも、共同体をどうするかとか、この世界をどう考えるかという場合に、とりあえず教育についてどう考えているかが、スタート

地点になるだろうと思うんです。だからこちらのほうからも、原理的な対案を出していこうと、考えてるんです。

内田　うーん、なるほど！

高橋　「論壇時評」にも少し書いたんだけど、『世界』の2月号に載っていた、「きのくに子どもの村学園」という、自由教育をやっている学校が、和歌山にあるんです。ここがすごくおもしろい。簡単に言うと、一応小学校なんだけど、中学校も併設されてる。その学校では、クラスがない。学年もない。「先生」がいない。だから、「生徒」もいない。何より、カリキュラムがない！

――ええっ⁉

高橋　1年2組とか2年3組という、いわゆるクラスはないんです。その代わりに、「劇団きのくに」とか、メインの体験学習の内容がついた「クラス」みたいなものがある。その子たちは、主な活動として劇をやる。そういうカリキュラムは、クラスごとに……クラスっていうか、枠だよね。年齢は関係ないから。その枠ごとに全部違う。劇団の枠では、1日の半分ぐらい劇に関係あることをやっている。その合間に算数とか国語の授業もあるんだけど。でも、この学校は、いわゆるフリースクールじゃなくて、文科省が認可してる、正式の学校なんです。

――へえー、そうなんだ⁉

高橋　そこが画期的なんですね。文科省の決めた、いわゆる「一条校」という、正式な学校なんですよ。そこを卒業しないと、卒業したと認定もされないし、義務教育修了ということにもならない。だから、この学校は、一条校の認定をもらうために、10年以上かけた。で、結局、OKになった。文科省の中の革新派官僚に働きかけたんですね。要するに、6年間で学ぶべきことを学びさえすれば、どういう順番で学んでもいい、ということを、認めさせちゃった。

「一切教えない」究極の学校

高橋　その記事を読んでから、フリースクールをいろいろ調べてみた。今、世界でもっとも進んでいると言われているのは、アメリカのマサチューセッツにある、サドベリー・バレー・スクールっていうところ。4歳から19歳までの生徒が通っている。ここも、クラスがない。学年もない。いるのは先生じゃなくてスタッフ。対等の関係でいるために、先生といわずに、お互い名前で呼んでいる。サドベリー・バレーは、さらに徹底していて、日本の学校は、まだ一応時間割を組んであるんだけど、それすらない。授業すらない。では、何してるかっていうと、ずーっと遊んでいる。教師役の人は、一切なんにもしない。教えない。

内田　子供たちが「教えて」って言うまで教えない？

高橋　そう！　だから、10歳で読み書きができない子がいる。結局、どうなるか。卒業時……というか、いわゆる卒業もないんだけど、最終的に全員が読み書きができるようになって、しかも普通の学校より成績がいい。成績がいいといっても、成績をつけるための試験もないんだけど。

たとえばどういうふうに勉強するか。「そろそろ数学を勉強したいんですが」と言って、9歳から12歳までの子が何人か集まって、スタッフに頼みに行く。そして、スタッフと契約を結ぶ。たとえば「毎週、火曜と木曜の11時から30分ずつ教える」っていうように。その約束を破ったらもう教えない、って言い渡す。こういうやり方で、小学校6年間分の勉強が、だいたい24週間で終わっちゃうそうです。

内田　まあそうかもしれないね。

高橋　トータルで24週以上かかったことが、1回もないそうです。だから10歳で始めても、10歳のうちに6年分が終わる。全部そういうシステム。つまり、本来子供が持っている、学びたい能力を伸ばすと。だから教師に必要なのは、いかに教えるのを我慢するかということ。教えないから、何年もずっと釣りだけやってる子もいる。その子が、のちにどうなったかっていうと、コンピューターの専門家になっちゃった。

内田　ははは！

高橋　当人に興味が出るまで、なんにも教えない。だから、森に行ったきり、1日帰ってこない子もいる。これ、教育システムとして、すごくおもしろいと思ったんだ。

４歳から始まる民主主義の実践

高橋　で、この学校のいちばんすごいところは他にあるんです。ここには、意思決定機関というか、一種の議会がある。校則も、経営問題も、教師の採用や解雇も、全部そこで決める。生徒とスタッフ全員の投票で決まるんだ。週に1回、全員が集まって。4歳児から19歳までの生徒とスタッフ、全員が1票ずつ持っている。あり得ないよね、普通。だから、4歳児に1票なんて、頭おかしいと言われる。でもこれ、実は、民主主義の訓練なんです。

内田　うん、そういうことだよね。

高橋　その学校長で、創立者である人の本も読んだけど、「いちばん重要なのはそこだと考えている」としてる。あとはある意味付け足し。マサチューセッツは、タウン・ミーティングの本場なんです。すべてを自分たちで決める。自己決定。だから、自己決定することを教えるのが教育だ、というのが根本。それだけは譲れない。

普通に考えると、「子供に投票なんかさせたら、絶対おかしな結果になる」でしょ。ところが実際は、子供には知恵がある。たとえば、裁判をやるでしょ。ちっちゃい子が何かを訴える場合、字が書けないので、上の子が書いてあげる。そこで話し合う。当然、失敗もつきまとうけども、最終的にすべての結果責任は、その生徒たち自身が負わなきゃいけないので、すごくシビアなシステムなんですね。

だから、教育システム自体が、いわゆるフリースクールの延長上にある。もうひとつは民主主義で、学校の中心にあるのが自己決定という考え方。教育は、子供が自ら学びたいと思っている力を見つけて伸ばすことと、そのことについて自分で決定できること、この2点だけ、っていうんだ。

――すごい。究極の性善説なんだね。

高橋　そうそう。それから、いじめが一切ないと書いてある。クラスがあるからいじめが発生する。そもそも学年もないしクラスもないから、いじめが生まれない。学習障害といじめは、発生したことがないって。

もちろん、究極の性善説っていえば性善説なんだけど、それだけじゃなくて、「人間にはもともと能力が備わってますよ」と考えてる。だから、大変なのは先生なんです。生徒たちが何を考え、何を求めて、どうしたいのかを、ずーっと見てなきゃなんないから。

内田　うん。で、「教えて」って来た瞬間に、応えるわけだ。

高橋　来た瞬間に応える。しかも、何を教えてと言うかわかんない。

内田　それはハードだねえ！

高橋　イギリスにも、有名な、サマーヒル・スクールという学校があって、これが世界のフリースクールの二大巨頭といわれている。どちらもほぼ同じ考え方で運営してる。オーソドックスなスタイルで教育しているところからは、当然、すごく反発がある。「そんなの絶対嘘に決まってる」って、見に来て、本当にやってるからびっくりして帰るそうです。

人間は本来利他的なものでは？

高橋　なぜこのことに関心を持ったかというと、教育の問題は、民主主義の原理の問題とつながっているんじゃないかと思ったからです。つまり、直接民主主義なんですね、この学校。すべて自分たちで決めさせる。民主主義が何かということを、あとで大人が教えるんじゃなくて、その場で自分たちで実践する。そういう社会についての学びを、教育による自己実現と同時にやっている。これは、ひとつの実験だよね。たとえばこれを、公教育で日本中でやれるかっていうと、先生が無理だと思う（笑）。

それから、よく言われるのは、「すごくお金かかるんじゃないですか？」ってこと。でも、普通の公立よりも安いんだそうです。ただし、スタッフの給料も大変安いそうです。だから、使命感がないとできないことではあるんですが。

なんでこの話をしてるかっていうと、橋下さんが言うような――話がそこに戻るんですけど。

内田　（笑）。

高橋　橋下さんが言うようなリアリズムは、人間は利己的なものなんだ、ということと、一体化してる。それは偏見だと僕は思うんです。この学校の実験だと、「人間は本来、利他的なものなんじゃないの？」と思えてくる。上の生徒が下の生徒を助けるとか、自然に覚えるとか。恫喝しなくても、競争させなくても、社会ではこういうものが求められると教えなくても、ある時期が来ればみんな勉強します、リアリズムの問題として。そう主張している。

これは教育問題に限らない。特に3・11以降の社会的な言説として、「現実にはそんなことは無理だよ、人間は」という言い方が増えたような気がするんだ。そこで「いやいや、『現実ってこうだ』って、そう簡単に割り切ってもらっては困るよ」と、僕たちのほうも考えていったらいいんじゃないのか。と、ここ数ヵ月、僕は考えてるんだ。

内田　なるほど。

——しかし、それが日本にもある、しかも学校として認可を受けてるっていうのがすごいよね。どういうふうに実現したの？

高橋　イギリスのサマーヒルに行った人が、「こんなことが可能なのか！」って驚いて、何年もかけて作った。今は、サドベリー・バレーの姉妹校とか、同じような学校が、4校か5校、日本にあるそうです。

理想の学校の条件はバリアーを張って真空地帯を作ること

内田　結局、そういう理想的な学校の条件って……僕も自分で理想的な学校をやろうとしてるんで、なんとなくわかるんだけど、周りの世界の価値観と全然違う、一種の真空地帯を作らないと立ちゆかないということだと思うんだ。外部からの空気が入り込まないように、しっかりバリアーを張っておかないと、4歳の子供が自由に思考して、自由に自己決定権を発揮する環境って作れないもの。人間とはこういうものであるとか、学校とはこういうものであるっていう、社会におけるドミナントなイデオロギーを遮断しないと、そういう教育はできない。

子供たちのポテンシャルを開花させるために絶対に必要なことっていくつかあるんだけど、1番は、今言った、「温室」を作るってことね。外界の雨風から子供たちを守る。2番目は忍耐力。子供たちが学びたいという気になるまでじっと待つ。3番目がおせっかいなんだよね。「待つ」というのと「おせっかいする」というのは明らかに矛盾するんだけど、重要なあらゆる人間的行為って、結局は矛盾することを同時に遂行することでしか実現しないじゃない。ただぼおっと子供が学びに目覚めるまで待っているというのは、言葉では言えるけど、教師だって人間だから、そんなことできっこない。どうしたって、「おい、目、覚ませよ」ってつんつんつっついちゃう。つついたり、餌放ったり、いろいろやるのよ。だって、わかんないからさ、子供たちの中にどんな可能性が眠っているかなんて。どんなきっかけで学びが発動するかって、予測不能なんだよ。だから、経験的にいちばん確かなのは、手持ちの餌は全部投げてみるということなんだよ。何が「トリガー」になって目を覚ますか、わからないもの。子供って、個人差ありすぎて。

高橋　そう。ものすごくたくさんのものが置いてある、そういう学校は。

内田　だから、相手の知的好奇心が発動するようにあれこれ介入するというおせっかいと、じっと気長に欲望の発動を待つという忍耐と、まったく相反するふたつのことを同時にやんなきゃいけない。これが教師の力技なんだと思う。子供にうるさく働きかけるのは、どこかに「このまま目覚めずに終わってしまうんじゃないか」っていう恐怖があるからだし、それと同時に「そのうちなんとかなるよ」という底抜けの楽観もないと務まらないしね。

複雑怪奇に分裂しているのがいい教師

内田　長く教師やってて思うんだけどもさ、「単純な教師」ってあり得ないと思うんだよね。たぶんいちばんいい教師って、複雑怪奇に分裂しているんだと思う。性善説と性悪説に引き裂かれて。「子供って邪悪だ！」っていうリアリストとしての知識と、「子供は天使だ！」っていう果てしない理想主義を同時に引き受け、それにいつも引き裂かれているのが常態という人間じゃないと、教育ってできないと思うよ。

なんで世俗のイデオロギーから学校を守らなきゃいけないのかって言うと、世俗のイデオロギーって、「人間とは××である」っていうふうに、必ず固定するじゃない。「人間は邪悪で、卑劣な存在である」というのも「人間は清らかで崇高な存在である」というのもどちらも部分的な真理に過ぎないでしょう。イデオロギーっていうのは、そういう「言い切り」できる半真理のことだと思うのよ。でも、現実は「子供たちは悪魔であり、かつ天使である」わけじゃない。僕たちだって、高尚なところと俗悪なところ、勇敢なところと卑怯なところ、ひとりの人間のうちに抱え込んでいるでしょう。そのどちらかにまとめろって言われても無理だよ。

でも、こういう「Aでもあり、かつ非Aでもある」というようなややこしい人間観を維持するためには、どうしたって「温室」を作って外気を遮断しなきゃいけないの。デリケートなのよ、すごく。どっちつかずで、極端な要素が同時に共存している状態の子供って、すごく傷つきやすいから。信じらんないような凡庸さや愚鈍さと、信じらんないような知的卓越性や芸術的な才能が、ひとりの子供の中に同時にあるわけで、本人も困ってるんだよ。

子供としては「私は××である」と言い切りたいんだけど、言い切れない。その言い切れなさというか、中途半端さというか、それが成長の手がかりなんだよね。それをばっさりどっちかに片付けるわけにはゆかない。だって、どちらかに片付いて、話がわかりやすい人間というのを「イデオロギッシュ」って呼ぶわけだから。教師はイデオロギーの毒から子供たちを守らなくちゃいけない。子供自身に「きみは邪悪であり、かつ天使的であり、凡庸であり、かつ天才である」っていうふうに、二枚舌三枚舌、五枚舌十枚舌を使わなきゃいけない。

本当の理想主義者とは

内田　理想的な教育っていうのは、実は何をやったっていいんだよ。ありとあらゆることが許されるのが、理想的な教育環境なんだけども、ひとりの教師がふたつの役割はできないので、性善説の教師と性悪説の教師が同時に同僚として存在するとか、そういう形で、学校っていうのは多様性を担保してると思うんだけどもさ。

だけど、譲れない前提は、学校教育って、周りの社会とは違う空気、違う価値観の中で生きなきゃいけないということ。「違う価値観」っていうよりも「多様な価値観」だね。複数の価値観の併存が許される、特権的な空間で教育は行われなければいけない。「人間ってこうだ」「社会ってこうだ」じゃなくて、「人間って、よくわからない」でいいんじゃない。いろんな人間がいて、いろんな価値観があり、いろんな才能があり……人間が求めるものって多様なんだよ。

結局、理想主義が弱いのは、単一化しちゃうからなんだよ。本当に腰の強いタフな理想主義者は、「いろいろあるよ」って言うの（笑）。

高橋　いや、複雑怪奇なんだよ。

内田　人間って複雑怪奇だ、って。もっとも危険なイデオロギーは「人間はシンプルだ」って言い張るでしょう?

高橋　そう。なぜこういう話をしてるかというと、そういう学校のあり方は、この社会の雛型だと思うからなんだ。偉い先生が知識を持っていて、バカな生徒に教える。その中で優秀なやつがいいやつで、この社会で上昇していく、というんじゃない。そもそもなぜ古代ギリシャ以来、民主主義が存在しているのか、という話になる。つまり、上下関係とか階級の一方通行性が、各人が持っている伸びる力を阻害してしまった、だからフラットにしたんだよね。貴族制が終わって民主主義になりました、じゃなくて。サドベリー・バレー校が、うらやましいと思ったのは、ここがいわば、今考える社会の、あるべき原型みたいなものになってるからなんだよね。でも、原型だから、そのまま今の社会に持ってくることは、もちろんできない。一種の実験室。それから、だいたいどこも全寮制で、都会から離れたところにある。

内田　そうだね、当然だね。

高橋　親もなかなか来られない。ある意味、教育は、ギムナジウムで行われるべきなんだ、萩尾望都の『トーマの心臓』（※注2）みたいに（笑）。世間的価値があまりにも強力なイデオロギーなので、そこから子供たちを引き離す必要がある。でも、今の公教育は、世間的イデオロギーにどんどん近づいていって、一体化しようとしてる。それだと、教育の意味がなくなるんだよ。

民主主義を制定するのは独裁

内田　グローバル人材教育なんつうのは、まさにそうだよね。

高橋　そうそう、世界全部で共通なものにしようって。

内田　英語で授業やろうとかね。

高橋　教育の本質は、ある意味で、反社会的なものなんだよね。

内田　そのとおり！　反っていうか、非社会的。

高橋　そう、非社会的ですね。反社会的だったら問題だ（笑）。

内田　反社会的ってのは、常に社会を参照しながらふるまうことだから、ある意味過剰に社会的なんだよ。非社会的ってのは、社会を参照しないってことだからね。

高橋　うん。つまり、そういう時期を子供の頃に通過することで、社会がよりタフになる。そういうものが教育だと僕は思うんだよね。

内田　そういう非社会的な、教育的に活性化した空間を作るのってさ、すごい現実的な力量が必要なんだよ。4歳児に1票与えるシステムなんて、すさまじい独裁的な権力者にしかできないことだからね。

よく言われるけれど、民主主義を制定する権力って、全然民主主義的じゃないんだよね。僕の道場がそうなんだけどもさ。道場訓とか道場規則はあるんだけども、枢要な事項に関しては、「すべて師範がこれを決定する」ってなってるの。完全な独裁なわけ。ここは僕の道場で、僕が経営していて、僕が全部決めるのだ、と。その代わり、道場内部は完全にフラット。先輩後輩とかないの。古い人間がいばるとか、段位の上の人間がえらそうにするとか、そういうことはまったくない。敬語を使うのは僕にだけでいいっていう（笑）。

道場外の価値観が入ってこないように、完全にブロックしてある。その中で、「きみたち全員の中には信じられないくらい高いポテンシャルが潜んでいる。そして、そのポテンシャルの開花を阻んでいるのはきみたち自身だ」って教えるの。

僕は、道場というもの自体はもう20年やってるわけで、空間としての自分の専用道場を作ってからは3ヵ月なんだけどもさ、これ、考えてみたら、僕自身のある種のフリースクールなんだよね。もう、みるみるうちに才能が開花していくわけだよ。これはねえ、感動するよ。「自分たちで自主稽古を始めたいんだけども、道場を使っていいですか？」ってどんどん申し出が来るわけ。僕が場所を提供して、この空間はきみたちが好きに使っていいよ、って言うと、どんどん創意工夫が始まるわけ。朝稽古だって、朝の6時半から始まって、8時に終わるんだけど、帰んないのよ、何時になっても。

高橋　へえー。そうだ、そのサドベリー・バレー・スクールの特徴は、時間割がないことなんだ（笑）。一応9時から5時までなんだけど、それ以上いたいってときは、生徒に鍵を渡しちゃうんだって。そもそも学校に時計がない。

――すごいねえ！

誰にでもできる教育と「俺っきゃ、できない」教育

内田　時計がないのはすごい。でも、そういう非社会的な場を設定するのにはすごい手間暇がかかるんだよ。

高橋　無理だよね。お金の問題でもないし、システムの問題でもないし、それに携わる人間の能力と情熱の問題になっちゃうよね。

内田　情熱と献身。この学びの場を作るために、自分は生まれてきたんだ、っていうぐ

らいの激しい思い込みがないと、できないね。だから、公教育の持っている、パブリックな、誰でもできる、どこでも全部規格化・標準化されたことを教えられるっていう教育と、フリースクールの思想って、対極なんだよね。公教育はそれですばらしいわけ、「誰でも先生になれる」というのが公教育の最大のメリットなんだけどさ、フリースクールのほうは、「俺っきゃ、できない」っていう妄想的な自己肥大が必須なの（笑）。

高橋　「ここでしかできない」とか。

内田　そうそう。でも、公教育が斉一化し、規格化していくのを押しとどめるためのオルタナティヴって、こうやって個人が身銭切ってやるしかないんじゃないかなあ。

高橋　その学校を創った人に、なんでそんなに授業料を安くしたのかってきくと、「高くしちゃうと公教育に影響を与えられないから」と答える。公教育より安い値段でやっていくということが、影響力を与えるはずだ、って考えてる。そうなんだよね。高くちゃ意味がないんだ。高い授業料を取って、最高の専門家を揃えても、フリースクールはできる。教授は全部ノーベル賞級とか（笑）。

内田　ケンブリッジとかオックスフォードとかハーバードってさ、ある種、そういうとこだよね。

高橋　ああ、そうだね。

内田　授業料超高額のフリースクール（笑）。

高橋　それじゃ意味がない。社会は、そういうものじゃないから。だから、いかに値段を下げるか。

——それはどういう人たちがやってるの？

高橋　もと教育者とか、教育学をやっていた人とか。日本でも、今の教育に矛盾を感じてる先生は、いっぱいいるんだね。だから、そういう学校をはじめますと言うと、「やりたい」ってけっこう来るんだそうです。

内田　アイディアもあるし、先行した成功事例もあるし、やりたいっていう人もいてさ。だから、文科省が教育の規格化に関して、ある程度、「結果オーライでいいじゃない」ってことでゆるめてしまった瞬間に、ずいぶん多様化すると思うんだよね。

高橋　特にカリキュラムの縛りがきついでしょ。6年間で、1年目はこれとか、2年目はこれとか。でも最終的に6年間で全部やればいい、というとこまではゆるめられることがわかった。たとえば、3年間なんもしなくて、最後の3年でやればいい。そうなれば、かなり自由にできるわけですね。

大人のリアリズム、それは「人間いろいろ」

高橋　これはひとつの例だけど。実際、人間にはグラデーションがある。強者から弱者までまんべんなくいるわけです。でも、それを受け入れる思想が、今の社会にはない。

内田　成熟した思想っていうかね。「人間っていろいろあるよね」っていうのが、成熟なんだと思うんだけどさ。最初のテーマに戻すと、「人間ってみんなこうだよね」とか、

「電気なかったら原始時代に戻るだろ？」とか、「結局金ほしいわけでしょ？」

っていうのは、子供のリアリズムだと思うんだよね。本当の大人のリアリズムってさ、「人間って、何に価値を見出すかって、人によって違うよね」っていうことだよ。

長く教師やってても、どの段階で、どうやってその子の才能が開花するかって、予測不能だし。たとえば大学在学中の4年間における変化で、入学時のTOEICのスコアが4年生ではこれだけ上がりましたとか、そういうことじゃなくてさ。結局、やっとわかったんだけど、教育したことのアウトカムがわかるのって、ずーっとあとなんだよ。

高橋 うん、あとなんだよね。

内田 しかも、とんでもなくあとになって、なんかのはずみで「なるほど、あのとき話してたのはこういうことだったのか！」ってわかった瞬間に、自分が受けた教育はこうだっていうふうに思ってたことが、ガガガガッと一斉に文脈が変わっちゃうの。意味が変わって、文脈が変わって、解釈が変わって、価値が変わって。そういうふうに、自分が成長するたびに、自分が受けた教育の意味が変わっていくってことが、ずーっと連続的に続いていくわけだからさ。

受けた教育のアウトカムって毎日変わるわけだよね。1日ずつ増えていくわけだから。だからどっかの段階で、教育のアウトカムってのを数値的に測って、学力が上がった下がったとか、こっちの学校のほうが学力が高いとか低いとか、そんなことを論じるのはさ、実はまったく意味がないことなんだよね。

高橋　そう。教育の現場にいる者として、そういうのはまったく非現実的な考え方だと思う。でも実際には、得点でカウントすることが現実だと考える人が多い。転倒してるんだ。

内田　愚かだねえ。だけど、得点でカウントするのが現実だっていうのも、ひとつの救いではあるんだよね、ある種の人間たちにとってはさ。他になんの取り柄もないけど点数だけは取れる、っていうの、あるじゃん。

――はははは。

内田　そういうのってさ、結構救いになることがあって。大学入試ってただの点数じゃない？　ただの点数だと思うから、一流大学とか入る奴見ても、「ただの点数じゃん」って言えるわけで。もしも、「総合的な人間的な力です」とか言われたらさ（笑）。

高橋　イヤだねえ（笑）。

内田　地獄だよ。だから、一部しか測らないってことによってみんなを救ってるんだってことを、わかってほしいんだよね。

親父から兄ちゃんへ

内田　話を戻すと、日本のシステムの問題って……前に自民党の政権交代の頃にも話したんだけど、要するに、「親父はもう出て行け」って話だったでしょう。父権制の時代は終わった、と。それで、若者が取って代わって、民主党政権ができたんだけど、それからの流れって、まっすぐ「アンチ・パターナリズム」なんだよね。父権制の没落。「おじさん」たちが舞台から去って、「兄ちゃん」たちにリーダーが交代した、と。

高橋　確かに！

内田　これ、日本だけじゃなくて、世界中そうなんだよね。プーチン然り、サルコジ然り、ブレア然り、オバマ然り。どんどん若くなってきてるでしょ。昔はさ、チャーチルとかスターリンとか、ド・ゴールとかルーズベルトみたいな、肚の中で何を考えてるかわからないおじさんが、「全部まとめて面倒見よう」っていう感じでやってたじゃない。そういう「国父」タイプの政治家が退場して、代わって出てきたのが、若くて、ある種正直で、シンプル・マインデッドな人たち。彼らは大変わかりやすい政策を提示してくれる。だから、有権者は政策の適否じゃなくて、「共感できるかどうか」を基準にして、政治家への支持を決める。

昔だったら、なんかわかんない親父がえばってるけども、親父は稼いできてくれるし、しょうがないか、ってやむなく全権を委託して、代わりにスネを齧らせてもらうっていう感じだった。それが、どこかの段階から「俺らの代表にやってもらおうぜ」って変わった。それって大きな戦争がなくなったからだと思うんだよ。思えば「国父」たちの最後の「ボス交」がヤルタ会談だったんだね。

高橋　スターリンとチャーチルとルーズベルト。

内田　アイゼンハワーにしたって、スターリンとネゴしたり、ド・ゴールと腹芸したり、食えないオヤジだったわけでしょう。そういうタイプの人って、国際関係が非常に緊張してるときとか、戦争のような国家の存亡に関わるときには必要なんだけど、平和になって、もう局地的な戦闘だけで、国家同士の戦いが経済戦争だけになった、どの国がいちばん稼ぐかっていう競争になると、もういらないんだよ。「もう親父はいいよ。仕事遅いし、根回しとか談合とかであっちこっちの顔立てるから手間暇かかるし。これからは兄ちゃんたちに任せなよ。スピード感あるし、フットワークいいし、話もわかりやすいし」。

カズオ・イシグロの『日の名残り』（※注3）ってあるでしょう？　1930年代の話なんだけどさ。イギリスの伯爵のところに、列国の貴族や外交官が集まって、密談して、ヨーロッパの未来を決めてるんだよ。そこにアメリカの下院議員がやってきて、一喝する場面があるの。「みなさん、もうお引き取りください。アマチュアが政治をやる時代はもうおしまいだ」って。貴族同士の国境を越えた信義とか友情とか、いわゆる「見えざる資産」(invisible assets) を梃子にして国際政治が決まる時代は終わったんだ、と。「これからは金と軍事の時代だ」って。目に見える力で政治過程が決定される時代なのだって。

高橋　ああ、象徴してるよね。橋下だ（笑）。

「父の否定」の終着駅、橋下徹

内田　映画ではその役を『スーパーマン』のクリストファー・リーヴがやってたんだけど。この間それ観てて、そうか、パターナリズムの崩壊と「兄ちゃん政治家」の登場っていう世界的な趨勢は1930年代から始まってたんだって気がついたの。それがついに21世紀に入って完成したんだよね。ポストモダンとかフェミニズムとか、考えてみたら、全部アンチ・パターナリズムなのね。日本の政権交代もそうだったんだよ。

高橋　そうだね。

内田　小泉郵政選挙のあとに「ロスジェネ論」が出たでしょ。ロスジェネ論ってさ、無能で強欲な親父たちから資源を奪還しろっていう主張で、これ、完全なアンチ・パターナリズムでしょ。そして今、橋下徹が登場した。これって、世界的なトレンドとしてのアンチ・パターナリズムの日本的な露頭として理解すべきだと思う。ついにここまで来たぞ、と。

高橋　近代文学の完成形だよね。父を否定してきたわけだから、文学はずっと。でもそれって、近代だけじゃなく、この3000年ぐらい、根本的なテーマは父の否定だったわけだから。なかなか否定しきれなかったんだ、ずっと。ここに来て、ついに、父を否定しきった。近代文学完結！（笑）

内田　ははは。

高橋　日本でいうと、戦中派の退場と軌を一にしてるよね。戦中派は、別に父であることを担ったわけじゃないんだけど、父的なものの最後だよね。

内田　僕らの世代はもちろん、反父権制のフロントランナーだったわけでさ。「親父たちをぶっ殺せ」っていうスローガンを掲げて登場したわけだから。そうやって、僕らが必死に壊して来た結果として、橋下徹がいるわけだよ。

高橋　僕たちが悪いんじゃん（笑）。

内田　そうだよ！　僕らが悪いに決まってるじゃない！

高橋　でも、父という感じじゃないよね、僕たちは。

内田　全然ないね（笑）。だけど、今ここで「兄ちゃんたち」の政治にオルタナティヴを提出するとすると、結局は「父的な機能」を、誰が、どうやって代補するか、それを考えるしかないんだよ。自分のテリトリーについては、自分の身内については、俺が身銭を切って、保護し扶養するっていう覚悟を持つ人間が一定数出てこないと。「みんな好きにやっていい」んだけど、「みんな好きにやっていい」というルールは、「俺が決めたことなんだから、それでゆく」って言う人間が担保するしかない。

高橋　そう、個人で担保すべきなんだよね。今、どっちが正しいかって言い方は狭いでしょ。原発・反原発の問題だけじゃなくて。もう少し余裕がある時代だったら、そこまで言わなかったはずなのに、すごく狭い場所で「おまえは間違ってる！」という、政治的な言い方が出てきた。

橋下さんを見ていて思ったけれど、60年代後半にたくさんいたよね、あんなふうに、相手を政治的にやっつける奴。すごく政治主義的なんだけど、でも、社会一般にまでは行かなかった。ある狭い社会の中だけだった。

3・11後、なぜ誰も「挙国一致、国民統合」を唱えなかったのか

内田 うん、あの語法が通じる狭い社会の中だけだったね。

高橋 でも今は、ああいう政治的スタイルが、社会の中で、大きい顔をできるんだなあ、と思った。

内田 政治的な言語をいつのまにかマジョリティが使うようになったよね。でも、ああいう語法って、どんどん過激化して、最終的には一人一派的にまで純化して、「俺以外は全部反革命」「俺以外は全部敵」みたいになって、終わったでしょ。「おまえは敵だ」っていう政治的な言語では集団は統合できないんだ。分断するだけで。そこからは共同体を構築する原理が出てこない。だから、橋下徹も次々に敵を作っていって、そこに攻撃を集中していって、そのつどある種の勝利や達成感は得ていると思うけど、支持者を増やしているというより、屈服する人間を増やしているわけでしょう。それでは国民統合の原理にはならない。

不思議なのは、3・11からあとって、国難的時局に遭遇したのに、誰からも「挙国一致、国民統合」の大きな物語が語られなかったこと。逆に「誰が悪いんだ？」っていう

国民分断の話ばかりしたでしょ。

高橋　「敵は誰だ？」って見つける競争になってるわけだよね。

内田　そう。その「敵は誰だ？」の極限形が橋下徹で。「今のこのシステムが全部悪いんだ、全部ぶっ壊そうぜ！　こんなクソみたいな国、一度クラッシュしちゃえばいいんだ！」っていうのはまさに国民統合の正反対の方向に向かっている。

そういう気楽な発言が出てくるのって、やっぱり「平和ボケ」なんだと思うよ。本当に国難的危機だと思っていたら、「誰が悪い」とかいう話にはならないもの。どうやってひとりでも仲間を増やすか考えるでしょ。

高橋　「俺も悪かった」と（笑）。

内田　「俺も悪かったが、きみらもちょっとなんとかしてくれんか」と。だからほんとはね、菅直人があのとき挙国一致内閣を提言すべきだったんだよ。

高橋　確かになぁ……。

内田　自民党にも公明党にも、共産党にも社民党にも、「国難的事態になりました。ここはひとつ、党利党略は脇へ置いといて、挙国一致内閣を作りませんか。そして国難的な時局に対応しましょうよ。半年間とか10ヵ月とか、期限を切っていいから」ってさ。そういうことをやってくれていたら、あのあとここまでひどいことにはなってないと思う、日本は。

高橋　できなかったねえ。

内田　今となってみると、あのときが分岐点だったんだよ。あのときに挙国一致内閣ができてたら、橋下徹の出番はなかったもの。

橋下内閣はできるのか？

高橋　僕は今年（2012年）の夏ぐらいに橋下徹内閣ができると踏んでるんですが。
内田　いや、できないと思うよ？
高橋　あ、そう。賭ける？（笑）
内田　無理だと思う。まず、だってあの人って外交できないでしょ？
高橋　いや、たぶん人に任せちゃうと思うな。つまり、橋下内閣以外の選択肢が、なくなってくると思うんだよね。
内田　既成政党も簡単には崩されないよ。おもしろい展開は、そっちが「兄ちゃん」で来るなら、こっちもそれで、って自民党が小泉進次郎を出して、民主党が細野豪志を出して来るの。
高橋　（笑）なるほど！
内田　小泉進次郎はまだ当選1回だから総裁候補は無理だろうけど、民主党が細野豪志を出してくる可能性はあると思うよ。それぐらいやらないと、呑み込まれちゃうもの。今はまだ維新の会の勢いを自党の選挙に利用できると思っているけれど、いずれ食われちゃうよ。

高橋　「自民にも民主にももううんざり！　もうどこでもいいや、自民・民主以外なら」ってみんな思ってるからね。

内田　そうだね。でも、みんなの党には行かないね（笑）。

――でも、内田さんが言ったように、橋下はそれこそ「友達いらない」と書いてるぐらいだし、どんどんスタンド・アローンになっていくと思う。

内田　たぶん、そうなっていくと思う。

――でも、やっぱり国民的なエモーションをすくい上げていく点においては、あの求心力っていうのはすごく強いからさ。それに対して、いわゆる統合的な論理というか、統合的なエモーションを、どうして既存の政治家たちは作れなかったのか。

内田　そりゃ作れないよ。

高橋　どうしようもないんだから。

――今日、世田谷区の保坂区長（※注4）にインタヴューをしに行って。彼曰く、日本の政治家と知識人のいちばんの欠陥は、謝れないことだと。

内田　うんうん。

――間違いを認めないことだと。たとえば東海村の村長も、反原発に変わったじゃないですか。推進派だったのに、「間違ってたんだから、変えるよりしょうがないじゃないか。俺が異常に見えるのは、変えない奴ばっかりだからだ」っていう。橋下に対抗する、より強いエモーションと求心力を持つのは、そういうものだと思うんだよね。

内田　でも、別に対抗しなくてもいいと思うよ。あの人って、社会全体のトレンドが生み出したものだから。対抗するの無理なんだよ。相手にするなら、トレンドそのものを見てゆかないと。もっと広い歴史的射程の中で、このトレンドがこれからどちらに向かうかを見ないと。橋下徹的なものを生み出したのは我々の世代なんだから。

高橋　そうだね。

橋下はどう辞めるのか

内田　維新の会も、解散総選挙が半年以内にあればキャスティングボートを握れるところまで行くかもしれないけど、半年過ぎたら無理だと思う。足元から崩れていくでしょう。大阪市も府も機能不全になるでしょ。今、市庁内で踏み絵を踏ませるみたいなことをやってるからね。

高橋　あれはすごいなあ。

内田　上意下達のイエスマンだけの組織に再編したいんだろうけど、イエスマンと面従腹背の人だけの組織って、性能悪いんだよ。だって、絶対にオーバーアチーヴしないから。給料分しか働かない。それでは大きな改革は担えないよ。

高橋　だって自分で、「従ってるふりをしているだけでいい」って言ってるから（笑）。

内田　「役人は面従腹背でいい」って公言した歴史的な有名人がいて、秦の始皇帝の宦官だった趙高って人。少しでも逆らうやつは死刑にしちゃうから、誰も逆らわない。

高橋　ははは。

内田　趙高はもちろん非業の死を遂げるんだけど（笑）。面従腹背で組織のパフォーマンスを上げることはできないからね。士気とか献身はイエスマンには期待できないもの。

――でも、別に辞めてもいいと思ってんじゃないのかなあ、橋下って。

内田　そのうち辞めるでしょ。「勝ち馬に乗る」気で集まって来た物ほしげな連中をあっさり見捨てて。自分の政策が実現できなかったのは、抵抗勢力と無能な部下と自分を利用しようとした既成政党のせいだっていう他責的な説明ですませて。ある意味、そうだし。ただ、異常にタフだからねえ。ろくに寝てないみたいだし。

高橋　あ、そうなの？

内田　1日2、3時間しか寝てないんじゃないの。

――だから、狂気なんだと思う。それって、本人はよくても、周囲は付き合っていられなくなるよ。

内田　そもそも、ワンマン・パーティっていうのはさ、政党としてはあり得ないわけでしょう。協議したり、決定しなきゃいけないことがあまりに多いから。地域政党ならワンマンでもある程度まではいけるだろうけれど、国政に行ったら霞ヶ関の官僚とか他党の政治家とか、あるいは外国と交渉しなきゃいけないわけで、ワンマンでは物理的に不可能だから。だってそのひとりが病気で寝付いたら、政治プロセスが停止するわけでしょ。生身の人間である以上、物理的な限界がいずれ来て、終わると思うよ。

高橋　終わるかなあ?

内田　終わると思うよ。風邪ひいて、高熱が出て、うんうん唸って、朝起きたら「あ、治ってた」みたいな感じで。橋下徹的なものって、日本のこれまでの矛盾の集大成だから。

——だって、小泉純一郎だって、橋下徹的なるものだったじゃない。

内田　まだ何かあったような気がするけどね。文化とかさ。

高橋　(笑)文化か! ああ、そうだね、何もないね、橋下には。虚無なんだよね。

内田　人間を信じてないってことを公言してるわけだからね。有権者の知性も、自分の支持者の知性も信じてないんだから。それじゃ長くは保たないと思う。

自分が滅びるか、世界が滅びるか

高橋　僕は、そんなに希望的観測はないな。実は、橋下徹の書いてる本、片っ端から読んで。だんだん好きになってきちゃったんだ(笑)。

内田　ははは!

高橋　政治的な物言い以外は、シンプルなリアリズムで、かわいいところがあるんだよ(笑)。彼はもともと東京生まれで、大阪の同和地区へ引っ越して、複雑な家庭の中で育った。いつもいじめられたりして。そこから、他人は全部自分の利益のために使う、という発想を得て、ある意味リアリストになって、社会を上昇していった。で、あるとき、世間は自分を必要としてるんだと気づいて、では自分をいかに高く売るか、って考えるようになったと思う。

つまり、一種の復讐譚なんだ。ルサンチマンの持ち主だよね。人が喝采すれば喝采するほど、「俺みたいなものを喝采しやがって」と。

内田　ああ、それはわかるな。後援者たちの集まりのスピーチを読んだことあるんだけど、あきらかに後援者たちをバカにしてるんだよね。「俺を後援する奴らはバカだ」っていういらだちがスピーチの中に伏流してる。

高橋　だから、単純な政治家よりも、ある意味魅力的、って言ったら変だけどさ。こういう正直な人が出てくると、やっぱりこれまでの政治家じゃ、太刀打ちできないよね。――だから、ルサンチマンのエネルギーがものすごいんだよね。それがあの異常なエネルギーとなって、寝ずに働かせるんだよね。

高橋　で、たとえば、田中角栄や小沢一郎にあったルサンチマンは、長男のルサンチマンで、東北のルサンチマンだったでしょ。それとはもっと違った形のルサンチマンだよね。もっと爆発的なルサンチマン、自分が滅びるか世界が滅びるか、みたいな。

内田　カフカみたいだなあ（笑）。

高橋　だからね、嫌いじゃないんだなあ。

内田　（笑）。だんだん好きになっちゃった？

高橋　目指すところは、冗談じゃないと思うんだけど。でも、この『罪と罰』的なリアリズムはね。だって、世界をよくしようって思ってないんだから。

――だから、世界を罰したいんだよ、あの人は。

高橋　そうだと思う。

橋下の気持ちはよくわかる

内田　でも、それにみんなが喝采するってのが怖いよ。いや、こういう人はいてもいいんだよ。いて当然なんだけど、それにメディアが喝采を送るっていうのが気持ち悪いわけ。「世界に罰を与える」って言っている人に拍手してどうすんのさ。「あんたも世界に住んでるんじゃないの？」。今、メディアに出てくる30代、40代の人って平気で「こんなシステム、一度クラッシュしちゃえばいいんですよね」とか言うでしょ。自分だけはシステムがクラッシュしても無傷でいられると思っている。いったいどこからその楽観は来るの？

高橋　ああ、そう言うよね、みんな。でも、そういう政治的物語は、昔からあった。成り上がって、復讐するお話。『赤と黒』（※注5）とか。

内田　あ、そうだね。ジュリアン・ソレルだ。

高橋　だから、結構古典的な物語を生きてると思った。複雑な出生から始まって、それを今、みんなが歓呼で迎えてる。

内田　なんか、ほんとに劇場的だね。

――それだと、最終的には負けて死んじゃうんだけどね。

高橋　そう。負けて死なないと終わらないんだ、この物語は（笑）。

内田　だってさ、彼が前のめりになって口から血吐きながら、這いずりながら死んでいく……という場面の予感も含めての、ひと続きの物語の中の、今、第4幕だねとか、そういう感じなわけでしょ。観客の興奮っていうのは。

――もしこれ読んだら怒るだろうなあ、橋下徹（笑）。

内田　いや、だって、本当のことなんだから。

高橋　でも、支持者も、その物語を堪能してる部分はあると思うよ。下剋上の物語だものね。

内田　ジュリアン・ソレルだって、最後死刑になるから、そこに至るまでの物語に読者はわくわくするわけで。ジュリアンは立身出世を遂げて天寿を全うしましたって話なら誰も読まないよ。

高橋　うん。で、そうやって差別されてた自分のところに、かつて強者だった者がみんなお詣りしに来るわけじゃない？　無上の快楽だよね。しかも、友達がいない！

内田　ほんとにジュリアン・ソレルだね！

高橋　だから、政策的には冗談じゃないと思うけど、「気持ちはよくわかる」と思えてきちゃってさ（笑）。

オルタナティヴを提示するには

——ただ、大阪の市政と府政のレベルにおいて、橋下徹がジュリアン・ソレルとして、壮絶な前のめりの死を体験して終わってしまうっていう物語は見えるけれども。でもそこで、橋下徹的なるものはやっぱり終わらないと僕は思うんだよね。

内田　うん、また別の形でね。アバターが繰り返し登場してくるということはありそうだね。

——3・11以降、そういうわかりやすい言葉と、わかりやすい敵の作り方と、わかりやすい解決の方法を提示することって、やっぱりすごく力を持っているから。そこで「いやいや、そんな簡単な話じゃなくてさ」っていうわかりにくさを、どうやって人に届けていくかっていうね。

内田　だって、わかりにくいんだからさ、わかりやすくは出せないよ。

高橋　そうなんだよねえ。

内田　我々はわかりにくい話をしてるんでさ。そのわかりにくい話を「ひとつわかりやすく」って言われても無理だよ。

高橋　僕たちがずっと言ってるのは、これから世界全体がたそがれていくから、あまり楽しくないかもしれないけれど、でもこれを楽しもうよ、という話じゃない？　でも、そのロジックは単純ではないから、「簡単に説明できないと負けますよ」と、言われてもね。しょうがないんだよ。
──そこでしょうがないって言っちゃダメだよ。それはそうなんだけども、やっぱり最終的には、橋下徹とわたり合わなくちゃいけないと思う。
高橋　っていうか、僕たちのほうが長生きすると思うんだよね（笑）。
内田　なんか、そんな気もするね。
──いや、だってまだ42歳だよ？
高橋　違う違う、政治的に。
──だからほんとに、さっきのフリースクールの話はすごくいい話だと思うけれども。オルタナティヴなものを、「こっちだってリアルなんだよ」っていうふうに、どう見せて、どう伝えていくかっていうことが、すごく重要だと思うし。
内田　うん。でも、オルタナティヴってのは、出し方そのものがオルタナティヴじゃなきゃいけないわけで。「誰か代案出せよ」「じゃあ、俺はこう思う」っていうふうに出しちゃったら、もうオルタナティヴじゃないんだよ。「俺はこう思う。さあ、誰か反論あるか！」っていうときに、「ほお、月がきれいですな」みたいな、そういう感じで出てくるのがオルタナティヴで。やっぱり、問題は語り口の違いだと思うんだ。今の人たちの語り口って……。
高橋　怒ってるよね。
内田　怒ってるし、息せき切ってるし。言葉が雑だし。

高橋　楽しくなさそうだよね。
内田　もうちょっと穏やかで、やわらかい、手触りのやさしい言葉で政治について語ったりしてもいいんじゃないですかって。それがオルタナティヴだって気がするけどね。
高橋　そう、語り口の問題は、大事。いちばん重要なのは中身じゃない。
内田　それは橋下徹も言ってるね。「コンテンツじゃない。語り口だ」って。だから、ある意味よくわかってるわけだよ、彼は。ああいう語り口を採用して、成功してるわけだから。それに対して同じ語り口で対抗してもしょうがない。

橋下の論には身体がある

高橋　そう。でも大したもんですよ。
内田　ねえ。これだけおじさんたちを興奮させるんだからさ。
——高橋さん、すっかり好きになっちゃってるじゃない。ダメだなあ。
高橋　（笑）。いや、僕は、作家だからさ。彼が書いてるものを読むと、「これジュリアン・ソレルだ。『赤と黒』だなあ！」という方向に考えちゃうんだ。友達がいないってとこなんかいいよね。
内田　それをはっきりカミングアウトするところが潔いね。そういう意味では、僕もそんなに嫌いじゃないんだ。教育基本条例とか、内容に関して言ったら、信じらんないぐらいにひどいけど、頭でこしらえたものじゃない。歪んではいるけれども、確かな身体実感に裏付けられている。教師の理想論・観念論が大嫌いだっていう。
高橋　そう、フィジカルなんだよ。
内田　フィジカルな身体実感に裏付けられた言葉っていうのは……。
高橋　好きでしょう？
内田　嫌いじゃないんだよね（笑）。
高橋　だから、実は本を読んで安心したんだ。わかりやすい人だったから。想像を絶するような人だったらどうしようと思ったけど。
内田　でも、そんなにわかりやすい人生のはずがないから、かなり抑圧してると思う。シンプルな復讐譚の枠組みに自分の人生を無理に押し込んでるところもあると思う。
——で、自分自身もそれを信じちゃってるとこがあるじゃん。
高橋　そう。だんだん気の毒になってきちゃった（笑）。
——だからルサンチマンから来る狂気はすごく感じるよね。その、ものすごいエネルギーには、「よっぽど暗黒あるんだなあ」と思うね。
高橋　世界を壊そうとしてる。壊すという感覚は創るよりも先にあるよね。「壊したい！」と。
——罰したいんだよ。
高橋　そう、罰したい。ほんと、世界を罰したいって感じだよね。
内田　ただ、実際にどんな事情があっても、個人史って、結局は自分で再構築して、創作しているわけだからね。つらいことがあってもすくすく育つ子もいるし、わずかなことで心に深い傷を負う子もいる。結局は自分の物語は自分で創作するんだから。
でも、人々は国民を統合できるような、もっと雄渾《ゆうこん》で、風通しがよくて、手触りの温かい「物語」を求めているのであって、敵を特定して「こいつらが諸悪の根源で、これを剔抉《てっけつ》しさえすれば共同体は蘇る」っていう「生け贄の山羊」の物語はもう無理筋だと思うけどね。

勝負は2012年前半!?

高橋 いや、僕はもう少し絶望的だな。みんな、まだなんとかなると思ってると思うんだよね。
内田 でも、なんとかならないよ。
高橋 うん、ならないけど。
——っていうか、これから現実的に大阪市政と大阪府政がどうなるかっていうのは、結果が出ちゃうわけだからさ。「おまえの言ってること、全然現実にならないじゃん」っていう話になるんじゃない?
内田 ただ、結果が出るかどうかが難しくて。この人の「維新八策」ってさ、短期的に結果が出て政策の適否が判定できることは、ほとんどないでしょう。10年経たないと結果がわからないことばかりで。

高橋 頭いいよ、やっぱりね。

内田 頭いいよ。政策の適否がすぐには判定できない政策だけを選んで提示するって、すごいよ！

——でも、それだとエモーションを維持できなくなると思う。イシューをいっぱい作ってくるんだけれども。

内田 さすがにいずれイシューのストックも底をつくとは思うけど。

高橋 今年が勝負でしょう、だから。

内田 今年の前半でしょうね。6月まで。6月までに解散総選挙があったら、おもしろくなると思うな。自民党が小泉進次郎を出してきてさ、民主党が——。

高橋 細野豪志を出してくれれば。

内田 三つ巴になるっていう。

高橋 そりゃおもしろいよね。

内田 修羅場だけどね（笑）。

注1 『どうして君は友だちがいないのか』：橋本徹が弁護士・タレントとして活動していた2007年に刊行された著書、『どうして君は友だちがいないのか―14歳の世渡り術』。amazonの「BOOK」データベースによると、「上っ面のトモダチなんて、もううんざり！

そんな君にも『一生モノのキズナ』が見つかる裏ワザがここに。プロ級テクニックでズルいくらいかんぺきな友情を築け。そうすれば、すべての人間関係がうまくいく」という内容。

注2　萩尾望都の『トーマの心臓』：漫画作品。１９７４年に「週刊少女コミック」に連載され、大ヒットした、萩尾望都の代表作のひとつ。ドイツの全寮制のギムナジウム（高等中学）が舞台の物語。

注3　カズオ・イシグロの『日の名残り』：１９５４年長崎に生まれ、５歳の時にイギリスに移住し、１９８３年に帰化したイギリス人作家、カズオ・イシグロの１９８９年の作品。イギリス最高の文学賞、ブッカー賞を受賞した。

注4　世田谷区の保坂区長：保坂展人。１９５５年生まれ。教育ジャーナリストとして活動後、１９９６年衆議院議員選に社会民主党から立候補、当選、以降、政治の道へ。社民党副幹事長などを経て、東日本大震災をきっかけに２０１１年４月の世田谷区長選に無所属で立候補、「脱原発」などを掲げて選挙戦を戦い、当選した。

注5　『赤と黒』：19世紀のフランスの作家、スタンダールの代表作。１８３０年刊行。貧しい木こりの子として生まれた主人公、ジュリアン・ソレルが、聖職に就くようになり、貴族社会に食い入っていくさまを描いている。当時のフランスで実際に起きた事件を取り入れて書かれた作品である、と言われている。

総括対談

2011年3月11日以降、我々はこう生きている

対談日：2012年2月14日

3・11は我々をどう変えたか

内田　いやあ、長かったねえ！
高橋　1年半ね。
内田　どの対談から、この本に入るの？
高橋　えーと、尖閣諸島で海上保安庁の船が、中国漁船と衝突したビデオが流出した話から。
内田　ああ、ありましたねえ。
高橋　政治がすごく劣化してるっていう話をしたんだよね。河村（たかし）さんとか、橋下（徹）さんの話も出てた。政治の話を2回やって、その後、3・11があった。
内田　まだ11ヵ月なんだ……遠い昔のことのようだね。
――3・11をきっかけに、高橋源一郎、内田樹を含め、おじさんたちがとにかくシリアスになったと思うんだけども。
内田　3・11の前とあとではっきり変わったことは、霞ヶ関とか永田町が劣化してる劣化してると言いながら、でもそこそこのことはやるんだろうと思っていたけども、それが「そこそこのこと」さえできないほどに劣化していたことがわかった。メディアに関しても、なんだかんだ言いながらも、それなりの仕事はしているはずだという期待がわずかなりともあったんだけども、それもなくなった。残ったものはマスのスケールのものじゃなくて、ミディアムとかパーソナルとか、ずっと小さなサイズのものだったということなんじゃないかな。とりあえずその小さな集団を基にして、地域限定的ではあっても、とりあえずそこだけは条理が通り、社会的公正が担保されている場を作りだしてゆくっていう、手作業から始めるしかないかって思う。

このひとつ前の対談で、フリースクールの話をしたでしょ。ここからこっちは温室だ、この中は俺が身体を張って守る、っていう。社会全部を一気にどうこうするというのは無理だから、せめて自分の手が届く範囲だけでも、ある種のフェアネスが成立して、条理が通る場を作りたい、っていう。日本はかくあるべきだというようなことをマスのスケールで言うんじゃなくて、「人はいいから、オレの仕事はオレがやるよ」っていうふうにスタイルが明らかに切り替わったと思う。そういう場は、身銭切って、自分で汗かいて作り上げるしかない。他人に「作って持って来い」ってオーダーできるものじゃないから。そのことがだんだんわかってきたんじゃないかな。

――ほんとにみんなそういう感じなんだよね。だから、親父たちの統一的な気分としては、「えっ、俺がやるの？　俺がやんなくちゃいけないの？　じゃあやるよ」っていう（笑）。

高橋源一郎の3・11は

高橋　この1年間で僕にとって大きかったのは……3月11日が、長男の保育園の卒園式だったんです。だからほんとによく覚えてる。朝9時に、買った服を長男に着せて、保育園に行って。卒園式が終わったのが1時ぐらい。謝恩会が6時の予定だったので、1回家に戻った。僕も背広着てたし、奥さんは和服着てるしさ、ちょっと家で休んでいようか、っていうとき震災があった。

11日の2時46分だったでしょ？　6時から謝恩会だったから、行こうと思ったんだよね。外に出たら、タクシーが1台も通ってなくて。うちは246（国道246号線）のすぐそばなんだけど、246をものすごくいっぱい人が歩いていた。でも、タクシーは1台も来ない。「やっぱり今日は来ないよね」って（笑）。ものすごく寒かったんだ、あの日。家族4人で、外に5分ぐらい立ってたんだけど。

内田　どこに行くはずだったの？

高橋　東京タワーの近くのホテルに行く予定だったから、歩くと1時間以上かかる。「謝恩会、中止ですか？」ってメール打っても、誰からも返事来ないし。「今日、ないよ、きっと」って家に戻った。だからすごくよく覚えてる。「とんでもないね」っていう話をして。

これは原稿にも書いたんだけど、卒園式がとても感動的だった。『ポンキッキーズ』のテーマソングだった〝LET'S GO! いいことあるさ〟っていう曲を全員で歌ったりしてね。その3月11日の夜中、子供がふたりとも、すごい興奮して寝なかったんだよ。で、昼に歌ったこの曲を歌いながら寝たんだ、僕も。「LET'S GO! いいことあるさ」って。

——（笑）。文学的だなあ。

高橋　いや、そんなことはないけど。1回目に揺れたときは、あまりにびっくりして外に出られなかったんだけど。内田さんは関西でしょ？

内田　いや、僕はスキーに行ってたからね。野沢温泉から直江津へ戻るバスの中。

高橋　揺れた？

内田　ぐっすり寝てたからわからなかったけど、揺れたらしい。僕たちがいた野沢温泉はゴンドラが墜落したし、道路も土砂崩れで寸断されたから、間一髪かな。

高橋　そうだったんだ。僕は、1回目に揺れたときは、びっくりして外に出られなくて、2回目のとき、マンションの中庭に出たら、僕の部屋の3つ向こうが俳優奥田瑛二の事務所なんだけど、奥田さんが「この大きい木のそばは大丈夫だから」って（笑）、子供とみんなで木のそばにいて。で、揺れが止まって、戻って、また揺れて。3回ぐらい中庭の木と部屋を往復してたんだ。

それで、夜になって、寝ながら布団でずっと考えてた。「とんでもないことになっちゃったなあ。人生変わったかも」と思った、漠然とね。地震の最初の夜に、津波で東北が大変だっていう報道が出ていて。「××町で行方不明1万人」とか。

内田　もう1万人だった？

高橋　初日に出てたと思う。連絡つかない人がそれだけいるって。これは大変なことだ、たぶん明日からゆっくり寝られないだろう、と思って寝た、そういう記憶があるんです。

それがずっと持続してる感じがする。

3・11によって生まれた責任

内田　東京にいるとそうかもしれないね。地震もずっとあるし。
高橋　今日も揺れたしね（※注1）。
内田　だって、首都圏で4年以内にM7クラスの地震が起きる確率、70%でしょ？　東日本から出て行ってる人、結構いるんじゃないかな。
高橋　いるいる。たぶん、3・11がなかったら、違った考え方とか、違うやり方をしてただろうなと思う。でも、その違うものがなんなのかも、わかんないんだ。もう起こっちゃったからね。
内田　そうだね。
高橋　起こらなかった場合の想定は、もうできない。起こったあと考えるようになったのは、さっきも言ったように、ちょうどその日、子供の卒園式だったせいもあるかもしれないけど、何より子供のことなんだよね。僕は今年1月で61になったんだ。子供が今、上が7歳で下が5歳。子供が20歳になるまではなんとか生きているだろうけど、あとはわからない、淡い関係だったな、と思いながら死ぬんだろうと思ってたんだ。でも、そう言えなくなった。
内田　うん。もうちょっと生きていく？

高橋　いや、生きていくっていうか、ちょっと何かしないとまずいね、って思うようになった。それが何かっていうことを、実は1年ぐらいずっと考えてるんだ。震災前は、歳をとってから生まれた子供だから、親とあまり関わりもなくて、彼らは自由に生きていけばいいかな、ぐらいに思ってた。でも今や、7歳児や5歳児がこれから生きていくっていうことは、他人事じゃないじゃん？

内田　うん、長いよね、これから。２０５０年にいくつ？

高橋　上の子がまだ43だよ。

内田　そうか……。

高橋　っていうことでしょ？　僕は死んでるからいないと思うんだけど、抽象的な問題じゃないんだよね。この世に彼らの生をあらしめた人間としては、やっておかなきゃならないことが増えたっていう感じだよね。

じゃあそれ以前は考えていなかったかっていうと、実は、それ以前も一応考えてはいたんだけど。考えて戻っていくところは、教育問題になっちゃうんだよね。たぶん、どこから入ってもよかったと思うんだけど、僕にとっては教育問題から入るのが、いちばんわかりやすいし、納得がいくことだった。だから、順番の問題かな。ここから考えていくと、わかりやすいんだ。

広げていくと、ものを書くとか、小説を書くっていうことも一種の教育でしょ。つまり、あることを伝えて他者に影響を与える、ってことだから。でも、そういうふうには、

3・11の前には考えてなかった。

内田　うんうん。僕はね、去年の11月に道場（凱風館）作ったでしょ？　ただ武道の稽古が存分にできる場所が欲しかっただけなんだけど、震災から8ヵ月で何が変わったかっていうと、そこを「アジール」にできないかなって思ったこと。

高橋　聖域だよね。

内田　うん。「逃れの町」みたいなものを作ってね。震災が起きたときに避難所になるような場所。道場の設計のときにもそれは考えてたの。75畳あるから、100人ぐらいは入れるでしょ。あと、ここを、若い世代の人たちが次々に来て、出たり入ったりするような学びの場として確保しようと。最初の「自分にとって快適な空間が欲しい」という気持ちが、どこかでフッとなくなって。

高橋　そうなんだよね。

内田　あとから来る世代のために、年長者は何をしたらいいんだろうかということを考えるようになったね。

我々は「おばさんっぽい父」である

高橋　それってほんと、ある種の父の感覚なのかもね。僕たちが否定してきた（笑）。

内田　そうそう。父権制を壊した僕らがさ、今さら「あれ、やっぱ父がいないとまずいかな？」って。

高橋　父だね、他に言葉がないのでそう言うけれど。ただ、僕たちが否定してきた父権制の父とは違うんだ。庇護者というかさ。
内田　おばさん的父（笑）。
高橋　そう、おばさん的父！　フェミニンな父親だよ。どっちかというと女性っぽいものね。
内田　歴史的にもあまりいなかったと思うよ。「フェミニンなお父さん」っていうのは。僕らはアンチ・パターナリズムでやってきたわけだけど、この歳になって、「父親がいないとやっぱりまずいよね」と思ったときに、出した妥協案が、「おばさんっぽい父」（笑）。
高橋　（笑）。ロールモデルがないから。
――高橋源一郎が『恋する原発』を書いたり、内田樹が道場の基本コンセプトを変更したのは、だから、そうしたくてしたんじゃなくて、そうせざるを得なくなったんだよね。そういうふうに追い込まれたっていうことを、ある年齢以上の、まさに父親世代が感じてるんじゃないかな。僕も、3・11以降、毎回SIGHTで原発問題の特集をやってるけど、「なんで俺はこんなに原発の本ばかり作ることになってしまったんだろう？」って思うもん、やっぱり。
高橋　父親だよね。でも、かつての父親みたいなことができないんだよね。いばれないし（笑）。

内田　中沢新一さんのグリーンアクティブ（※注2）もほんとにそうだよね。同世代だからわかるでしょ？　言ったら「よけいなお世話」なんだけど、それをせざるを得ないという気持ちに中沢さんもなったんだよ。

――そういうような形で、ある一定の世代が動かされてるんだよね。まあ、我々の世代なんだけれども。3・11以降、みんなそういうふうになったっていうのは、すごくおもしろいし。もっと上の世代だけど、「そろそろこれが俺の遺作かなあ」とか言っていた宮崎駿が、震災後は突然「俺はこれから何本も撮るんだ！」みたいに変わってしまったのもそうだし。

高橋　それで思い出したのが――吉本隆明さんを読んでる人はみんな知ってると思うんだけど、吉本さんが大学生のときに太宰治のところに行ったときのエピソード。太宰治に、「男性の本質は何か知ってるか？　マザーシップだよ」って言われた。男の本質が母性だって言われたことに、ショックを受けたって吉本さん書いてる。太宰は戦中に「女生徒」を書いて、戦後に「斜陽」を書き、父権制の中心で女性のひとり語りをやったのは、危機に臨むにあたっては、父親はダメだというメッセージだったと思う。でも自分は父親だから、父親でありながら母親を代行する、っていう形を選んだ。

内田　「子供より親が大事、と思いたい」（太宰治の短編「桜桃」の冒頭）。あれは、父親の言葉としては、アンチ・パターナリズムの極致みたいな言語だからね。

お兄ちゃんに勝てるのはお母さん

高橋　うん。今でもやっぱり日本は男性社会だし、父親が中心の社会だから、とすると母性的なものは「従」、従うものになってる。やっぱり、パターナリズムといっても、その裏側に母性的なものがないとダメだろう、と思うんだ。橋下徹なんて、典型的なパターナリスト。自分の中に母親がいないんだよね。女性の発想ないもん。

内田　だから、お兄ちゃんなんだよ。おばさんとか、お母さんとかいう要素がまったくないものね。

高橋　お兄ちゃんを叱れるのは、お母ちゃんしかいないんだよ。

内田　そうなんだよ。お兄ちゃんに対しておじさんが出てきてもダメなんだよ。お母さんが「何言ってんのよあんたっ！」って言わなきゃ（笑）。

高橋　中沢さんがやってるグリーンアクティブも、完全に女性的だものね。

内田　（笑）。ほんとにそうだね。まあ、中沢さんはフェミニンな人だからね。高橋さんもそうだし。やっぱり我々はみんなおばさんだね。

高橋　口語的なものって、おばさんっぽくなると思うんだ。父権的なものって、書き言葉的だよね、どっちかというと。橋下さんもそうなんだけど。

そもそも、仮名が女性的なものだったしね。つまり、口語って、女性が代表してたんだよね。２０００年経ってもずっと、そういう形が続いてた。

——その逆で、父系的な口語をどう作るかっていうのが、橋下徹はうまいんだよね。だから我々は、橋下的なる口語ではない口語を作らないとダメなんだ。

高橋　橋下さんは関西弁しゃべんないんだよね。口語にしない。政治的なことをしゃべるときは標準語。父親だからね。関西弁にするとダメなんだよ、きっと。

——でもやっぱり、口語的な政治言語をうまく使う人だと思う。

高橋　でも父親、お兄ちゃん的なものだよね。

——そう、まだ洗練度が低いんだと思う。だから、もっと洗練された言語を使えばいいと思うんだよ。その言語を我々が獲得できるかできないかだと思うけどね。

高橋　おばちゃんの言葉だよね。

内田　男性的な、テクスチュアルな言語と、女性的な、コロキアルな言語の間をブリッジするっていう仕事を僕らは、ずっとやってきたわけだからね、20代から。

高橋　何十年もずっとそうだね。それはまだ続いてるし。

内田　きっと、それが世代的な使命だと思ったんだよね。だって、戦後、そういうことを誰もやってこなかったから。橋本治さんが初めてじゃないかな。男性言語と女性言語をブリッジするってことを始めたのは。僕は、『桃尻娘』（※注3）を読んだときに、「ああ、僕らの世代的課題ってこれなんだ！」って直感したね。

——SIGHTはすべて口語で書かれている総合誌なんで（笑）。

高橋　そうそう、それ、前回の単行本の最後（『沈む日本を愛せますか？』総括対談）でも褒めたよね（笑）。偉いよ、それはなかなかできないことだから。

——だからほんとに、3・11以降、そういった感じで、おじさん世代というか、高橋源一郎・内田樹世代が父性と母性に目覚めたっていう。それがドキュメントとしてこの単行本には収められているので、ぜひみなさん、読んでください！

高橋　（笑）。

内田　よろしくお願いします。

高橋　いや、でも、内田さんもずっと子育てした人だしね。僕たち、そもそも、おばさんをやってるからね。

内田　そうだよ、12年間、お母さんやったんだから（笑）。

注1　今日も揺れたしね：この対談を行った2012年2月14日の15時22分、茨城県沖を震源地とする地震が起きた。茨城・福島は震度3、東京は震度1〜2だった。

注2　中沢新一さんのグリーンアクティブ：3・11後、「緑の党のようなものを」と構想してきた人類学者の中沢新一が代表となり、発起人＝いとうせいこう（クリエイター）、宮台真司（社会学者）、マエキタミヤコ（環境広告サステナ代表）とともに2012年2月に立ち上げた、「『党』ではない。まったく新しいタイプのネットワーク型運動体」（公式サイトより）。賛同人のひとりに、内田樹も名を連ねている。

注3 『桃尻娘』‥小説家、橋本治が1977年に発表し、翌1978年に単行本が刊行されたデビュー作。女子高生の一人称、口語体で綴られる青春小説で、大きな話題となり、ヒットを記録。以降、シリーズとして1990年までに全6作が刊行された。

文庫版のためのあとがき　愛国者の弁

高橋源一郎

単行本のタイトルが文庫版では変わってしまった。たいへん珍しいことではないかと思う。といっても、元のタイトルが誰かの本のパクリであることが判明したからではありません。少々、語感が悪かったからではないかと思う。対談集のタイトルなんて、すべてのゲラを読み終えた後、考えるものなので、ピタリと決まる名案なぞ、なかなか浮かばない。確か、内田樹さんが考えたのではなかったかと思うけど。違うかな。少なくとも、変更されたタイトルの発案は内田さんだ。口ずさんでみると、楽しいような気がする。サンキュー、内田さん。

ところで、最初のタイトルでは「日本」と「愛」ということばがセットで使われている。変更されたタイトルでも「日本」と「味方」が使用されている。明らかに、わたしと内田さんは、「日本」に対して「愛情」を抱き、「味方」であると表明しているのである。要するに、わたしたちは、「愛国」の人なのだ。もちろん、この対談集のなかみを読んでいただければ、すぐにわかることである。

ところが。

不思議なことに、わたしや内田さんは、あちこちで（とりわけ、インターネットの中とかで）、「売国奴」や「反日」と呼ばれることが多いのである。ほんとに、なぜなんでしょう。意味がわからない。

この本には、「3・11」をはさんで、二人が（いや、さらに司会役の渋谷陽一さんをいれて、三人が）語り合ったことが収められている。まことに、激動の数年であった。民主党政権下、東日本大震災が起こり、西に、新しいカリスマ政治家が現れ、民主党政権が下野した。この、文庫版「あとがき」を書いているいま、まさに、安倍政権下で「安保法制」が強行採決されようとしている。こんなことになるとは、と、当時のわたしたちに教えてあげたいくらいだ。しかし、仮に、ですよ、仮に、当時のわたしたちに向って、現在の状況を教えてあげたとして、それほど驚かなかったかもしれない。

「やっぱりねえ」というのではないだろうか。

では、なにが「やっぱりねえ」なのか。それこそが、この本の中で、ずっと話されているテーマということになるだろう。

わたしは、とりわけて、何でも悲観的な見方をしているわけではない。この国がどんどん悪くなる、とか、この国に未来はない、とか、この国はどんどん衰えてゆく、といって、みんなを驚かせたり、不安にさせたりしたいのでもない。

ほんとうのことを知りたいのである。ほんとうのことを知って、それから、どうしたらいいのかをゆっくりと考えたいのである。そしてさらに、もしなにかできることがあるなら、それはなにかを考えたいのである。

そういうことはめんどうくさい。

正直にいおう。わたしは、極端なめんどうくさがりやだ。できれば、家の外に出たくないし、人と会って話すのも、疲れる。それが、どんなにいい人であったとしても。

わたしの望みは、ずっと家の中にいて、好きな本を読み（読みたいと思って、とってある本だけで、充分、死ぬまで間に合うはずである）、それから、好きな映画を一日に一本、DVDで見て、それからは、好きな50年代のジャズ・ヴォーカルを、小さいけれど音がいいスピーカーで、しかも小さめな音量で聴いていることだ。でもって、寝る前に、少しワインを飲む（ほんとうは、古いブルゴーニュの赤ワインがいいのだが、高いからね）。

テレビにもラジオにも出たくないし、新聞にも雑誌にも書きたくない。ちまちまと小説を書いて、ほんの少しでも、読んでくれる読者がいれば、もう望むことはなにもないのである。心の底からそう思う。

じゃあ、なんで、人前にしゃしゃり出て、この世の中のことについて、熱心に論じているのだろうか。自分でも謎ですよ、マジで。

いや、それもこれも、要するに、「恩返し」なのだと思う。

わたしたち人間は、様々なものやひとやことのお世話になっている。いくら、個人主義のわたしでも、それぐらいは心得ている。

生れたときも、生れる前からも、親たちはひとかたならずわたしのことを思っていてくれたはずである。以来、六十有余年、わたしが生きてここにあるのは、実にさまざまな方々のおかげである。わたしは、人びとのお世話になり、文学や芸術やマンガ、気候・歴史・慣習、その他もろもろの有形無形なものたちのお世話になった。ざっくりいうと、わたしは、この「日本」もしくは「ニッポン」という国、あるいは、共同体の中で生れ、育ち、現在に至ったのである。ありがとう、わたしを育ててくれた「ニッポン」さん。

ほんとうにありがたいことだ。「ニッポン」さんは、別に、年をとったら、面倒を見てもらおうと思って、わたしを育てたわけじゃない。そんな新自由主義的なケチな心性なんか持ってません。「ニッポン」さんは、ただもうそうするようにできているのだ。そこに生れたやつがいたら、どんなに変なやつでも、とりあえず、面倒をみようというのである。最高だよね、「ニッポン」さんて。

それだけお世話になっているというのに、なんのお礼もせずに、黙って「立ち去る」わけにもいかない。それが、人間としての、もしくは、その共同体の成員としてのモラルではあるまいか。「モラル」ということばがイヤなら、「心意気」でもいい。

その「心意気」の顕れがこの本である。わたしも内田さんも、この、極東の、小さな島国、そこにひっそりと息づいてきた「ニッポン」さんが好きだ。この「ニッポン」さんは、政府や政権や自衛隊や政治家とは無縁な共同体、「国」ではなく「くに」とひらがなで書きたくなる存在である。

わたしたちは、やがて、いなくなるが、わたしたちの後から来る人たちのために、「ニッポン」さんには、まだまだ頑張ってもらわなきゃならない。そのためにどうすればいいか。わたしは、ない知恵をふりしぼって考えてみた。みなさんが考えるためのヒントに少しでもなれば幸いである。

ＤＴＰ制作　ジェイ エスキューブ

文春文庫

ぼくたち日本《にほん》の味方《みかた》です

定価はカバーに
表示してあります

2015年11月10日　第1刷

著　者　内田《うちだ》 樹《たつる》・高橋源一郎《たかはしげんいちろう》
発行者　飯窪成幸
発行所　株式会社　文藝春秋

東京都千代田区紀尾井町 3-23　〒102-8008
TEL　03・3265・1211
文藝春秋ホームページ　http://www.bunshun.co.jp

落丁、乱丁本は、お手数ですが小社製作部宛お送り下さい。送料小社負担でお取替致します。

印刷・大日本印刷　製本・加藤製本

Printed in Japan
ISBN978-4-16-790493-7